Reflexos em um lago na montanha

Ensinamentos práticos de budismo

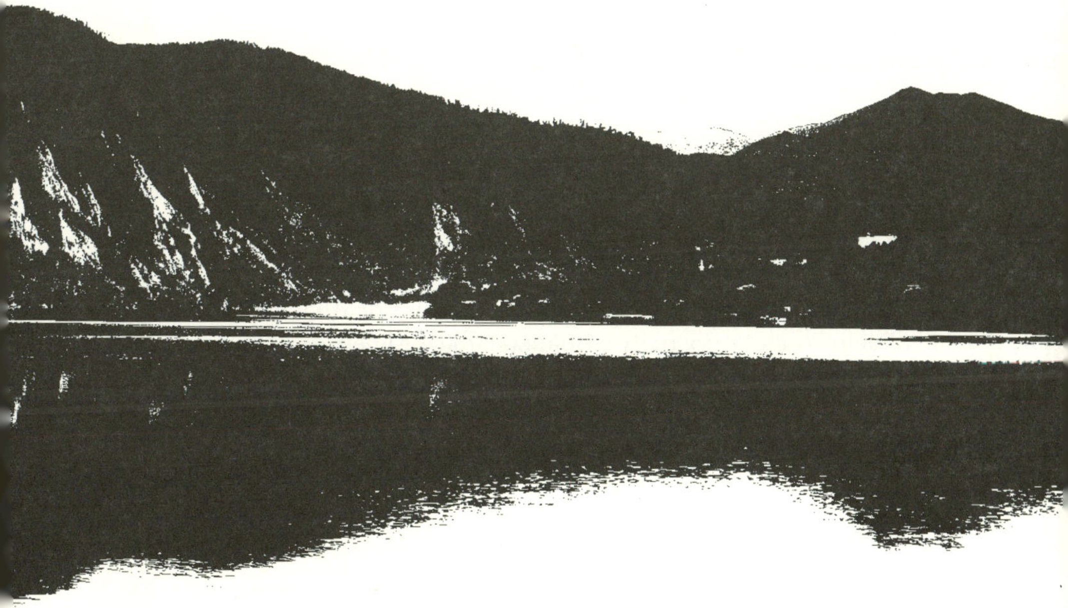

Jetsunma Tenzin Palmo

Reflexos em um lago na montanha

Ensinamentos práticos de budismo

Copyright © 2002 Tenzin Palmo
(publicado por Snow Lion Publications)

Direitos desta edição:
© 2018 Editora Lúcida Letra

Título original: Reflections on a mountain lake

COORDENAÇÃO EDITORIAL: Vítor Barreto
TRADUÇÃO: Lúcia Britto
REVISÃO: Joice Costa, Heloísa Pupatto Fiuza de Andrade
PROJETO GRÁFICO, CAPA E DIAGRAMAÇÃO: Aline Paiva

Dados Internacionais de Catalogação na Publicação (CIP)

T313r   Tenzin Palmo, 1943-.
              Reflexos de um lago na montanha : ensinamentos práticos de budismo / Jetsunma Tenzin Palmo. – Teresópolis, RJ : Lúcida Letra, 2018.
              304 p. ; 23 cm.

              Inclui glossário.
              ISBN 978-85-66864-54-0

              1. Budismo tibetano. 2. Budismo – Práticas. 3. Vida espiritual. I. Título.

CDU 294.3
CDD 294.3444

Índice para catálogo sistemático:
1. Budismo tibetano   294.3
(Bibliotecária responsável: Sabrina Leal Araujo – CRB 10/1507)

Sumário

Prefácio 7

1. Uma iogue ocidental 9
2. Motivação e prática 33
3. Ética e os três treinamentos 47
4. Os seis reinos 71
5. As mulheres e o caminho 81
6. Shamatha, ou permanência serena 101
7. Vipashyana, ou insight 121
8. Consciência 139
9. Pontos difíceis para os ocidentais 185
10. Tonglen 209
11. A natureza da mente 217
12. O papel do mestre espiritual 241
13. Vajrayana 261
14. Visualização da deidade 279

Glossário de termos técnicos 290

Prefácio

Este livro surgiu de uma série de palestras que proferi nos Estados Unidos em 1996/97 e na Austrália em 1998, as quais foram gravadas e mais tarde transcritas e editadas para publicação.

Quando sou convidada a falar, geralmente prefiro que os organizadores escolham um tema sobre o qual eu falo de improviso. Não costumo saber exatamente o que vou dizer ou que rumo a conversa vai tomar. Esse final aberto me permite responder à plateia específica diante de mim e também deixa a discussão mais animada. Entretanto, em consequência disso, as palestras não apresentam uma análise exaustiva do tema em discussão, mas meramente o que pareceu importante naquele momento.

Inevitavelmente, também ocorrem certas sobreposições e duplicações que foram cortadas em alguns casos e mantidas em outros, onde pareceu que o assunto necessitava de ênfase ou que a repetição fazia parte do conjunto da explicação.

A natureza das plateias que ouvem ensinamentos do Dharma no Oriente e no Ocidente é muito diferente. No Oriente, monges e monjas, que são profissionais, por assim dizer, compõem o grosso dos ouvintes de qualquer discurso sobre o Dharma. No Ocidente, porém, a vasta maioria da plateia é composta de leigos, que frequentemente, têm um interesse sincero no Dharma mas, relativamente, pouco tempo para a prática formal. Em cada caso a perspectiva do discurso deve adequar-se às necessidades dos ouvintes.

Neste livro, tentei apresentar as coisas de maneira útil e relevante, não de mero interesse acadêmico, nem remotas demais para serem aplicadas a nossas situações cotidianas. Assim, uso basicamente uma linguagem informal e tento tornar os ensinamentos acessíveis para qualquer pessoa de inteligência média. O próprio Senhor Buda usou o linguajar comum de seu tempo para expressar significados técnicos. A palavra "skandha", por exemplo, traduzida como "agregado" ou "componente psicofísico", significa literalmente um "monte" de alguma coisa. Ele também fez uso de exemplos e histórias do cotidiano para elucidar o que queria dizer. Portanto, não há necessidade de o Dharma parecer obscuro e difícil de penetrar.

Este livro jamais existiria não fosse o empenho devotado de muitos amigos e auxiliares. A parte mais fácil foi a minha, que apenas tive que tagarelar diante de plateias amistosas. Depois veio a tarefa tediosa e exigente de transcrever aquelas infindáveis horas de conversa e colocar tudo em algum tipo de ordem coerente. Foi preciso semanas e meses de trabalho dedicado para concluir a tarefa, e minha gratidão e admiração são imensas. Devo agradecer em especial à Venerável Tenzin Wangmo por organizar a transcrição das gravações realizadas na Austrália, fielmente realizada por Sonia Davies, Christina Peebles, Jennie Beswick e Wangmo (Whitethorn). As gravações realizadas nos Estados Unidos foram transcritas com grande zelo e devoção por Arya Aham (Francesca Jenkins). Devo sinceros agradecimentos também aos editores da Snow Lion, que analisaram todo o manuscrito e deram muitas sugestões valiosas. Acima de tudo, tenho uma enorme dívida de gratidão com Pauline Wetswood, que não só ajudou a transcrever as gravações, como assumiu a árdua tarefa de seleção e edição. Este livro deve-se tanto ao trabalho dessas pessoas quanto às minhas palavras. A todos acima e aos outros cujos nomes não mencionei, agradeço do fundo do coração.

1. Uma iogue ocidental

Fui informada de que esperam que eu fale de minhas experiências em retiro. Acho que essa é provavelmente a última coisa sobre a qual eu queira falar! Não sei o que vocês querem saber, por isso vou começar descrevendo como cheguei a meu primeiro retiro. Vamos começar do princípio e ver para onde vamos. Nasci na Inglaterra e cresci em Londres durante a guerra. Minha mãe era espírita, e tínhamos sessões em nossa casa nas quartas-feiras à noite, com mesas voando pela sala e esse tipo de coisa. Sou muito grata por essa base, pois possibilitou que desde bem nova eu acreditasse na continuidade da consciência após a morte. De fato, a morte era um tema de conversa frequente em nossa família, de modo que nunca tive qualquer medo ou reserva a respeito. Suponho que penso na morte todos os dias, de um jeito ou de outro. A consciência da morte proporciona grande significado à vida.

Quando criança, eu acreditava que somos todos inatamente perfeitos, que nossa natureza original é perfeição e que estamos aqui para descobrir quem realmente somos. Eu acreditava que temos que ficar voltando vez após vez até revelarmos nossa natureza original perfeita. Para mim a questão era: "Como nos tornamos perfeitos?". Levantei essa questão com muitas pessoas que eu achava que saberiam, tais como professores e padres. Perguntei até a espíritos guias durante uma sessão. Todo mundo parecia responder numa linha semelhante, dizendo: "Bem, você tem que ser boa", ou "você tem que ser bondosa". Embora eu fosse uma criancinha, lembro de pensar: "Sim, claro, mas não é só isso". Naturalmente as pessoas precisavam ser boas e bondosas. Entretanto, eu conhecia gente que era muito boa e muito bondosa, mas que, todavia, não era perfeita. Eu sabia que a perfeição jazia além disso. Ser boa e bondosa era a base, mas havia mais alguma coisa que precisávamos fazer. Eu não sabia o quê. Ao longo de toda a minha adolescência, procurei a resposta para: "Como nos tornamos perfeitos? O que significa perfeição? O que é isso que estou procurando?" Tentei diferentes religiões. Lembro de discutir religião com vários padres e vigários. Minha cunhada era judia, e discuti sobre Deus com ela. Quando tinha uns 13 anos, tentei ler o Corão, mas não avancei muito. Para mim o problema era que todas essas religiões começavam com a noção de uma alma e o relacionamento dessa alma com seu criador. O caminho esboçado era um caminho de devoção, da alma buscando seu criador do lado de fora. Mas isso não significava nada para mim. Na minha opinião, Deus era uma espécie de Papai Noel superior.

Quando tinha 18 anos, fiquei interessada no existencialismo e li Sartre e Camus. Na época eu trabalhava numa biblioteca e um dia, por acaso, peguei um livrinho intitulado *The Mind Unshaken* (A mente inabalável). Gostei do título. Fora escrito por um jornalista que falava sobre sua estada na Tailândia. Apresentava o mais básico do budismo – As Quatro Nobres Verdades, O Nobre Caminho Óctuplo, As Três Características da Existência, esse tipo de coisa. Ainda lembro vividamente da revelação marcante que foi saber que havia um caminho perfeito já estabelecido e que englobava todas as coisas em que eu já acreditava. Pensar que na verdade havia uma religião que ensinava isso foi verdadeiramente assombroso para mim! Todas as outras religiões que eu encontrara postulavam uma deidade como algo *sine qua non*. Em contraste, o budismo era um caminho que levava para dentro, tornando qualquer noção de um criador ou Deus exterior totalmente supérflua. Quando estava na metade do livro, disse para minha mãe: "Sou budista". E ela disse: "Que ótimo, querida. Termine de ler o livro e então você pode me contar tudo". Seis meses depois ela também se tornou budista.

Então lá estava eu, vivendo em Londres. Todos os livros que eu lia diziam que a essência da prática era ser desprovido de desejo. Por isso doei minhas roupas. Parei de usar maquiagem e terminei com meu namorado. Comecei a usar um traje amarelo, uma espécie de túnica grega, que era a ideia mais aproximada que eu tinha de como eram os mantos, e meias pretas. Devo mencionar que até então eu não havia conhecido nenhum outro budista.

Minha mãe era muito paciente. Não dizia uma palavra. Depois de uns seis meses, pensei: "Talvez eu deva tentar encontrar mais alguns budistas. Não posso ser a única". Então olhei "budista" no guia telefônico e deparei com a Sociedade Budista. Fui lá um dia e descobri que os budistas não andavam por aí em túnicas gregas. Ali havia budistas que estavam nessa há muito mais tempo que eu e de fato usavam roupas comuns! As mulheres até usavam maquiagem e salto alto! Então comentei com minha mãe que pena que eu havia doado todas as minhas roupas. Com isso ela me deu a chave do meu guarda-roupa e disse: "Vá lá olhar". Abri a porta e estavam todas lá!

Naquele tempo, eu era uma theravadin estrita e fiquei intimamente ligada ao Vihara cingalês de Londres. Eu amava a clareza do Theravada. De fato, amava tudo nele. Claro que a forma como o Theravada é ensinado no Ocidente tem pouco a ver com o que acontece nos países theravadin, onde você vê um panorama completamente diferente. No Ocidente existe pouco ritual ou devoção. É tudo muito lógico e claro, com grande ênfase na meditação. Isso me atraía muito. A única coisa de que eu não gostava era do conceito de arhat. De algum modo os arhats pareciam meio frios, e isso me preocupava, pois supunha-se que atingir o estado de arhat era a culminação do caminho. Lembro de ficar na cama me preocupando com isso, porque eu estava no caminho e não tinha certeza de que gostava de aonde ele estava me levando. Até me perguntava se afinal de contas eu estava no caminho certo.

Sempre que pensava no Buda, eu chorava lágrimas de devoção. Eu amava o Buda e queria ser como ele. Não queria ser como aqueles arhats. Então um dia li sobre os bodhisattvas e pensei: "Arrá!". Ali estava o que eu queria ser. Era o elemento de compaixão que falta na noção de arhat. Amei a ideia de que estamos seguindo o caminho não só para nós mesmos, mas para o benefício de outros. Pensei: "É isso que eu quero. Quero ser uma bodhisattva". Isso foi no começo dos anos 1960, e naquele tempo a maioria dos budistas de Londres eram theravadin. Naquela época também predominava um fenômeno que poderia ser descrito como "Zen de Humphreys". Estou me referindo a Christmas Humphreys, é claro. Ele havia desenvolvido sua própria forma do Zen, diferente de tudo. Quando mestres Zen visitavam o centro de Humphreys na Inglaterra, ficavam mudos de espanto. Christmas Humphreys proferia uma longa fala, daí virava-se para o mestre Zen e perguntava: "Então, gostaria de dizer algo?". Geralmente a resposta era: "Acho que você já falou tudo", e continuava calado. Eram esses os dois tipos de budismo disponíveis na época: o Zen de Humphreys e o Theravada. Naquele tempo, o budismo tibetano era considerado como pouco mais que xamanismo degenerado, magia negra e rituais sexuais esquisitos – basicamente, nada de budismo em absoluto. Ninguém queria se associar a isso. Era chamado de lamaísmo. De qualquer modo, parecia muito complicado e ritualístico, e eu não estava interessada naquela coisa toda.

Para mim, parecia que eu estava envolvida nesse meio budista há séculos, mas na verdade fazia cerca de um ano. Só que estava acontecendo muita coisa dentro de mim. Em todo caso, um dia estava lendo uma visão geral do budismo, e no final do livro havia um pequeno capítulo sobre budismo tibetano. Descrevia que no Tibete havia quatro tradições: Nyingmapa, Sakyapa, Kagyupa e Gelugpa. Ao ler a palavra "Kagyupa", uma voz dentro de mim falou: "Você é Kagyupa". E eu perguntei: "O que é Kagyupa?". E ela respondeu: "Não interessa. Você é Kagyupa". Fiquei consternada. "Ah, não. Mas que saco. A vida estava tão simples, e veja o que aconteceu agora." Então fui ver a única pessoa por lá que sabia alguma coisa de budismo tibetano (não que ela soubesse muito) e disse: "Acho que sou Kagyupa". Aí ela perguntou: "Oh, então você leu Milarepa?". E retruquei: "Quem é Milarepa?" Ela me entregou a biografia de Milarepa, escrita por Evans-Wentz. Fui embora, li e minha mente deu mil cambalhotas. Não era nem parecido com nada que eu já houvesse lido. No fim das contas, percebi que eu era mesmo Kagyupa.

Ficou óbvio para mim que eu precisava encontrar um professor. Na época eu estava lendo muitos textos e percebi que jamais havia qualquer menção a monjas, apenas monges. Na verdade, eu estava ficando meio deprimida por causa disso. Então um dia ouvi dizer que havia um convento Kagyupa na Índia, em um lugar chamado Dalhousie. Assim, escrevi para Freda Bedi, a organizadora. Ela era inglesa, e uma pessoa incrível. Havia casado com um indiano que conhecera na Universidade de Oxford, vivia na Índia há uns trinta anos e havia participado do movimento de independência indiano. Embora fosse inglesa, havia sido aprisionada pelos britânicos. Após a Índia obter a independência, trabalhou para o governo indiano. Era uma boa amiga de Nehru e da Sra. Gandhi. Foi enviada para ajudar os refugiados tibetanos e por fim acabou em Dalhousie, começando uma escola para jovens lamas encarnados e um convento. Escrevi e perguntei se podia ir para lá e trabalhar com ela.

Nesse ínterim, conheci alguns lamas na Inglaterra. Eu estava trabalhando na Escola de Estudos Orientais e Africanos, onde me deixaram estudar tibetano. Entre os lamas que conheci havia um jovem tulku chamado Chogyam Trungpa, que havia chegado com Akong Rinpoche. Ambos estavam estudando em Oxford. Naquele tempo, em 1962 para 1963, pouca gente na Inglaterra estava interessada em budismo tibetano. Assim, sempre que nos encontrávamos com Trungpa e perguntávamos: "Quando podemos vê-lo de novo?", ele respondia: "No final de semana que vem". Num final de semana ele vinha até nós, no final de semana seguinte íamos até ele. Trungpa tinha pouquíssimos amigos. Um dia ele disse: "Você pode achar difícil de acreditar, mas no Tibete eu era um lama muito elevado e nunca pensei que chegaria a isto, mas, por favor, posso ensinar meditação para você? Tenho que ter pelo menos um discípulo". Aí eu disse: "Claro, por que não?".

Eu ainda pretendia viajar para a Índia, e ele me encorajou. Assim, em 1964, com 20 anos de idade, viajei de navio para a Índia. Foi uma viagem muito agradável. Fui para Dalhouise e trabalhei para Freda Bedi na Escola Domiciliar de Jovens Lamas. Foi onde conheci Lama Zopa, um dos jovens tulkus que viviam lá. Um dia recebi uma carta sobre o papel tibetano feito à mão que certa comunidade estava produzindo. Queriam saber se eu poderia encontrar um mercado para ele. A carta estava assinada "Khamtrul Rinpoche". Tão logo li o nome, a fé despertou espontaneamente, como dizem nos livros. No dia seguinte, perguntei a Freda Bedi quem era Khamtrul Rinpoche. Ela respondeu: "Um lama Drukpa Kagyu muito importante. De fato, é o lama que estamos aguardando".

Eu sabia que estávamos aguardando um lama, para quem havíamos alugado uma casinha. Estávamos esperando que ele chegasse no verão. Eu disse: "Ele é Kagyupa". Ela disse: "Sim". E eu disse: "Então posso tomar refúgio com ele". E ela disse: "Sim, sim, ele é um lama maravilhoso. Quando ele chegar, você deve pedir a ele". Isso foi no começo de maio. Esperamos por todo maio. Esperamos por todo junho. No último dia de junho, no meu 21º aniversário, um lama estava dando a iniciação de longa vida porque era dia de lua cheia. O telefone tocou, e Freda Bedi atendeu. Quando desligou, ela disse: "Seu melhor presente de aniversário acaba de descer na estação de ônibus". Fiquei aterrorizada. Meu lama enfim havia chegado! Corri de volta ao mosteiro e coloquei um vestido longo tibetano e peguei um *khata*, um lenço branco e comprido de oferenda. Então corri de volta até a casa que havíamos alugado para avisar que Rinpoche estava chegando e deixá-la preparada. Quando voltei para a escola, ele já estava lá. Lembro de como meio que rastejei para dentro da sala. Estava aterrorizada demais para olhar para ele. Não fazia ideia de como ele era; nunca tinha visto uma fotografia. Era velho? Jovem? Gordo? Magro? Eu não tinha ideia. Tudo que vi foi a barra de seu manto e os sapatos marrons. Me prostrei para aqueles sapatos marrons e então sentei.

Freda Bredi estava falando: "Isso e aquilo, e ela é membro da Sociedade Budista". Então falei para ela: "Diga que quero tomar refúgio". Ela disse: "Oh, sim, e ela gostaria de tomar refúgio com você". Rinpoche falou: "Claro", naquela voz que parecia dizer: "Claro que ela quer tomar refúgio, o que mais poderia querer fazer?". Quando ouvi ele falar "claro" naquela voz, olhei para cima e o vi pela primeira vez. Ao olhar para ele, pareceu que duas coisas aconteceram simultaneamente. Houve uma sensação de reconhecimento, como encontrar um velho amigo que você não via há muito tempo. Ao mesmo tempo, foi como se a coisa mais profunda dentro de mim, de repente, tivesse assumido uma forma externa.

Foi assim. Fredi Breda foi muito bondosa. Mandava-me todos os dias para Rinpoche, de modo que eu pudesse atuar como sua secretária enquanto ele estava lá. Um dia falei para ele: "Quero ser monja". De novo ele respondeu: "Claro". Mas disse que não me ordenaria ali. "Quero levar você para meu mosteiro", explicou. Cerca de três semanas depois, voltamos para o mosteiro dele, e recebi minha primeira ordenação. Também visitei Sua Santidade Sakya Trizin e, a seguir, viajei para a Tailândia. Quando voltei, cerca de seis meses depois, Khamtrul Rinpoche e seus monges haviam se mudado para Dalhouise.

Rinpoche era o dirigente de uma comunidade de cerca de oitenta monges e trezentas a quatrocentas pessoas leigas. Ele estava organizando-as em uma comunidade de artesãos. Ele mesmo era um artista, pintor e poeta maravilhoso, e a comunidade inteira era muito talentosa. Havia excelentes pintores de thangka, faziam tapetes lindos e produziam os mais incríveis entalhes em madeira. A comunidade ainda é renomada pelo talento artístico. Quando se mudaram para Dalhouise, acompanhei meu lama como sua secretária. Também ensinava inglês para os jovens monges. Olhando em retrospecto, foi uma época muito abençoada pois eu estava com meu lama e todos os outros tulkus e iogues todos os dias. Ao mesmo tempo, provavelmente, foi a época mais dolorosa de minha vida, pois eu era a única monja e, de modo geral, a única ocidental naquele mosteiro de oitenta monges. Eu era extremamente solitária. Não podia viver com eles, não podia comer com eles, não podia fazer rituais com eles, não podia estudar com eles. Eu não era leiga, mas tampouco era monge, e não havia lugar para uma monja naquela sociedade.

Teria sido muito mais fácil se eu fosse homem porque teria vivido com Rinpoche e não haveria problema. Uma vez Rinpoche falou: "Anteriormente, sempre tive condições de manter você comigo. Mas, nesta vida, você assumiu uma forma feminina e estou fazendo o máximo que posso, mas não posso mantê-la por perto para sempre porque é muito difícil". Ele, com certeza, fez o melhor que podia. Depois de outros seis meses, a comunidade mudou-se para sua atual localização no Tashi Jong, que fica no vale do Kangra, a cerca de três horas de Dharamsala. Cerca de três meses depois dessa mudança, Rinpoche me disse: "Agora está na hora de você ir embora praticar". Sugeri ir para o Nepal, mas Rinpoche disse: "O Nepal não é muito bom. Você deve ir para Lahoul".

Lahoul é um vale himalaio localizado a uns 3,3 mil, 3,6 mil metros de altitude. Os Himalaias formam uma longa cordilheira através do norte da Índia. De um lado das montanhas fica o Tibete e, do outro, a Índia. Lahoul é um dos muitos valezinhos dos Himalaias geograficamente indiano, mas de cultura e religião tibetanas. Situa-se entre Manali e Ladakh e, durante uns oito meses do ano, fica isolado do resto da Índia pela neve. De ambos os lados do vale existem desfiladeiros muito altos que ficam bloqueados pela neve por oito meses a fio. Naqueles tempos não havia telefones nem quaisquer outros meios de comunicação de longa distância. Na maior parte, tampouco havia eletricidade. Às vezes não havia correio durante semanas a fio. É considerado igual à Sibéria por todos os indianos sediados ali, que odeiam Lahoul por causa do isolamento extremo. Mas era perfeito para alguém que queria apenas fazer um retiro.

Quando cheguei, fiquei em um pequeno mosteiro Kagyupa. Havia um templo ao lado da montanha e, acima dele, três casas separadas. Com telhado plano, eram feitas de pedra e rebocadas com barro por dentro e por fora, como as casas tibetanas. Como de costume em Lahoul, o mosteiro era compartilhado por monges e monjas, o que era ótimo. Claro que os monges ficavam na frente fazendo os rituais, e as monjas na cozinha preparando a comida. Juntei-me aos monges. Certifiquei-me de que ficaria na frente fazendo os rituais também, pois não tinha ido para Lahoul para aprender a cozinhar! Eu tinha uma casinha nos arredores do mosteiro. Era muito agradável lá. Era uma comunidade pequena, e todo mundo era amistoso. Os lahoulis são muito sociáveis, de modo que, sempre que há uma tarefa a ser feita, como fiar, eles se reúnem e trabalham como uma comunidade. Vão de uma casa para outra, uma de cada vez e, cada casa, fornece alimento e todo mundo trabalha. Isso é muito bom, mas também uma grande distração para alguém querendo fazer retiro. Quando cheguei, uma das monjas me disse: "Bem, querida, claro que você vai precisar de vinte pratos e vinte copos". Indaguei: "Vinte pratos e vinte copos para quê?". Ela explicou: "No inverno, gostamos de nos reunir e fazer festas, e somos vinte". Então falei: "No inverno entrarei em retiro. E, mesmo que eu dê uma festa, vocês todos podem trazer seus copos e pratos". Quando chegou o inverno, entrei em retiro, mas fui a única.

Lá faz muito frio, mas é muito agradável quando tem sol. Depois de cada nevasca, todo mundo tem que limpar a neve dos telhados, feitos de terra batida. Quando os telhados estão secos, todos sentam-se neles ao sol e travam conversas aos gritos de um telhado para outro. Lá estava eu no meio disso, recitando meus mantras. A localização, de fato, não era propícia para retiros. Um dia um jovem monge mudou-se para a peça em cima da minha, e era como ter um iaque selvagem vivendo no andar de cima. Então decidi que estava na hora de me mudar e encontrar um local silencioso. Subi além do mosteiro para procurar um terreno com a ideia de construir uma casinha de retiro. Lahoul é chamado de Karsha Khandro Ling em tibetano, o que significa Lahoul, terra das dakinis. A montanha sagrada de Vajrayogini e Chakrasamvara situa-se lá. Muitos lamas me confirmaram que ainda existem dakinis vivendo lá. Hoje em dia não as vemos muito mas, definitivamente, estão lá.

É um local muito sagrado e, realmente, senti que as dakinis estavam perto de mim. Por isso, quando subi além do templo para procurar onde ficar, falei para as dakinis: "Pois então, se encontrarem um local de retiro para mim, prometo sinceramente tentar praticar". Aí senti uma tremenda sensação de "sim, ouvimos você, será feito". Fiquei muito feliz com o projeto. Desci a montanha acreditando que tudo se encaixaria. Na manhã seguinte, fui ver uma das monjas e contei que estava pensando em construir uma casinha de retiro acima do templo. Ela falou: "Como você vai poder construir uma casa? Para construir uma casa é preciso dinheiro e você não tem nada. Por que não vive em uma caverna?". Respondi: "Como você sabe, existem poucas cavernas em Lahoul. Onde há cavernas, não há água. Onde há água, há gente demais". "Sim, é verdade", ela replicou, "costumamos dizer isso sempre mas, na noite passada, lembrei de uma velha monja mencionando que havia uma caverna subindo a montanha. Há uma campina na frente dela, árvores e uma fonte nas proximidades. Nunca vi o local realmente, mas a velha monja encontrou-o". Então eu disse: "Ok, vamos procurar".

Tivemos que levar a velha monja junto, e ela tinha uns oitenta anos! Mas, para nossa sorte, ela era ágil como uma cabra montanhesa. Lá fomos nós morro acima, o lama chefe, alguns outros monges, algumas monjas, a velha monja e eu. E, enquanto seguíamos, me diziam: "Não, não, não, você não pode ficar aqui. É longe demais. Temos que conseguir ver a fumaça da sua chaminé". A ideia era que, se não vissem fumaça de minha chaminé por uns dias, saberiam que eu estava doente. Entretanto, não fui convencida por essa linha de argumentação porque quando eu, de fato, estivera doente no mosteiro por vários dias, ninguém veio me ver. Por outro lado, em outra ocasião, eu estava perfeitamente saudável e fazendo meu fogo todos os dias, como de costume e, ainda assim, duas pessoas vieram e disseram: "Não vimos seu fogo por uns dias, você está bem?". Assim, eu sabia que esse sistema deles com certeza não era infalível!

Por fim chegamos à caverna, distante cerca de uma hora do mosteiro. Para ser honesta, não era de fato uma caverna. Era mais como uma saliência. Muitos anos antes, alguns aldeões haviam escavado a fim de que se pudesse ficar em pé dentro dela, e haviam socado a terra defronte e reforçado com pedras. Haviam construído um muro de pedra diante dela e ficavam ali durante os meses de verão com seus rebanhos. Todas as pedras ainda estavam lá. Estava basicamente pronta para a mudança. Eu disse: "É isso. Vou ficar aqui". Todo mundo protestou. "Não, não, não, você não pode ficar aqui. É alto demais. Ninguém vive nessa altitude. Você vai morrer de frio". Argumentei: "Cavernas são mais quentes que casas, por isso não vou morrer de frio". Continuaram a insistir, dizendo: "Você não pode viver aqui, é isolado demais, vai vir gente roubar você". Recordei-os de que não havia ladrões em Lahoul.

Tiveram que concordar comigo. E, de fato, em todo o tempo que fiquei lá, nunca ninguém invadiu, nem quando eu deixava a porta aberta. As pessoas passavam por lá, mas nunca pegaram nada. Aí disseram: "Os homens do acampamento do exército virão estuprar você". Ao que eu disse: "Quando chegarem aqui em cima, estarão exaustos demais para isso, de modo que vou convidá-los a sentar e a tomar uma xícara de chá. Não vou me preocupar com isso!". Então disseram, ou pelo menos tentaram dizer: "Há cobras". A palavra tibetana para cobra é *drul*. Creio que disseram: "Há *drul*" e, por isso, retruquei: "Não me importo com cobras, gosto delas", o que é verdade. Todos olharam com um ar tremendamente impressionando quando falei isso. Mas, mais tarde, pensei, espera aí, não há cobra nenhuma em Lahoul. Aí percebi que não tinham dito *drul*, tinham dito *trul*, que significa fantasmas. Assim, pensaram que eu tinha dito que não me importava com fantasmas e, na verdade, gostava de fantasmas! Ficaram tão impressionados com essa frase que anunciaram em unanimidade: "Pois bem, então pode ficar".

Pouco depois, dois monges e alguns pedreiros da aldeia abaixo vieram e derrubaram o muro, construíram janelas e portas e dividiram a caverna ao meio, a fim de que eu tivesse uma pequena parte para uma despensa e a outra parte para habitar. A seguir, reconstruíram tudo, e as monjas rebocaram com barro por dentro e por fora. Fizeram tudo, inclusive minha caixa de meditação e o altar. O custo total foi de 200 rúpias e, como vivi ali por 12 anos, foi um ótimo valor!

No inverno nevava; assim, durante seis meses ninguém conseguia chegar lá. Havia esse tremendo lapso de tempo em que eu sabia que não seria interrompida. Claro que em um retiro estrito não devemos ver ninguém que não esteja fazendo retiro também. Mas, como eu estava tão isolada, podia sair mesmo durante o retiro estrito, enquanto no mosteiro eu só poderia evitar dar de cara com pessoas se saísse no meio da noite. Às vezes isso era bem difícil; por exemplo, quando a neve estava espessa e eu tinha que abrir caminho com uma lanterna numa mão e uma lata d'água na outra. Na caverna eu não tinha nenhum desses problemas. No inverno eu obtinha água derretendo neve. Sentava do lado de fora e não temia que alguém chegasse e me visse. A mente fica muito mais espaçosa quando você pode olhar para fora e ver as árvores, as montanhas ao longe e a vastidão do céu.

Havia uma linda fontezinha de água a cerca de meio quilômetro. No verão eu fazia uma horta na frente da caverna e plantava batatas e nabos. Nabos são muito bons porque se pode usar as folhas e o bulbo. Eu picava e guardava para o inverno porque havia aquele longo período de tempo em que nada crescia. Quando nevava, fim. Se eu esquecesse dos fósforos, lamentável. Eu tinha que passar os curtos verões me preparando para os longos, longos invernos.

Muitos animais costumavam dar uma passada pela caverna. Na manhã seguinte a uma nevasca, eu podia ver pegadas de cascos e patas por toda parte. Uma vez vi até as pegadas de um leopardo. Não vi o leopardo em si, mas encontrei uma pegada bem característica, que desenhei e, mais tarde, mostrei para zoólogos. Eles confirmaram que, sem dúvida, era um leopardo das neves, pois apenas o leopardo das neves tem aquele tipo específico de pegada. Ele havia deixado a impressão das patas no peitoril da minha janela, evidentemente enquanto dava uma olhada para dentro da caverna. Havia lobos também. Certa vez, quando eu estava sentada do lado de fora, um bando de cinco lobos chegou trotando. Apenas pararam e me olharam muito pacificamente, e eu olhei para eles. Ficaram ali vários minutos, só olhando calmamente; o líder então deu a volta, e os outros trotaram atrás dele. Às vezes eles paravam acima da minha caverna e uivavam por horas a fio.

Eu geralmente passava os longos de inverno em retiro. No verão, normalmente eu não ficava em retiro. Passava os curtos meses de verão me preparando para o inverno. No outono, descia até o Tashi Jong para ver meu lama, contar como eu estava e receber instrução ou orientação adicional. Durante meus últimos três anos lá, fiz um retiro de três anos e claro que não deixei a caverna nunca. Eu tinha um irmão lahouli que levava suprimentos para mim. Certa vez, ele não levou suprimento algum por seis meses. Aquela foi uma experiência deveras interessante!

Fui muito feliz lá. Às vezes me perguntava: "Se você pudesse estar em qualquer lugar do mundo, onde estaria?". Sempre escolhia a caverna. E me perguntava: "Se pudesse fazer qualquer coisa no mundo, o que você gostaria de fazer neste momento?". E a resposta era sempre que faria minha prática ali na caverna. Portanto, foi uma época feliz para mim. Olhando para trás, sou profundamente grata pela oportunidade de praticar lá, por Lahoul ser um lugar tão maravilhoso. Primeiro, é abençoado pelas dakinis; em segundo lugar, as pessoas lá são muito honestas. Não são violentas. Mesmo quando se embebedam, ficam apenas sentimentais. Choram e dizem: "Oh, como desperdicei minha vida. Quem dera tivesse sido monge e estudado o Dharma". Não são absolutamente violentas, ao contrário dos khampas. Não puxam a faca e começam a esfaquear as pessoas. De fato, nos velhos tempos, quando os mongóis costumavam vir para saquear, as pessoas enterravam todos os seus tesouros e fugiam. Mais tarde, quando os mongóis haviam partido, saíam do esconderijo, desenterravam tudo e seguiam a vida. Era um povo muito pacífico, que preferia não ficar e lutar. Durante todo o tempo em que fiquei lá, nunca tive quaisquer problemas com o povo local, o que é uma coisa e tanto para uma mulher vivendo em tamanho isolamento. Todo mundo sabia que eu estava lá. Se aparecia algum homem, era apenas porque o velho Abi havia perdido um iaque. "Você viu um iaque?", ou: "Perdemos três ovelhas. Você viu alguma ovelha?". E era isso. No resto da Índia, e mesmo no Ocidente, não daria para viver sozinha nesse tipo de lugar ermo e se sentir confiante e segura.

Essa experiência de solidão foi realmente compensadora porque tive que aprender a lidar com o que quer que acontecesse, fosse algo interno ou externo, sozinha. Quando vive em tamanho isolamento, você não pode pegar o telefone e chamar um técnico ou conversar com a melhor amiga. Não pode ligar a televisão para se distrair. No inverno, não pode nem sair para uma caminhada. O que quer que aconteça, você simplesmente tem que sentar lá e lidar com isso! Esse período me ajudou a desenvolver sagacidade e confiança interiores. Aprendi que não precisava ir correndo até alguém para resolver meus problemas. Isso foi muito útil, pois sempre pensei que não fosse muito prática ou capaz e rapidamente recorria a outros em busca de ajuda e conselho.

Ao longo daqueles anos tendo que lidar com tudo sozinha, não só aprendi a rebocar paredes com barro, a cortar lenha e a fazer coisas práticas em geral, como também a lidar com a mente. Aprendi como ela funciona. Havia uma infinidade de tempo sem distrações externas para apenas ver como a mente funciona, como surgem os pensamentos e emoções, como nos identificamos com eles, para me desidentificar deles e dispersar todos os pensamentos e emoções de volta na amplidão do espaço. Fui muito afortunada por ter a oportunidade de fazer isso. Relembro aquela época como um dos maiores períodos de aprendizado de minha vida.

Ao final do meu retiro de três anos, eu estava na Índia há 24 anos e senti que estava na hora de me reconectar com o Ocidente. Precisava apreciar a cultura ocidental outra vez e restabelecer o que supunha poder ser chamado de minhas "raízes ocidentais". Mas não tinha ideia de para onde ir. Algumas pessoas diziam: "Vá para a América". Outras sugeriram a Austrália. Algumas disseram: "Volte para a Inglaterra". Nenhum lugar parecia adequado. Perguntei-me: "Bem, para onde você quer ir?". E não houve resposta. Não havia um lugar em particular aonde eu quisesse ir. Mas sentia que estava na hora de ir adiante. Então, alguns amigos, um casal norte-americano que conheci na Índia e que estivera viajando pela Europa escreveu dizendo: "Encontramos o local perfeito. Venha para a Itália – para Assis". E pensei: "É isso. Assis". A Itália parecia um passo lógico depois da Índia. É muito parecida com a Índia – a burocracia, o sistema postal, o ambiente geral de nada-funciona-direito. Na mesma hora me senti em casa lá.

Assis é um lugar maravilhoso. É o local de nascimento e moradia de São Francisco e tem uma atmosfera muito espiritual. Existem diversos grupos associados à Índia nos montes em torno de Assis. Existem uns três ashrams e uma escola de música indiana. Todos os nossos amigos estavam envolvidos em algum tipo de jornada espiritual, fosse hindu, budista ou cristã. Claro que Assis é a terra dos franciscanos, uma ordem encantadora. A despeito de todo o comercialismo e das hordas de turistas enxameando por lá, possui uma qualidade espiritual muito especial e poderosa, assim como Bodhgaya. Muita gente passa por profundas experiências espirituais lá, mesmo aquelas que vão apenas como turistas. É desse tipo de lugar.

Fiquei lá e fiz uma variedade de coisas. Voltei à Ásia umas poucas vezes. Então, em 1992, os lamas de meu mosteiro pediram-me para fundar um convento. Khamtrul Rinpoche falecera em 1980, mas, antes disso, havia dito em várias ocasiões: "Quero que você abra um convento". Naquele tempo não havia como eu sequer dar início a um projeto desses. Dessa vez, entretanto, quando os tulkus do Tashi Jong disseram: "Realmente queremos um convento aqui, por favor, dê início a ele", pensei: "Sim, agora está na hora". Desde então, basicamente é isso que tenho feito. O convento vai reintroduzir uma tradição iogue muito especial transmitida por Milarepa ao discípulo Rechungpa. A tradição, em si, é muito vasta e muito profunda, mas existe uma parte especialmente para mulheres. No Tibete havia praticantes mulheres conhecidas como *tongdenma*. Eram iogues, monjas especiais que viviam em cavernas no alto das montanhas, focadas nessa prática. Infelizmente, parecem ter desaparecido desde a tomada chinesa. Hoje restam uns dois lamas que ainda detêm essa transmissão. Após montarmos o convento, vamos selecionar monjas adequadas entre as que vierem estudar, e elas terão oportunidade de receber e aprender essa prática. Se não fizermos isso logo, será tarde demais. A prática tem que ser passada de pessoa para pessoa, como uma chama. Uma vez extinta a chama, fim, não dá para transmiti-la. Isso é conhecido como "tradição oral". Se os dois lamas idosos falecerem sem transmitir a prática, ela estará perdida para sempre. Junto com o convento, também haverá um centro internacional de retiro para mulheres, a fim de que mulheres do mundo inteiro possam vir e meditar sob circunstâncias propícias. Homens também serão bem-vindos para ficar na casa de hóspedes. No futuro, espero que as próprias monjas ensinem. Nos últimos dois anos, viajei para várias partes do mundo a fim de angariar apoio internacional para o projeto.

PERGUNTAS

Pergunta: A senhora acabou gostando dos fantasmas?

Tenzin Palmo: Sim, porque perguntei a meu lama a respeito de todos os problemas sobre os quais os aldeões haviam me advertido, como soldados me estuprarem, pessoas me roubarem e fantasmas, e ele respondeu: "Sobre as outras coisas não sei, mas estou certo de que não haverá espíritos maléficos". Assim, quando acontecia alguma coisa peculiar, eu pensava: "Tudo certo. Não há espíritos maléficos aqui, então não importa". Minha mente não fabricou quaisquer medos porque eu tinha confiança de que qualquer coisa que aparecesse seria benigna.

P: Dá a impressão de que a senhora foi abençoada com confiança e clareza. Estou muito interessada em um distúrbio nervoso chamado *lung*, que algumas pessoas sofrem durante o retiro, especialmente quando se manifesta como dúvida e pânico. Queria saber se você recebeu qualquer conselho a respeito disso.

TP: Quando estava prestes a fazer meu retiro de três anos, fui a um médico em Dharamsala e disse: "Vou fazer um retiro longo. Acho que estou saudável, mas, por favor, verifique meus pulsos para o caso de haver algo latente". Ele tomou meus pulsos e disse: "Não, você está bem. Está um pouco fraca", o que eu sabia, "mas de resto você está bem. Entretanto, quase todos os ocidentais têm *lung* quando entram em retiro, por isso vou lhe dar um remédio para *lung*". Levei o remédio comigo, mas nunca precisei usar. As pessoas têm *lung* porque se esforçam demais tentando. Estabelecem metas impossíveis, moldando-se no ideal de praticante, e forçam além de seus limites. A prática tibetana encoraja isso porque dá números enormes de repetições para realizar – centenas de milhares ou milhões –, e, quando você sai do retiro, a primeira pergunta que fazem é "Quantos mantras você recitou?". Não perguntam "Quão bem você recitou?", nem "Que experiência você teve?", mas "Quantos?". Existe essa ideia de que é preciso fazer mais e mais, e tudo tem que ser absolutamente perfeito. Isso cria uma enorme tensão que frequentemente leva ao *lung*.

Precisamos aprender a relaxar, a tornar a mente espaçosa, ao mesmo tempo mantendo-a clara. Dessa maneira, podemos praticar com uma sensação de abertura, não dentro de um nó apertado de tensão. Se de saída você está tenso, quanto mais prática faz, mais tensionado fica. É um círculo vicioso. Quando tem *lung*, você fica extremamente tenso e rígido. Por estar tenso e rígido, você tem *lung*. Portanto, é importante começar um pouquinho solto e não fazer demais, como no caso dos exercícios físicos, do contrário você se machuca. À medida que vai se envolvendo, gradualmente você faz mais, até estar plenamente envolvido, mas ainda com a mente bem relaxada. Ao final, vai desacelerando, a fim de que, ao sair, seu organismo não tenha um choque. É muito importante manter a mente relaxada, mesmo enquanto está alerta. Mente relaxada não significa mente sonolenta. Significa uma mente aberta e espaçosa, em vez de rangendo os dentes, por assim dizer. Acho uma pena que as pessoas que entram em retiro nem sempre sejam instruídas para manter a mente nesse espaço aberto. Longchen Rabjam fala muito sobre isso. Explica como não deixar a mente ir aonde queira, mas mantê-la dentro de limites e em um estado relaxado. Claro que, uma vez que você desenvolva *lung*, é tarde demais para tudo isso. A única coisa que você pode fazer é encontrar uma praia ensolarada e lá ficar.

O retiro deve ser um prazer, não um calvário. Deve ser um deleite, pois, se a mente se deleita com o que está fazendo, ela se envolve e se torna una com a prática. Se a mente é forçada em excesso, fica rígida e rejeita a prática, levando a conflito. É o conflito que produz *lung*. Precisamos entender nossos próprios limites e ter compaixão por nós mesmos. Aí podemos aprender como usar a mente como uma aliada, a fim de que faça a prática com alegria. Portanto, é muito importante não nos forçarmos além de nossa capacidade. Devemos parar nossas sessões antes de ficarmos cansados, porque, se paramos enquanto a mente ainda está desfrutando da experiência, ela lembra: "Aquilo foi divertido". Da próxima vez ela ficará entusiasmada. Por outro lado, se forçamos a ponto de ficar esgotados, e a mente dizer "Chega", ela lembra disso. A mente lembra que ficou entediada e cansada e apresenta resistência na próxima vez que sentamos. Se temos o apoio da mente, e a mente realmente desfruta do que está fazendo, não há como termos *lung*. Só temos *lung* quando existe conflito.

P: O que aconteceu quando seus alimentos não foram entregues por seis meses?

TP: Fiquei muito magra. Fiz um racionamento. Eu já comia basicamente uma vez por dia e comecei a comer porções cada vez menores. Milarepa disse em algum texto que sempre rezava para morrer sozinho em uma caverna e fiz a mesma prece de coração. Certa vez houve uma violenta e tremenda tempestade de neve por sete dias e sete noites e a caverna ficou em completa escuridão. Quando abri as janelas, havia apenas um lençol de gelo lá fora. Quando abri a porta, o lençol de gelo a cobria, e eu estava num espaço minúsculo. Sem condições de sair. Pensei: "É isso aí". Aí peguei minhas pílulas *dudtsi*, que se deve tomar na hora da morte. Deixei-as preparadas para meu último suspiro. Eu tinha certeza de que o ar já estava muito mais rarefeito e fazia respirações cada vez mais profundas. Rezei de todo coração para meu lama. Entendi realmente que, naquele momento, a única coisa que importava era o lama. Oh, que devoção a minha!

Ao recordar aquele dia, fico assombrada. Não estava claustrofóbica. Estava perfeitamente calma. Estava perfeitamente resignada. Estava tudo bem. Não sei como teria sido se eu realmente passasse pela morte, mas, naquele meio tempo, eu estava bem. Então ouvi a voz de Rinpoche dentro de mim dizer: "Cave para sair". Por sorte a porta abria para dentro, do contrário eu não poderia fazer muita coisa. De início usei uma pá. Tive que colocar a neve para dentro porque não havia nenhum outro lugar para ela. Depois uma usei a tampa de uma panela. Cavei um túnel. A seguir rastejei com as mãos e joelhos; olhava para trás e estava tudo preto, olhava para frente e estava tudo preto, mas vi um buraquinho e finalmente saí, olhei para cima e a tempestade de neve seguia furiosa. Então rastejei de volta para dentro e o túnel fechou-se. Fiz isso três vezes. Levava uma ou duas horas para sair pelo túnel.

Da terceira vez saí e olhei em volta. Não havia árvores. Não dava para ver nada. Estava tudo branco. Minhas bandeiras de oração, que ficavam bem no alto, haviam desaparecido. Nada de caverna. Nada. Aí apareceram helicópteros sobrevoando, e pensei: "Oh, talvez alguém esteja organizando voos para se ver a bela Lahoul na neve". Mais tarde fiquei sabendo que muitas aldeias haviam sido totalmente destruídas e duzentas pessoas haviam morrido. Os helicópteros estavam removendo os feridos e levando suprimentos. Mas, na ocasião, eu não fazia ideia. As casas lahoulis têm paredes muito grossas e três andares. Muitas vezes têm de dez a treze peças enormes. Cada casa é uma fortaleza. Apesar disso, muitas foram arrasadas pelas avalanches. Passei semanas retirando neve e tive cegueira da neve, mas sobrevivi para contar a história.

P: Que meditação ou reflexão a senhora considerou a mais poderosa para mantê-la inspirada?

TP: Realmente não sei, é difícil dizer. Não precisei estar inspirada para ficar em retiro; fiquei em retiro porque parecia a coisa mais maravilhosa para fazer. Mas lembro de certa vez em que a neve da primavera derreteu e a caverna ficou completamente alagada. Era maio, o solo não estava mais congelado e nevava sem parar; como não havia mais gelo para contê-la, a neve penetrava pelo teto. Simplesmente pingava, encharcando tudo dentro da caverna. Também fiquei resfriada ou coisa assim. Lembro de me sentir extremamente mal. Pensava: "Sim, estavam certos quando me falaram sobre viver numa caverna. Quem quer viver nessa umidade horrível?". Estava frio, uma desgraça, e ainda nevava. De repente pensei: "Você ainda está buscando felicidade no *samsara*? Sempre temos a esperança de que tudo seja agradável e tememos que não seja. O budismo não fala alguma coisa sobre *duhkha*?". E de repente percebi: "Não importa. Realmente não importa. *Samsara* é *duhkha*. Não tem problema. Por que esperar felicidade? Se tem felicidade, tem felicidade. Se não tem felicidade, o que você espera? Realmente não importa". Quando senti isso em meu coração, todo o peso de esperança e medo simplesmente foi-se embora. Naquele momento, todos os pensamentos evaporaram-se e, simplesmente, não importavam mais. Foi um alívio enorme. Me senti muito grata ao Buda porque percebi que isso é mesmo verdade: *samsara* é *duhkha*. E daí? O que esperamos? Por que fazemos tamanho rebuliço quando sofremos? Não importa. Vamos em frente.

Aquele tempo foi uma bênção incrível. Eu estava numa situação em que tinha uma quantidade de tempo e espaço infinitos para praticar, tinha uma prática para fazer, as pessoas ao redor eram muito solidárias e prestativas, minha saúde era boa e quaisquer problemas eram irrelevantes. Tudo isso me fez seguir em frente. Também senti que estava realizando os desejos de meu lama, dando sustentação à linhagem e assim por diante. E naquele momento pensei que estava fazendo exatamente o que era para fazer e que também era a maneira como eu acabaria beneficiando outros seres.

Mais tarde, quando saí do retiro, fui ver o Dalai Lama. Uma das coisas que queria perguntar era se eu deveria ajudar a criar um convento no Ocidente ou voltar para o retiro. Eu tinha certeza do que ele ia dizer: "Oh, depois de dezoito anos de prática, claro que você deve dar início a um convento. Onde está sua bodhichitta? Vá ajudar os outros". Parecia quase irrelevante fazer a pergunta, mas decidi ir assim mesmo. Fui, e ele respondeu: "Bem, claro que fundar um convento é muito bom, e você deve fazer isso. Mas não dedique muito tempo a isso. Um ou dois anos é o bastante. Depois volte ao retiro, porque para você é mais importante servir aos outros fazendo retiro". Era o que eu também pensava, e foi o que me amparou, juntamente com o conhecimento de que, de fato, eu estava cumprindo a intenção do meu lama.

P: Por que a senhora saiu do retiro naquela ocasião?

TP: Eu já havia decidido de antemão que sairia depois do retiro de três anos. Eu sabia. O que realmente aconteceu foi que eu deveria terminar o retiro em março do ano seguinte, mas, no outono anterior, ouvi ruídos e, a seguir, bateram na minha porta. Foi extremamente alarmante pois havia um muro, portões e cartazes em três idiomas dizendo: "Estou em retiro, não entre". O primeiro ruído que ouvi foi de alguém mexendo no portão. Eu não tinha visto ninguém por um ano, exceto meu irmão lahouli que levava os mantimentos. Abri a porta, e um policial estava parado ali. Ele entregou uma notificação. Abri e vi que estava assinada pelo superintendente de polícia. Li: "Examinei os registros. Há três anos você está no país ilegalmente. Apresente-se em 24 horas, ou teremos que tomar medidas contra você". Foi o fim do meu retiro! De acordo com os livros, você deve passar uma semana ou duas acostumando-se gradativamente com a saída. Eu tive que partir no dia seguinte para Keylong a fim de ver o superintendente e explicar. Ele disse: "Sinto muito, mas...".

É uma longa história. O outro superintendente havia prometido seguir renovando meu visto, o que ele havia feito no passado mas, aparentemente, não podia mais fazer. Quando o novo superintendente chegou, foi ver se havia estrangeiros lá porque acabara de vir de Simla, onde havia muitos. A única estrangeira era eu. Então ele conferiu a papelada, concluiu que eu era ilegal e mandou o policial tentar me trazer. Ele disse: "Sinto muito, mas você está no país ilegalmente. Percebo que não é culpa sua, mas tenho que lhe dar o aviso de 'saia da Índia'. Você tem que partir em dez dias". Respondi: "Mas isso é impossível. Estou aqui há 24 anos, não posso ir embora em dez dias. De qualquer forma, acabei de sair de retiro graças a você". Aí ele disse que estava entrando em férias por um mês. E falou que adiaria a ordem até retornar. "Nesse ínterim", disse ele, "você pode pegar suas coisas e se despedir de seus professores, mas depois terá que partir". Ele foi viajar, e voltei para a caverna. A seguir o outro superintendente voltou. Ele mandou uma mensagem dizendo: "Posso lhe dar um ano corrido". Então me deu outro ano. Fiquei lá e depois disso desci. Foi assim que saí do retiro, de forma um tanto precipitada.

P: Havia um número fixo de horas para a senhora meditar todos os dias?

TP: Geralmente sim. Eu levantava às 3h e começava a primeira sessão, até umas 6h. A seguir tomava chá e *tsampa*. Recomeçava por volta das 8h, fazia mais três horas, até as 11h, então almoçava. Depois do almoço eu costumava pintar budas e bodhisattvas, esse tipo de coisa. Eu também era a escriba local. Minha caligrafia e ortografia eram muito melhores do que a dos monges, por isso me davam textos para copiar. Eu também tinha uma série de livros tibetanos para ler. Em seguida tomava outra xícara de chá. Depois disso, começava a terceira sessão do dia, às 18h tomava mais chá. Então fazia a sessão da noite. Eu tinha uma caixa de meditação onde praticava e dormia.

P: Você dormia sentada?

TP: Durante um tempo dormi sentada. Gostava de ficar sentada. É muito bom para a consciência. Eu não dormia por muito tempo, mas dormia muito profundamente; no momento em que acordava, apenas alongava as costas. Mas não era muito bom para meu corpo, especialmente para minha coluna. Sempre tive problemas nas costas; por isso passei a me enroscar dentro da caixa e dormir assim.

P: Alguma vez a senhora se pergunta se ou quando poderia haver uma reencarnação feminina?

TP: Existem reencarnações femininas.

P: De lamas?

TP: Não muitas, mas algumas poucas. Khandro Rinpoche, por exemplo. Dizem que ela é a reencarnação de Yeshe Tsongyal, consorte de Guru Rinpoche. Entretanto, qualquer mulher com qualidades especiais poderia ser considerada Yeshe Tsongyal – do contrário, por que uma mulher teria tais qualidades? Mais diretamente, ela é uma encarnação da consorte do 15º Karmapa, que era professor de meditação do Mosteiro de Tsurphu, no Tibete. Ela é filha de Mindroling Rinpoche, um lama Nyingma muito importante, e é maravilhosa.

P: Fiquei imaginando o que sua mãe pensava disso tudo.

TP: Minha mãe foi para a Índia e morou comigo por uns dez meses. Ela amava a Índia. Adorava os indianos, adorava os tibetanos, tomou refúgio com Khamtrul Rinpoche e era devota de Tara. Acabou tendo que voltar para a Inglaterra porque não aguentava a comida. Era uma mulher maravilhosa. Quando falei que estava indo para a Índia, ela disse: "Oh sim, quando vai partir?". Era incrivelmente encorajadora. Nunca usou de chantagem emocional para me fazer voltar. Depois que fui embora, de tempos em tempos – a cada dez anos mais ou menos – ela perguntava: "Você não gostaria de vir só para umas férias?". E, então, a cada dez anos, eu voltava e ficava cerca de um mês. Ela enviou um dinheirinho para mim todo mês, até parar de trabalhar e não poder mais fazer isso. Ela morreu há uns dez anos, quando eu estava em retiro. Meu pai morreu quando eu tinha dois anos, então não participou.

P: Você achou difícil adaptar-se quando foi para a Itália depois de passar tanto tempo em retiro?

TP: Tenho uma mente do tipo que, onde quer que eu esteja, estou ali. Assim, quando aterrissei na Itália, era lá que eu estava. Mal penso em Lahoul hoje em dia. Só agora estou pensando, porque estou falando com vocês. Agora que estou na América, não penso na Europa a menos que as pessoas perguntem sobre Assis; aí começo a pensar em Assis. Mas normalmente não penso nunca em Assis. Na minha mente, eu estou onde quer que esteja. Portanto, se estou sozinha, tudo bem. Se estou com pessoas, tudo bem também. É o que está acontecendo.

P: A senhora disse que tinha muito tempo para desenvolver a expansão da mente. Queria saber quais foram os seus insights sobre o propósito da mente.

TP: O propósito da mente é ser consciente. Se não tivéssemos uma mente, não seríamos conscientes, não é? O que nos faz ser o que somos é saber que estamos conscientes. Na meditação, tentamos entender a mente e ficar ainda mais conscientes, ainda mais cientes, ainda mais despertos. Nossa mente em geral está semiadormecida e, embora pareça que estamos sempre pensando um bocado e que estamos muito vitalizados e presentes, de fato somos quase sonolentos e robóticos em nossas reações. O cerne da meditação é aprender como despertar, desenvolver maior clareza, ficar mais consciente e de forma mais absoluta no momento. É estar consciente no momento, sem todas as nossas projeções, opiniões, ideias e tagarelice mental costumeiras. Em um nível fundamental, somos consciência. A questão realmente é aprender a se conectar com essa consciência e como desenvolvê-la e ficar nela.

P: Você mencionou pílulas que se toma antes de morrer. O que são essas pílulas e o que se supõe que façam?

TP: São pílulas feitas de várias substâncias, ervas, pedras preciosas, diversas relíquias e outros elementos preciosos. Por exemplo, a cor preta das famosas pílulas do Karmapa é atribuída ao fato de conter um pouco do arado de Marpa. Todo tipo de coisa entra na composição das pílulas. Depois de fazê-las, os lamas realizam pujas para elas, às vezes durante meses. Fazem muitos rituais e preces para instilar energia nas pílulas, por isso supõe-se que sejam altamente magnetizadas. Com certeza elas vão abençoar seu fluxo mental. Você as utiliza se está deprimido ou doente e, especialmente, no momento da morte. Infelizmente, as pílulas realmente especiais são embrulhadas em seda muito hermeticamente; portanto, se você está morrendo, tentar abrir pode ser bastante difícil. Além do mais, são muito duras. Nunca entendi bem como se espera que você lide com isso na hora da morte. De qualquer modo, são substâncias abençoadas para ajudar o fluxo mental, especialmente em emergências como a morte. Eu tinha uma variedade delas na caverna.

2. Motivação e prática

Devo dizer que me sinto um tanto intimidada por palestrar em um centro de Zen, especialmente com um roshi sentado bem ao meu lado! Quando vim aqui, não tinha ideia do que falar, pois tenho certeza de que a maioria de vocês, com certeza aqueles que estudam com o roshi, não precisam ouvir nada do que eu tenha a dizer. Mas, na noite passada, me ocorreu que nesta manhã eu gostaria de falar sobre motivação – retomar as profundas raízes de por que estamos aqui e por que estamos praticando.

Na tradição Mahayana considera-se que existem três motivações para a prática do Dharma. A primeira delas é a percepção de que algo em nossa vida não é bem do jeito que queríamos. Sempre existe uma mosca na sopa. Mesmo pessoas que possuem casas lindas, relacionamentos adoráveis, filhos que se encaixam em seus planos, um trabalho que realmente amam – em resumo, tudo parece perfeito –, ainda sentem que falta alguma coisa em suas vidas. A maioria das pessoas possui dificuldades mais tangíveis, e existem muitos problemas internos da primeira infância ou de vidas passadas que afetam nossa capacidade de nos adaptarmos às circunstâncias. Qualquer que seja nossa situação, simplesmente não nos sentimos confortáveis. Por isso procuramos um jeito de facilitar a vida, dar algum sentido a ela, torná-la mais suportável. Alguns de nós chegam ao Dharma com a esperança de que a prática de seus métodos, de algum modo, alivie a tensão e nos faça sentir melhores. Procuramos mais tranquilidade interior e um pouquinho mais de entendimento. Basicamente, esperamos que deixe o samsara mais confortável. Como uma psicoterapia bem-sucedida, permita que nos adaptemos à nossa vida cotidiana e aos relacionamentos.

Algumas pessoas chegam ao Dharma com a esperança de que deixe suas vidas mais interessantes e proporcione experiências empolgantes. Essa esperança logo se desfaz. Na noite passada, discutimos o efeito que as drogas psicodélicas tiveram na introdução das pessoas no caminho budista, especialmente nas décadas de 1960 e 1970. Claro que a cultura das drogas abriu a mente das pessoas para o fato de que existe outra realidade. Mas, como também foi destacado, o problema das pessoas que se envolvem demais com drogas psicodélicas é que elas ficam condicionadas a buscar experiências excitantes. Sempre tem que ter alguma coisa acontecendo. É outro tipo de apego hedonista. É considerada uma perspectiva espiritual por algumas pessoas mas, na verdade, não é espiritual de jeito nenhum. Se algo excitante não acontece depois de uns poucos dias sentadas em zazen, essas pessoas ficam propensas a largar tudo por considerar uma perda de tempo.

O primeiro nível de motivação genuína para o Dharma vem da apreciação de que existe sofrimento no mundo e que a mera criação de circunstâncias prazerosas externas não vai aliviar nosso anseio interno. Esse é considerado o nível mais tacanho de motivação que pode nos levar à prática do Dharma. Depois de um tempo, chegamos ao estágio onde percebemos que não importa o quanto nossa vida seja pacífica ou o quanto possamos nos sentir felizes, nossa vida é muito insegura. Nunca sabemos o que vai acontecer. Hoje estamos saudáveis, amanhã podemos estar doentes. Hoje as pessoas que amamos e que nos interessam estão conosco, amanhã podem ter ido embora. Hoje temos um belo emprego garantido e uma bela casa. Amanhã podemos perder o emprego, daí não podemos pagar a hipoteca e vamos parar na rua. Percebemos que nossa situação é meio que semelhante a viver dentro de uma grande prisão.

Uma vez sonhei com isso. Sonhei que estava numa prisão enorme, com muitos, muitos níveis diferentes e muitos apartamentos. Alguns eram como suítes de uma cobertura: alojamentos muitos luxuosos cheios de gente se divertindo. Havia outros níveis como masmorras onde as pessoas eram torturadas. Mas, quer se estivesse lá em cima vivendo no luxo ou lá embaixo sendo torturado, era uma prisão, e nunca dava para saber onde se iria parar a seguir, pois não havia uma real liberdade. Ora se estava por cima, ora por baixo.

Não dava para saber. Nesse sonho, eu andava por lá pensando: "Temos que sair dessa prisão. Temos que ir embora". Cheguei em muitas pessoas e falei: "Veja, isso é terrível. Estamos completamente encurralados aqui. Temos de sair". E algumas disseram: "Bem, é verdade, é uma prisão. Mas é bem boa, bem confortável, está tudo bem aqui". E outras disseram: "Bem, sim, gostaríamos de sair, mas na verdade é muito difícil. As pessoas jamais saem". Embora eu falasse com muita gente, foi muito difícil encontrar alguém motivado a ir embora. Por fim nos damos conta de que não importa para onde vamos, não importa a situação em que estejamos, estamos sempre inseguros. Nunca sabemos o que vai acontecer, não só nesta vida, mas em vidas futuras. Esta vida é muito curta. E quanto a todas as vidas futuras? Aonde estamos indo?

Então desenvolvemos a segunda motivação, que é sair do samsara de uma vez por todas, fazer esforço de verdade para ir além do samsara, para o nirvana. Desse ponto de vista, o nirvana é o refúgio final. Não temos que voltar nunca mais. Podemos ficar no nirvana, o que quer que seja esse estado. Está além do pensamento, por isso, por definição, não podemos pensar a respeito dele. Mas podemos aspirá-lo e podemos atingi-lo. O nirvana é algo que se pode atingir nesta vida. Portanto, a segunda motivação que muita gente decididamente possui no mundo budista é fazer um grande esforço para sair de vez do samsara. E essa é uma aspiração válida.

Mas chegamos então à terceira motivação, que encara a questão de quem está saindo. O fato é que não somos, como pode parecer, glóbulos autônomos. Não podemos tirar um glóbulo e deixar os outros para trás pois, de fato, estamos todos intensa e profundamente conectados. Somos todos partes de uma teia imensa. É impossível remover apenas um fio de uma teia sem afetar a estrutura inteira. O exemplo tradicional é o de que estamos todos presos em um enorme, vasto pântano. É um pântano espesso, lamacento, poluído, estamos todos nos afogando nele. Todos nós queremos sair para a terra firme e seca. Para isso fazemos um esforço enorme e nos safamos. E lá estamos nós, um pouco enlameados, mas, apesar disso, estamos bem. E o que vamos fazer a seguir? Vamos nos virar e dizer: "Desculpe, pessoal. Realmente lamento que vocês estejam se afogando aí no pântano, mas eu saí, então sigam em frente e talvez no futuro também consigam sair", e dar as costas e partir? Um pai ou mãe conseguiria deixar os filhos afogando-se no pântano e dizer: "Bem, lamento, crianças, mas eu saí"? Vocês conseguiriam deixar seus pais, marido, esposa, irmãos, irmãs, os amigos queridos para trás e salvar apenas a si mesmos? Se estivessem numa casa em chamas, sairiam correndo e deixariam seus pais, filhos e todos os outros lá dentro? Algumas pessoas entram de volta às pressas só para salvar o cachorro. Ao reconhecermos que todos os seres foram nossos filhos, nossas mães e pais queridos, nossos amigos, nossos maridos e esposas em vidas infinitas, não existe possibilidade de deixá-los para trás. Essa é a maneira tradicional de ver as coisas. Estamos parados na margem apenas porque isso nos deixa em posição de puxar os outros para fora. Enquanto ainda estamos dentro do pântano, embora tenhamos o anseio de ajudar, não podemos. Se tentarmos ajudar os outros a sair, apenas afundaremos ainda mais no lodaçal com eles. Se queremos beneficiar os outros de forma efetiva, devemos primeiro pisar em terra firme.

Qual é o significado de bodhichitta? Qual é a importância do voto de bodhisattva? Se nos limitamos a dizer: "Prometo salvar todos os seres sencientes", isso é muito bonito, mas quando, onde e como? A questão é que temos que nos perguntar: "Por que estamos praticando?". Estamos praticando para que possamos ficar felizes, ou livres, ou estamos praticando para que possamos beneficiar os outros? Isso não é apenas um debate acadêmico, porque é a nossa verdadeira motivação para estar no caminho espiritual, e não o que recitamos, que vai dar o tom de tudo o que nos acontece. É como adicionar diferentes corantes à água. Ela vai ficar vermelha, azul ou verde, dependendo da tintura que acrescentamos. Do mesmo modo, nossos verdadeiros motivos para praticar vão dar o tom dos resultados de nossa prática.

Não adianta muito dizer: "Bem, claro que estou no caminho Mahayana; por isso, sou um bodhisattva e, portanto, almejo salvar todos os seres". Devemos examinar a motivação para tudo o que fazemos. Estamos fazendo para nós mesmos ou estamos fazendo para os outros? Esse é um ponto essencial porque, quando prometemos salvar incontáveis seres sencientes, devemos entender o que isso significa. Quando o coração de fato compreende isso, algo na mente vira ao contrário, e nossa atitude transforma-se completamente. E, na pequena extensão em que nós, seres mundanos, somos capazes, existe uma profunda mudança de direção. Não é algo de que possamos falar, mas definitivamente sabemos quando está ali.

Não creio que essa motivação verdadeira esteja sempre ali. No princípio, como bodhisattvas incipientes, nem sempre somos verdadeiramente altruístas. Se afirmássemos ser, seria apenas autoengano. Mas, às vezes, mesmo que apenas por um breve período, entendemos o que estamos falando. Por isso bodhichitta é tão infinitamente grandiosa e tão intensamente louvada nos sutras do Mahayana. Ela transforma até a menor das ações virtuosas em algo de vastas proporções, pois não estamos mais fazendo apenas por nós mesmos ou apenas pelo objeto, mas pelo mundo inteiro. Assim, até mesmo a coisa mais ínfima tem infinitas ramificações, não só nesta vida, mas ao longo da vasta extensão de vidas futuras. É o nascimento do altruísmo espiritual genuíno.

É muito fácil falar em beneficiar todos os seres sencientes através do tempo e do espaço, embora essa, de fato, seja uma aspiração singular. Vejam, na maioria das tradições religiosas, inclusive nas disciplinas mais ascéticas, mesmo as atitudes mais altruístas são cultivadas a fim de se obter algum tipo de recompensa mais adiante, seja um lugar no céu, no paraíso, o nirvana ou um renascimento melhor. Mesmo os maiores santos de certas religiões ainda almejam o céu. Podem viver as vidas mais difíceis e abnegadas, mas tudo porque pensam que esta vida é relativamente curta. Vivem na expectativa da eternidade no céu, na glória. Nós viramos esse conceito ao contrário e dizemos: "Esqueça a glória, esqueça o céu, esqueça o paraíso, esqueça o nirvana, não temos tempo para isso. Lá fora existem seres demais sofrendo infindavelmente no samsara. O sofrimento deles não tem fim". Basta olhar em volta para vermos que o sofrimento no samsara não tem fim.

Os Estados Unidos são considerados um exemplo de país para o resto do mundo, e espera-se que todo mundo aspire a esse estilo de vida. Mas vejam quantos problemas todas as pessoas têm! Vejam quanto sofrimento existe no "melhor de todos os mundos possíveis"! Definitivamente, temos que nos tornar capazes de ajudar os outros seres. Essa é a única recompensa que vale a pena. Nada mais importa. É por isso que no budismo, quando fazemos uma ação especialmente virtuosa, dedicamos o mérito. Doamos tudo, todas as nossas realizações, toda a nossa felicidade, toda a nossa virtude. Dedicamos todas as coisas boas de nossa vida aos outros. Quando essa atitude começa a crescer no coração, pequenos brotos começam a aparecer e transformar tudo.

Na tradição tibetana, existe um protetor do Dharma chamado Mahakala, que alguns de vocês devem conhecer. Certa vez, quando chegou a hora de eu fazer essa prática, pensei: "Oh não, estou muito cansada, não vou fazer isso". Então ocorreu-me o seguinte pensamento: "Para quem você está fazendo essa prática? Você não está fazendo para si mesma. Você está fazendo em nome de todos os seres do mundo que não sabem como fazer. Então, e daí que você está se sentindo cansada?". Não se trata de como nos sentimos. Temos a responsabilidade de fazer as coisas não porque queremos ou porque irão nos beneficiar, mas porque muitas outras pessoas nesse momento não sabem como fazer. Devemos fazer em favor delas. Quando sentamos em zazen, não sentamos apenas por nós mesmos, sentamos por todos os seres. Todos os seres sentam-se conosco. Quando essa ideia realmente penetra nossa mente, faz tudo parecer muito leve, embora possa soar como uma ideia pesada. De início podemos pensar: "Espera-se que eu seja responsável por todos os seres sencientes; contudo, não consigo ser responsável sequer por mim mesmo". Mas, então, percebemos que, além de todos os seres estarem interconectados, também estamos interconectados com todos os budas e bodhisattvas. Não estamos fazendo isso sozinhos. Somos amparados por todos os budas e bodhisattvas que, da mesma forma, estão aqui apenas para beneficiar outros seres.

Entendem? Não somos seres autônomos. Não somos pequenas bolhas isoladas. Estamos todos interconectados. Somos responsáveis por cada um. Além disso, estamos todos intimamente conectados com os budas e bodhisattvas. Eles não são criaturas em algum lugar no alto dos céus, nem algum tipo de fantasia oriental. Os budas e bodhisattvas estão aqui, agora, bem diante de nós, bem junto de nós. Se nos abrirmos à sua inspiração, eles irão nos ajudar. Eles estão aqui, agora, porque não são nada além da natureza essencial da mente. E estão aqui para nos ajudar e amparar porque também estão trabalhando sem cessar para o benefício de todos os seres sencientes. Uma vez que nos plugamos em toda essa energia, não nos sentimos mais sozinhos.

Às vezes, quando sentam em suas almofadas para meditar, as pessoas se sentem isoladas. Mas não estão isoladas. Todos nós compartilhamos o mesmo ar. Compartilhamos esse chão. Compartilhamos alimento, água, tudo. Estamos todos compartilhando e estamos todos interconectados, não só com seres sencientes comuns, mas também com muitas e muitas categorias de seres superiores, evoluídos. Eles estão todos aqui para nos amparar. Nossa motivação, portanto, não é apenas por esse pequeno ego difícil sentado aqui. É muito vasta, muito extensa, atravessando infindáveis éons. Fizemos o voto de ficar com os seres sencientes por éons sem fim, não só nesta vida, na próxima e na outra a seguir, mas interminável e infinitamente. Não como esse "eu". Quer dizer, eu, Tenzin Palmo, não vou voltar na próxima vida. Uma outra pessoa estará aqui, mas esse fluxo de consciência e essa potência energética farão parte dela.

O outro aspecto importante da motivação é que devemos estar conscientes dela na vida cotidiana. Devemos estar conscientes do corpo, devemos estar conscientes do que fazemos, de como falamos e do que pensamos. Devemos estar sempre cientes da raiz subjacente de cada ação. No budismo, falamos muito de consciência. Falamos muito de ficar atento. Uma das coisas lindas na prática do Zen é a ênfase em integrar a atenção plena às tarefas cotidianas. Mas não basta ficar apenas atento. Afinal, alguém pode estar muito atento enquanto assalta um banco! É por isso que precisamos estar cientes de nossa motivação subjacente.

O Buddhadharma identifica três raízes do mal e três raízes do bem. As três raízes do mal são a ganância, a aversão e a causa subjacente da ganância e da aversão – a nossa ignorância básica. Qualquer ação de corpo, fala e mente executada sob influência de alguma dessas emoções é inadequada. Não importa se superficialmente parece interessante ou se não causa dano. Se a intenção subjacente é maculada pela ignorância, aversão, raiva, ódio ou ganância e desejo – e isso abrange muito do que fazemos, pensamos e dizemos –, então a ação é basicamente prejudicial. Por outro lado, qualquer ação motivada pelo oposto dessas três – tais como não ignorância, não aversão e não ganância, significando discernimento, amor, bondade, generosidade e um senso de renúncia ou desapego interno – será benéfica. Não só os resultados de ações desse tipo serão bons no futuro, como executá-las também ajudará a purificar nossa mente. Elas ajudam a transformar a mente porque estão em contato com nossa natureza de buda. Por isso são tão importantes. Não são arbitrárias. Não é que há 2,5 mil anos o Buda, de repente, tenha decidido que aversão era uma coisa ruim em Magadha, mas talvez hoje isso seja verdadeiro. Trata-se de verdades eternas.

Há pouco, durante um intervalo, fiquei lendo um livro de ensaios de uma autora budista feminista. Parece haver muitas delas hoje em dia. Apenas abri ao acaso, não estava lendo na íntegra. Mas o que mais me impressionou foi a raiva subjacente ao texto. De fato, um dos artigos era uma defesa da raiva. Sustentava que as mulheres tinham o direito de ter raiva, deviam ter raiva e que era incorreto dizer que a raiva delas era errada. O artigo afirmava que essa raiva é uma emoção muito clara e poderosa, que pode levar as pessoas a fazer grandes coisas maravilhosas e superar muitos males. O que a autora estava dizendo realmente é que é errado dizer que a raiva é uma emoção negativa e tentar transformá-la em amor seria contraproducente, especialmente para as mulheres. Segundo essa linha de pensamento, os homens não deveriam ter raiva porque já são raivosos o suficiente, certo? São criaturas sórdidas, violentas, horríveis. Apenas as mulheres têm o direito de ter raiva.

Isso me impressionou porque, se agirmos tendo a raiva como base, em troca vamos experimentar apenas mais raiva. O próprio Buda disse: "O ódio não cessa com ódio. O ódio só pode cessar com o amor ou pela ausência de ódio". Isso porque, se dá vazão à raiva, não importa o quanto a causa a justifique, você atiça o enorme reservatório de raiva de seu antagonista, seja ele quem for. Assim, por mais justificado que pareça na hora, tudo que você consegue em troca é mais oposição. Toda raiva, não importa o quanto seja justificável, justa, sagrada, provém da mesma fonte, que é a antipatia, a aversão ou o ódio. Quer se expresse em violência ou não violência, ainda é raiva e, por mais "justificável" que seja, nunca produzirá circunstâncias que levem à paz, ao amor e à reconciliação. Como poderia?

Muitas feministas têm raiva dos homens, que veem como grandes opressores, maus e perversos. Porém, se você vai para o Oriente, onde as mulheres são mantidas em um estado de submissão, você vê que, quando uma mulher se casa e vai morar com a família do marido, são a sogra e as cunhadas que ela tem de temer, não os homens.

Assim, a quem vamos culpar por isso? Quando morei em Lahoul, as monjas estavam, de fato, em uma situação muito subalterna. Mas não eram submetidas apenas pelos monges. Quem realmente as submetia eram outras monjas. Quem deve ser o foco de nossa raiva? Se tivermos raiva dos homens e também das mulheres, vamos ter raiva de todo mundo e o que vai acontecer? Quem é o culpado? Isso não tem fim. Sempre podemos encontrar uma "justificativa" para nossa raiva. O problema não é o objeto lá fora, embora é claro que devamos tentar lidar com ele. O verdadeiro problema é a raiva à espreita dentro de nós, só esperando uma desculpa para se manifestar. E, como somos budistas, queremos encontrar um belo foco justificado para nossa raiva, a fim de que possamos nos sentir cheios de razão e satisfeitos por manifestá-la! Claro que sempre tem alguma coisa para servir de desculpa. Lá fora é o samsara. Mas o verdadeiro problema é a nossa negatividade e é com isso que temos de lidar. O Buda lidou com muitas guerras, clãs feudais e conflitos. Ele promoveu a reconciliação e deu conselhos que as pessoas conseguiam aceitar. Mas fez isso a partir de um espaço totalmente sábio e amoroso. O que estou tentando dizer é que uma emoção negativa é sempre uma emoção negativa, não importa a justificativa que se dê para ela. É a emoção dentro de nós que precisamos examinar.

Muita gente pergunta como se livrar da raiva porque é um sentimento desagradável. Não gostamos de sentir raiva. Não gostamos de sentir ódio. Mas ninguém jamais me perguntou: "Como posso lidar com meu desejo e minha ganância?". Contudo, a ganância e o desejo, junto com a ignorância, nos mantêm no samsara. Mas ganância e desejo, na realidade, não são considerados emoções negativas no Ocidente. Afinal de contas, onde ficaria nossa sociedade de consumo se não tivéssemos desejo? Em geral o desejo é considerado uma coisa positiva, especialmente se você consegue satisfazê-lo. O desejo é visto como uma força motivadora. Incita a pessoa a sair para comprar mais e mais, e isso mantém a economia funcionando. Essa é a ideia por trás de tudo.

Em um sutra páli, o Buda disse que os efeitos cármicos do ódio são oito vezes mais pesados que os da ganância, mas é relativamente fácil se livrar do ódio. A ganância é menos pesada em termos de carma, mas é extremamente difícil de extirpar porque ninguém vê a ganância como um problema. Dentro de limites razoáveis, gostamos de ser um pouco gananciosos. É bom. Queremos roupas bacanas, comida boa, um lugar legal para morar. Nossos sentidos são estimulados. Temos a ideia de que, se não ficarmos apegados a todas essas coisas, vamos nos tornar pessoas velhas, áridas e desinteressantes. Por isso não ficamos fortemente motivados a renunciar ao desejo.

Khandro Rinpoche, uma lama tibetana, uma vez disse que, se você fala certas palavras para plateias ocidentais, elas deixam todo mundo agitado. Ela gosta de falar essas palavras e observar as reações. Uma delas é "render-se". Outra é "renúncia". Todo mundo se retrai quando ela diz: "Precisamos renunciar". E todo mundo pergunta: "Precisamos renunciar a quê? Do que eu tenho que abrir mão?". E a renúncia é um dos principais estágios do caminho. Renúncia não necessariamente significa abrir mão de sua casa e de sua família e partir para a vida de sem-teto como o Buda fez. Sair de casa não é a única forma de renúncia. Acredito que, sob muitos aspectos, a renúncia mental é muito mais difícil. Não é fácil abrir mão de padrões de pensamento estimados (ainda que inúteis) e ficar no presente em vez de enredado em memórias, antecipações, fantasias e especulações engenhosas. É muito difícil renunciar a tudo isso. Mesmo que as pessoas pareçam viver em grande simplicidade, e muitas, com frequência ainda têm uma vida interior cheia de luxo. Falo por experiência. É difícil não se agarrar a absolutamente nada. É particularmente árduo parar de se agarrar à imagem de quem "eu" sou, soltar disso tudo. Precisamos aprender como fazer isso gradativamente. O zazen tem a ver com isso. Você se senta nu. Seu corpo não se mexe. Sua voz não se manifesta. E a mente, em si, solta tudo e apenas fica presente. Com confiança, sentamos em um estado de nudez e de absoluta simplicidade.

Essa é a renúncia definitiva. Podemos ficar sentados pensando nas coisas adoráveis que fizemos na lua de mel ou nas férias, ou especulando sobre o que vai acontecer na semana que vem, ou o que teremos para o almoço. Podemos apenas ficar sentados. Ninguém tem como saber. Estamos sentados aqui parecendo um bando de pequenos arhats. Contanto que o corpo e a fala estejam sob controle, ninguém sabe o que a mente está fazendo, certo? Mas renunciar aos jogos mentais e sentar em um estado de abertura e clareza é a maior renúncia. A mente é extremamente gananciosa. A ganância da mente não se refere apenas a prazeres externos, ela também é gananciosa por confortos mentais, muito mais difíceis de renunciar. Mas, se conseguimos fazer isso, entramos naturalmente em um estado de abertura, simplicidade e clareza, e isso leva ao nascimento da compreensão porque, finalmente, lidamos com a raiz de toda negatividade – a nossa ignorância.

Esse tipo de ignorância existencial não pode ser removido apenas pelo aprendizado. Claro que estudar, pensar e tentar entender são coisas boas e particularmente necessárias para ocidentais como nós, que não temos como base o pensamento budista. Claro que precisamos ler e entender o que o Buda diz, pois do contrário vamos interpretar de acordo com nossos conceitos e modificar os ensinamentos para que se ajustem confortavelmente a nossas predisposições mentais. Para nós é muito importante ler, estudar e entender. "O que o Buda disse realmente? Qual era a intenção do Buda?" Mas só isso não vai remover nosso desconhecimento, porque nosso desconhecimento não é uma coisa intelectual. Não é em nível mental. Ele se infiltra em nossa mente, é claro, de modo que nossos padrões de pensamento também são ignorantes. Mas a causa subjacente é extremamente profunda, como todos vocês sabem. Portanto, ler, pensar e discutir pode ajudar a lidar com a ignorância superficial, mas não vai afetar nosso desconhecimento subjacente. É por isso que vocês todos estão sentados aqui. Porque vocês sabem que o único jeito de chegar à raiz muito profunda da ignorância é contatando a natureza essencial da mente, descobrindo quem realmente somos. Em outras palavras, revelando nossa natureza de buda.

Quando cheguei ontem, o roshi estava falando sobre aquele enorme carvalho ali fora; disseram para ele que as raízes vão tão fundo quanto o tronco que vemos acima. Então pensei: "Isso é uma verdadeira metáfora da ignorância". Temos esse tanto na parte de cima. Se conseguirmos cortar a ignorância pela raiz, não haverá mais árvore da ignorância. Nós ocidentais estudamos com muito afinco. Parecemos saber muito. Superficialmente, é como se a árvore tivesse desaparecido. Toda a ignorância se foi. Podemos dar todo tipo de palestra e fazer doutorado em filosofia budista. Mas, se isso é tudo que fazemos, as raízes subjacentes vão permanecer intactas. E, do ponto de vista budista, vão brotar outra vez como uma nova árvore, talvez ainda mais frondosa porque foi podada. O que realmente precisamos é ir fundo e arrancar as raízes incrivelmente profundas da ignorância. O único jeito de fazer isso é ter uma realização conclusiva da natureza da mente. Não basta ter essa experiência uma vez. Isso é só o começo. Meu lama sempre dizia que realizar a natureza da mente é o começo do caminho. Daí você pode começar a meditar. Hoje em dia, algumas pessoas obtêm alguma realização de sua verdadeira natureza e acham que estão iluminadas. Começam a escrever livros, implantar centro de Dharma e tudo mais, mas, na realidade, é apenas o começo.

Até estarmos em contato contínuo com nossa mente onisciente, momento a momento, sem cessar, 24 horas por dia, não estamos plenamente iluminados. Por isso existem tantos níveis de bodhisattva. Nossa tarefa é lidar com a nossa ignorância. Mas, nesse ínterim, momento a momento em nossa vida cotidiana, é muito importante não só ficarmos conscientes, mas exercitar o discernimento. Devemos saber discernir a verdadeira intenção por trás de cada coisa que fazemos, dizemos e pensamos. Quando reconhecemos coisas prejudiciais vindo à mente, nós as deixamos ir. Nós as reconhecemos, aceitamos, não negamos. Não entramos em conflito por causa delas. Nós as vemos, reconhecemos e deixamos ir. Encorajamos as coisas saudáveis e nos alegramos com elas. Dessa maneira purificamos a mente passo a passo.

3. Ética e os três treinamentos

Hoje vamos discutir o papel da conduta ética na transformação de nossa vida cotidiana em prática espiritual. Muitos de vocês provavelmente percebem que nos países budistas da Ásia a atividade essencial de estudo e prática é tradicionalmente desempenhada por monges e monjas. Eles são considerados profissionais. Têm tempo para praticar e, além disso, estão livres de distrações familiares e de outros compromissos mundanos. Desse modo, espera-se que essas pessoas que encaram a prática, de fato, com seriedade, optem pela vida monástica. O principal papel dos leigos é sustentar os monges. Em troca, os monges devem ser exemplo de vida espiritual bem vivida. Tradicionalmente também são professores. As escolas são dirigidas por monges e as crianças vão estudar nos mosteiros. Os monges também são tradicionais médicos herboristas, conselheiros matrimoniais, psicólogos e assim por diante. Os mosteiros desempenham um papel central na vida das pessoas, e, como mencionei, a principal tarefa dos leigos é sustentá-los.

Entretanto, no Ocidente, onde o budismo começou a criar raízes depois de 2,5 mil anos, houve uma guinada nos padrões de prática. Pela primeira vez na história do budismo, monges e monjas não são mais a maioria dos praticantes. No Ocidente, a maioria dos aspirantes budistas desejam participar ativamente da religião, mas carecem de tempo suficiente para se dedicar a todo o âmbito das práticas tradicionais. Tem gente com família, carreira e vida social que, apesar disso, é devotada aos ensinamentos e deseja seguir o caminho espiritual. Isso é um grande desafio. Às vezes, professores tradicionais da Ásia não apreciam devidamente essa questão e, por isso, fazem uma distinção entre o que consideram "prática espiritual" e "vida cotidiana". De acordo com essa abordagem tradicional, práticas específicas do Dharma como meditação, rituais, frequentar centros e fazer oferendas são consideradas atividades espirituais, enquanto o resto da vida, como ficar em casa com a família, ir trabalhar e interagir socialmente são consideradas atividades mundanas. Certa vez, ouvi um discípulo ocidental de um lama muito venerável indagar: "Tenho família, filhos e um emprego e por isso não tenho muito tempo para a prática espiritual, o que devo fazer?", e o lama replicou: "Não se preocupe, quando seus filhos estiverem crescidos você pode antecipar a aposentadoria e então começar a praticar".

Lamas me disseram: "Oh, você tem muita sorte, Anila. Eu tenho tanto trabalho que não tenho tempo de praticar". Essa ideia de que apenas sentar-se formalmente, fazer prostrações, ir ao templo, ouvir ensinamentos do Dharma e ler livros religiosos constituem a prática e que o resto do dia é um contrapeso, pode nos deixar muito frustrados com a nossa vida. Podemos acabar ressentidos com a nossa família e com o trabalho, sempre a sonhar com o tempo em que ficaremos livres para "praticar de verdade". Podemos passar a melhor parte de nossa vida ressentidos com as circunstâncias que poderiam proporcionar os meios mais intensos para progredirmos no caminho espiritual. Devemos nos perguntar agora, presumindo que a maioria de nós não vai partir para fazer retiros de doze anos: "A prática do Dharma é de alguma relevância para minha vida?". Porque, se não existe possibilidade de prática verdadeira fora do total compromisso monástico, de que serve o Dharma para nós no Ocidente?

Estão acontecendo mudanças agora, não nas práticas em si, nem na filosofia básica subjacente, mas na ênfase. Existe um amplo precedente no budismo Zen que ensina que tudo que fazemos, desde que feito com total consciência, é atividade espiritual. Por outro lado, se executamos uma ação de forma distraída, com apenas metade da atenção, ela se torna apenas mais uma atividade mundana. Não importa qual seja. A pessoa pode ser um grande mestre meditando em um trono elevado, mas, a menos que esteja presente e consciente no momento, não tem sentido sentar lá. Por outro lado, a pessoa pode estar varrendo folhas, picando vegetais ou limpando privadas – todas essas atividades tornam-se práticas espirituais contanto que se mantenha completa atenção. É por isso que nos filmes sobre os mosteiros

Zen tudo é feito com um equilíbrio interior tão notável, com um ar de se estar completamente presente no momento.

Nisso reside a chave para todos nós que temos vidas ocupadas. Podemos converter ações que normalmente consideramos rotineiras, chatas e espiritualmente insignificantes em prática do Dharma, e, nesse processo, transformar toda a nossa vida. É isso que eu gostaria de discutir hoje. Entretanto, primeiro gostaria de falar um pouquinho sobre outro aspecto do uso de nossa vida cotidiana como prática espiritual. Por dentro, eu estremeço diante da palavra "espiritual", mas não sei que outra palavra teríamos. Talvez eu chame apenas de "prática", e vocês vão entender. Nesse contexto, vou usar o termo "prática" com o significado de alguma coisa que ajuda a nos transformar por dentro.

Existem dois aspectos separados para se provocar essa transformação, embora sejam convergentes. Um é criar espaço interno. Trata-se de um centramento interior, um silêncio interior, uma clareza interior que nos permite começar a ver as coisas mais como realmente são do que como normalmente as interpretamos. O outro aspecto é aprender a abrir nosso coração. Nessa palestra, vou tratar mais desse último aspecto. No nível mais básico, isso se refere a não causar mal. É viver no mundo de um jeito que não cause mal nem a nós mesmos, nem aos outros, de modo que quem quer que entre em nossa órbita saiba que não há nada a temer de nós.

Devo mencionar que o caminho budista inteiro se baseia em três princípios, chamados de três treinamentos. O primeiro é o treinamento em ética ou conduta moral, o segundo é o treinamento em meditação, e o terceiro é o treinamento em sabedoria. Hoje em dia todo mundo parece muito interessado em meditação. Mas, tirar a meditação do contexto, é como construir as paredes de uma casa sem primeiro assentar as fundações: as paredes podem ser muito boas, mas, sem uma fundação robusta, é provável que desmoronem. Vou explicar esses três aspectos, muito rapidamente, para que vocês tenham uma ideia mais completa do que é o treinamento.

A ética budista refere-se a incutir inofensividade na prática. Um dos principais métodos de treinamento em ética é seguir um código de preceitos. Existem cinco preceitos budistas básicos – não matar, não roubar, não se envolver em má conduta sexual, não falar inverdades e não consumir intoxicantes. Não são mandamentos, são apenas ferramentas para ajudar a desenvolver uma conduta não prejudicial. Vamos discutir a ética em maiores detalhes um pouco mais adiante quando olharmos as Seis Perfeições.

A fim de desenvolver a meditação, precisamos nos comportar de uma maneira que deixe a mente mais pacífica, mais simples e mais aberta. Afinal, meditação não tem a ver apenas com alcançar a paz interior. Também se refere a abrir o coração. Como podemos falar em abrir o coração enquanto cedemos a qualquer tipo de conduta que causa dano a outros? Esses dois tipos de ação estão em conflito. Por isso o Buda nos aconselhou a primeiro entender como viver neste mundo da maneira mais suave possível, sem causar mal aos seres. Só então a mente pode ficar sossegada.

Cada um de nós vive em sua própria novela. Não vemos as coisas como realmente são. Vemos apenas as nossas interpretações. Isso porque nossa mente está sempre muito ocupada. Quando tentamos olhar para a própria mente, não conseguimos ver nada abaixo de nossa consciência superficial. Mas, quando a mente se acalma, fica clara. Essa clareza mental nos permite ver as coisas como realmente são, em vez de projetarmos nossos comentários em cima de tudo. Quando olhamos para dentro, podemos então ver níveis cada vez mais sutis da psique. Esse tipo de meditação chama-se *shamatha*, que significa "meditação da permanência serena" ou "meditação tranquilizadora". É o primeiro estágio da meditação e é usado para aquietar a mente. Mas meditação é mais do que atingir shamatha. Há muito mais na meditação depois de se atingir shamatha. Nesse estágio, embora a mente tenha ficado quieta e pacífica, muito do entulho ainda está lá, abaixo da superfície. Podemos ver com clareza agora, mas o lixo com certeza não se foi.

A fim de lidar com essa camada profunda de entulho, precisamos praticar *vipashyana*, ou meditação de insight. Esse tipo de meditação envolve a ativação de um grande ponto de interrogação. Especialmente na escola tibetana, questionamos todo o conceito de pensamento e emoção e perguntamos: "Quem é o pensador?". Descartes disse: "Penso, logo existo". De uma perspectiva budista, tudo o que podemos dizer é: "Penso, logo existem pensamentos". O fato de que existam pensamentos não implica necessariamente que haja um pensador. Dizemos: "Eu penso, eu sinto, eu quero ou eu não quero". Mas quem é esse "eu" que aparece como uma aranha no meio da teia? Perguntamos: "O que é um pensamento?". Não sabemos, todavia, pensamos continuamente. Mas com que frequência voltamos o foco de nossa atenção para o próprio pensamento ou para a mente em si e perguntamos: "O que é um pensamento? Como se parece? De onde vem? Por quanto tempo permanece? Para onde vai?".

Podemos fazer o mesmo tipo de pergunta sobre nossas emoções. Podemos dizer: "Estou com raiva". Mas o que é a raiva? Onde está? Como se parece? Quem está com raiva? Quem é esse "eu" que postulamos em relação a tudo? De certo modo, podemos dizer que a meditação vipashyana é como descascar as camadas de uma cebola. Questionamos até começarmos a nos perguntar: "Onde está esse 'eu' essencial? O que ele é?". No momento em que entendemos isso, entendemos tudo. Quando passamos de nosso nível de pensamento condicionado comum para camadas mais profundas e sutis, chegamos a um estado conhecido como "não condicionado".

Nosso modo normal de pensamento baseia-se no dualismo. Baseia-se no "eu" e no que "eu" estou pensando ou fazendo. Praticar vipashyana nos coloca em contato direto com a consciência não dual. Por exemplo, se olhássemos para o céu num dia com nuvens, normalmente nos associaríamos às nuvens obscurecedoras de nossos pensamentos e emoções – fossem elas brancas, negras ou em tons intermediários. Raramente nos associamos ao vasto céu azul da consciência desnuda. O céu é infinito. Onde começa? Onde termina? Sofremos porque nos identificamos com as nuvens e não com o céu. Ao nos aprofundarmos mais e mais em questões como "quem somos, o que é uma emoção, o que é um pensamento" damos origem ao que se chama sabedoria.

Sabedoria não tem nada a ver com conhecimento intelectual. Conhecimento intelectual pode ser muito útil. Pode esclarecer coisas. Mas existe uma enorme diferença entre "saber sobre" e "saber". Conhecimento tem uma noção de experiência direta. Podemos ler muitos livros sobre açúcar, por exemplo. Podemos saber sua composição química, como é produzido, quais os diferentes tipos de açúcar, há quanto tempo o açúcar é utilizado pela espécie humana, os tipos de açúcar que temos no corpo, como os carboidratos convertem-se em açúcar. Podemos ficar "especialistas" em açúcar. Mas, até provarmos o açúcar, não conhecemos o açúcar. Apenas sabemos coisas a respeito dele.

A sabedoria ocorre quando nos tornamos o que experimentamos. É a natureza da realização direta para transformar. Uma vez que isso aconteça, nunca mais seremos os mesmos. Não significa que ficamos totalmente iluminados. Tem gente que imagina que vai sentar, meditar por um tempo e então, de repente, no espaço de um minuto, vai acontecer uma enorme revelação, cheia de luzes cintilantes, trombetas, anjos e chuva de flores. Não é assim. Na verdade, quando meditamos, experimentamos pequenas revelações, como tênues lampejos da mente não condicionada. Mas isso é só o começo do processo. Com certeza não é o fim!

Sabedoria é um tema vastíssimo. Trata de entender a qualidade subjacente e espaçosa da pessoa e de todos os fenômenos experimentados. É o resultado direto de nossa pesquisa interior. Não é algo que possamos aprender nos livros. Tem que ser experimentada de maneira direta. Para atingir essa qualidade de *insight* profundo, devemos ter uma mente que seja tranquila e maleável. Atingir esse estado mental exige primeiro desenvolver a capacidade de regularmos nosso corpo e fala de modo a não causar conflito. Nesse sentido, os três treinamentos apoiam-se um no outro e dão sustentação, como um triângulo, em que cada lado é necessário para apoiar os outros dois. Você não pode retirar uma parte e esperar que o triângulo permaneça.

Os três treinamentos ajudam a desenvolver as Seis Perfeições, ou *paramitas*, as qualidades transcendentais necessárias para progredir rumo à iluminação. Na verdade, existem muitas qualidades envolvidas, mas seis estão incluídas na estrutura tradicional. São elas: doação ou generosidade, ética ou conduta moral, paciência ou tolerância, esforço entusiasmado, meditação e sabedoria. Vocês devem ter notado que meditação é apenas uma de seis qualidades. E quanto a doação, ética e paciência? Aperfeiçoar essas três primeiras qualidades, essenciais para completar todo o caminho espiritual, requer um contexto social. Vivendo em isolamento, pode-se colocar migalhas para os pássaros a fim de desenvolver a qualidade da doação, pode-se ter paciência com o vento uivante ou o fato de nevar dia após dia, mas o que mais além disso? Realmente precisamos de outras pessoas ao redor para desenvolver as três primeiras perfeições. Como podemos aprender a doar se não temos ninguém a quem doar? Doar aparece primeiro porque é algo que podemos fazer agora mesmo. Não temos que ser eticamente perfeitos, não temos que ser grandes meditantes, não temos que desenvolver grande paciência ou evitar a raiva em todas as circunstâncias. Podemos ser pessoas repletas de defeitos, extremamente problemáticas, mas, ainda assim, generosas. Doar abre o coração, o que é outro motivo para ser a primeira.

Enquanto morava na Inglaterra, tive alguns amigos que eram sufis ingleses. O sheik deles estava no Marrocos. Esses amigos tinham um filho com uns três anos de idade. Um dia deram uma caixa de balas para ele e sugeriram que ele me oferecesse uma. A reação imediata foi: "Não, são minhas!". O pai disse: "Sim, claro que são suas. Por isso você pode compartilhar com os outros". O menininho pensou a respeito, então sorriu. Abriu a caixa e não deu apenas para mim, mas ofereceu para todos na sala com um grande sorriso. Aquilo estava certo. As balas eram dele, por isso ele podia oferecer aos outros!

Será que pensamos assim a respeito de nossos bens? Que sorte a nossa possuir coisas para poder compartilhar com os outros! Essa é a primeira lição, a primeira abertura de nosso coração para reconhecer aqueles ao redor. Não doar apenas as coisas que não queremos mais – embora isso possa ser o começo –, mas também doar coisas porque realmente gostamos delas. É um jeito lindo de se relacionar com as pessoas, e podemos fazer isso a qualquer momento. As pessoas entendem de generosidade no Oriente. Acreditam que tudo acontece devido a causas e condições; por isso, se querem ser prósperas, têm de criar as causas para a prosperidade futura. A causa da prosperidade é a generosidade. Sabendo disso, elas ficam muito felizes em doar e muito gratas a quem recebe por lhes permitir acumular o bom carma. Isso não só ajuda a abrir o coração delas, como também planta as sementes da prosperidade futura. Por esse motivo, **quando uma pessoa doa algo, o recebedor não diz "obrigado", pois é o doador que deve agradecer pela oportunidade de manifestar generosidade.**

Podemos começar com pequenas doações. Se encontramos amigos, podemos pagar um café para eles. Se temos um **par de alguma coisa boa, podemos doar uma delas para alguém.** Conheço um swami que vive na Índia. Ao que parece ele é bem conhecido. As pessoas vivem dando-lhe presentes, inclusive coisas estrangeiras de qualidade, que são muitíssimo cobiçadas na Índia. O que me impressiona é que o primeiro pensamento dele ao receber qualquer coisa sempre é: "Para quem posso dar isso? Quem seria um recebedor adequado?". Ele nunca guarda nada para si, mas está sempre feliz!

A segunda qualidade que podemos incorporar facilmente na vida cotidiana é a ética. O essencial da ética budista são os cinco preceitos. O enunciado para comprometer-se com os cinco preceitos é: "Comprometo-me com a norma do treinamento em...". Em outras palavras, não são mandamentos. O Buda não disse: "Tu não deves...". Ele apenas disse: "Essa é uma norma de treinamento para desenvolver uma conduta que não cause dano para si e para os outros".

O primeiro dos cinco preceitos é não tirar a vida. Isso significa não matar intencionalmente. Inclui não tirar a vida de qualquer ser, não apenas humanos, mas também animais, peixes, insetos e qualquer criatura que possua consciência. Cada ser considera sua própria vida o bem mais precioso, assim como consideramos nossa vida o nosso bem mais precioso. Existe uma história sobre um rei do tempo do Buda. Um dia ele estava numa sacada com sua rainha principal e perguntou a ela: "Quem você mais ama neste mundo?". Ela refletiu por um tempo e então respondeu: "Sabe, quando penso no mundo inteiro, quem mais amo sou eu mesma, e você?". O rei pensou um tempo e então disse: "Humm, de fato é verdade. No fim das contas quem mais amo neste mundo sou eu mesmo". Aí ele foi ao Buda e relatou a conversa. "O que você acha?", perguntou. O Buda respondeu: "É verdade. Cada ser é o mais querido para si mesmo. Por causa disso, não devemos nem prejudicar, nem causar mal". Como mencionei anteriormente, todo o sistema de ética budista é baseado no princípio de não causar mal. Isso abrange não causar mal a nós mesmos, bem como não causar mal aos outros. É viver de tal forma que todo ser que venha à nossa presença saiba que não existe ameaça a seu bem-estar, e que ele está completamente a salvo conosco.

O segundo preceito é não pegar o que não lhe é dado; em outras palavras, não roubar. Esse preceito é levado muito a sério em países budistas. Por exemplo, quando monges e monjas vão à casa de alguém, espera-se que não peguem nada sequer para admirar, que dirá de um jeito que a ação possa ser interpretada como um desejo de tomar para si. De fato, o esperado é que a gente alcance coisas para os outros. Mesmo quando os convidamos para almoçar, devemos alcançar cada coisa, para que não haja dúvida de que as pessoas não estão pegando nada que não foi oferecido. Em alguns países budistas, monges e monjas seguem isso de forma realmente escrupulosa. É um outro aspecto de ser inofensivo. As pessoas devem saber que podem confiar em nós, que não vamos tirar nada delas porque não gostamos que tirem nada de nós. Isso também se aplica a devolver coisas que pegamos emprestado. Devemos devolver prontamente e no mesmo estado em que pegamos emprestado. Devemos respeitar a propriedade dos outros, assim como queremos que respeitem a nossa.

O terceiro preceito refere-se a evitar má conduta sexual. Significa não se envolver em nenhum tipo de comportamento sexual que possa causar dano a si mesmo ou outrem. Isso envolve responsabilidade por nossas ações. Não devemos buscar apenas satisfação imediata, mas considerar os resultados e implicações de nossas ações a longo prazo. Não se trata realmente de com quem se dorme ou do tipo de sexo que se pratica. A pergunta que sempre devemos nos fazer é: "Alguém está sendo prejudicado com esse comportamento? Alguém poderia ser prejudicado com esse comportamento?". Adultério, portanto, sempre é considerado prejudicial porque machuca e leva a ciúme, decepção e falta de confiança.

O quarto preceito é contra falar inverdades. Observar esse preceito assegura que as pessoas podem confiar no que falamos para elas. Sabem que falamos o que acreditamos ser verdade. Ao mesmo tempo, nossa fala deve ser útil. Não deve ser apenas verdadeira, mas gentil. Algumas pessoas orgulham-se de falar a verdade, mas aquela fala verdadeira pode, na verdade, ser bastante maldosa. É interessante notar que as pessoas que se orgulham de falar a verdade geralmente querem dizer que magoam os outros! Lembro de uma ocasião quando eu era jovem, logo depois da guerra. Na época tudo era racionado na Inglaterra, inclusive alimentos e roupas. Tínhamos cupons para roupas e os economizávamos na expectativa de comprar alguma coisa nova, o que era um enorme prazer. Minha mãe comprou um casaco bege e vestiu para me mostrar. Ela estava muito contente porque quase nunca conseguia roupas novas. Ela perguntou: "O que você acha?". Respondi: "Deixa você gorda". O que eu disse era verdade. O casaco deixava ela gorda. Mas o olhar de mágoa e decepção no rosto dela foi de partir o coração. Ela tirou o casaco e colocou no guarda-roupa. Nunca usou, nem sequer olhou para ele outra vez. Eu poderia ter dito "Que bela cor", ou "Que belo tecido", ou "Que modelo interessante". Essas afirmações também teriam sido verdadeiras. Quando falamos a verdade, também devemos lembrar de que não deve ser apenas verdade: deve ser útil e gentil. Devemos lembrar que nossa meta é não causar dano aos outros e isso inclui ter consideração pelos sentimentos deles.

O quinto preceito é contra consumir intoxicantes. Esse não é muito popular no Ocidente. Muita gente diz: "Oh, na verdade isso significa apenas não encher a cara". O preceito, de fato, diz que você não deve usar intoxicantes. Por que não? Bem, antes de tudo, o budismo é um caminho para aumentar a consciência e a clareza da mente. Tudo gira em torno de aumentar o domínio sobre a mente, não enfraquecê-lo. Consumir intoxicantes é contraproducente porque anuvia a mente. Não só isso, como abre a porta para todas as nossas qualidades negativas. Quando as pessoas ficam bêbadas, suas melhores qualidades não vêm à tona. As pessoas raramente se embebedam e vão se juntar à Madre Teresa. O mais comum é que fiquem bêbadas e surrem a esposa!

Existe uma história tibetana que ilustra isso. Havia um monge que vivia numa caverna na montanha meditando. Seu benfeitor no sopé da montanha levava comida de tempos em tempos. A filha dele carregava os mantimentos e acabou completamente atraída pelo monge. Por fim sugeriu ao monge que dormisse com ela. Ele disse: "Não posso fazer isso. Sou um monge celibatário. O que você está dizendo? De jeito nenhum". Ela ficou muitíssimo desapontada e desceu a montanha. Na ocasião seguinte em que foi lá, levou uma cabra. Então disse ao monge: "Se você não vai dormir comigo, pelo menos abata essa cabra para podermos desfrutar de um banquete juntos". "Você está louca?", respondeu ele. "Sou um monge budista. Eu não mato. Vá embora daqui." Lá se foi ela montanha abaixo, matutando: "Esse monge budista é muito difícil de ludibriar".

Na ida seguinte, ela foi com um grande jarro de cerveja tibetana, conhecida como *chang*. Ela disse: "Pois bem, meu ultimato é o seguinte: ou você faz amor comigo, ou comemos a cabra. Senão, pelo menos tome esse chang comigo. Se você não fizer nenhuma dessas coisas, vou me desesperar e me matar". O monge ponderou: "Fazer o quê? Não posso ser a causa da morte dessa pobre garota. A coisa menos prejudicial de todas essas é beber o chang". Então disse: "Certo, vamos beber o chang". Claro que o monge ficou completamente bêbado. Aí fez amor com a garota. Para celebrar, abateram a cabra e fizeram uma grande festa!

O álcool em si não é problema. O problema é que abre as comportas para todas as nossas ações negativas; por isso devemos ter muito cuidado com ele. Motoristas bêbados matam pessoas não porque sejam maus, mas porque perdem o controle de suas faculdades. Mantenho correspondência com um detento norte-americano que cumpre pena de 26 anos por dirigir embriagado e causar a morte de uma mãe e sua filha em um acidente. A embriaguez ao volante não só tirou a vida das duas como, de certa forma, tirou a vida dele também. Vinte e seis anos é um longo tempo para se ficar preso!

A ética budista baseia-se na conduta de um ser completamente realizado. Um ser completamente realizado naturalmente não mataria, não roubaria, não teria má conduta sexual, não contaria mentiras, nem consumiria intoxicantes. Ao viver de maneira inofensiva, praticamos nossas ações de acordo com as de um ser plenamente desperto. Creio que vocês podem ver que esses preceitos não são apenas condicionamento cultural. Não é correto dizer que eram relevantes há 2,5 mil anos no norte da Índia, mas carecem de relevância no mundo moderno. De fato, são tão relevantes – se não mais relevantes – na sociedade de hoje do jeito como é baseada na ganância e na violência. Adotar essa ética é como construir o alicerce de uma casa – não é um trabalho empolgante. Ninguém jamais descreveu o trabalho de assentar fundações como eletrizante. Não obstante, pode ser muito gratificante. Se assentar fundações sólidas, você pode então construir paredes robustas de forma fácil e rápida. Por outro lado, se as fundações forem frágeis, as paredes serão instáveis, por mais atraentes que pareçam. Se tornarmos nossa conduta pura, útil e inofensiva, nossa mente ficará serena. Teremos menos conflito. Não teremos nada a censurar em nós mesmos. A partir dessa base firme, podemos começar a praticar meditação. Não estou dizendo que nossa conduta tenha que ser absolutamente impecável antes que possamos começar a meditar. Mas, se persistirmos deliberadamente em comportamentos como caçar animais, surrar a esposa ou os filhos, furtar nas lojas no final de semana, deleitar-se com escândalos maldosos ou manter casos amorosos ilícitos, nossa mente ficará agitada demais para meditar de modo apropriado. De fato, será contraproducente até mesmo tentar.

É muito importante tentarmos levar uma vida que não cause danos a nosso corpo e mente, pois somos responsáveis por eles. Devemos ficar atentos à forma como os nutrimos, do mesmo modo que temos o cuidado de abastecer nosso carro com gasolina de alta qualidade e um bom óleo. Não colocamos querosene ou outras substâncias prejudiciais no motor porque sabemos que causará estragos. Cuidamos do nosso carro, mas tomamos menos cuidado com nosso corpo. Colocamos todo tipo de coisa prejudicial para dentro do corpo. Precisamos ter mais responsabilidade para conosco, com nossa mente e nosso lugar na sociedade. Budistas passam muito tempo sentados em meditação sobre bondade amorosa e compaixão e enviando bondade amorosa e compaixão para todos os seres. Mas, se não temos compaixão por nós mesmos, como podemos esperar enviá-la para os outros?

É relativamente fácil sentar em nossa almofada e pensar: "Possam todos os seres sencientes ficar bem e ser felizes" e enviar pensamentos de bondade amorosa a todos aqueles pequenos seres sencientes lá fora, em algum lugar lá no horizonte! Aí chega alguém e diz que há uma ligação telefônica para nós, e respondemos de mau humor: "Vá embora. Estou fazendo minha meditação de bondade amorosa". O melhor lugar para começarmos nossa prática do Dharma é em nossa família. Temos as ligações cármicas mais fortes com os membros da família; portanto, temos grande responsabilidade ao desenvolver nosso relacionamento com eles. Se não conseguimos desenvolver bondade amorosa por nossa família, para que falar de outros seres? Se queremos mesmo abrir o coração, tem que ser com aqueles diretamente ligados a nós, como nossos parceiros, filhos, pais e irmãos. Essa tarefa é sempre difícil, pois precisamos superar padrões de comportamento arraigados.

Acredito que isso possa ser especialmente desafiador para os casais. Às vezes penso que seria uma boa ideia ter um gravador ou mesmo uma câmera de vídeo para registrar como os casais se relacionam, de modo que posteriormente eles pudessem se ver e ouvir interagindo. Toda vez ele diz isso, ela diz aquilo, e todas as vezes as reações são muito inábeis. Eles ficam presos num padrão. Causam dor a si mesmos e àqueles ao redor, inclusive os filhos, e não conseguem sair. Colocar a bondade amorosa em prática realmente ajuda a afrouxar os padrões rígidos que desenvolvemos ao longo de muitos anos. Às vezes uma ideia muito boa é apenas fechar os olhos, depois abrir e olhar a pessoa diante de nós – especialmente se é alguém que conhecemos muito bem, como nosso parceiro, nosso filho ou nossos pais – e tentar realmente vê-la como se a visse pela primeira vez. Isso pode nos ajudar a apreciar suas boas qualidades, o que então nos ajudará a desenvolver bondade amorosa por ela.

A terceira das Seis Perfeições que requer a presença de outras pessoas é a paciência. A paciência é o antídoto da raiva. Pela perspectiva do Dharma, a paciência é considerada extremamente importante. O Buda louvou-a como o princípio mais rigoroso. Devemos desenvolver essa qualidade maravilhosa, ampla, extensa. Não tem nada a ver com suprimir ou reprimir, ou qualquer coisa do tipo; trata-se, isso sim, de desenvolver um coração aberto. A fim de desenvolvê-la, precisamos ter contato com gente que nos incomoda. Vejam, quando as pessoas são amáveis e bondosas conosco, dizendo as coisas que queremos ouvir e fazendo todas as coisas que queremos que elas façam, a sensação pode ser ótima, mas não aprendemos nada. O verdadeiro teste vem com gente que é totalmente desagradável!

Vou contar uma história. Algum de vocês já ouviu falar de Santa Teresinha de Lisieux? Às vezes ela é chamada de "Pequena Flor". Para quem nunca ouviu falar dela, era uma moça de família francesa de classe média que vivia na Normandia. Tornou-se freira carmelita aos quinze anos de idade e morreu de tuberculose no final do século XIX, com apenas 24 anos. Hoje é a santa padroeira da França, junto com Joana D'Arc. Ela viveu em um pequeno convento carmelita de clausura com cerca de trinta mulheres. Quatro de suas irmãs também eram freiras no mesmo convento. Sua irmã mais velha era a madre superiora.

Vocês têm que tentar imaginar a vida em uma ordem contemplativa. Vocês só veem as outras pessoas do grupo. Elas não foram escolhidas por vocês. Não é como se vocês escolhessem seus melhores amigos para entrar para a ordem. Vocês entram lá e descobrem o que tem. Vão passar a vida inteira sentados ao lado de quem chegou antes e de quem chegou depois. Vocês não têm escolha. Vocês comem com elas, dormem com elas, rezam com elas e passam o momento de recreação com elas. É como se, de repente, dissessem para todos nós aqui nesta sala: "É isso aí, pessoal! Vocês nunca mais verão outras pessoas pelo resto da vida. Vocês não escolheram uns aos outros, mas cá estão". Imaginem!

Pois bem, havia uma freira que Teresa simplesmente não conseguia suportar. Não havia nada de que ela gostasse na mulher – a aparência, o modo de andar, o modo de falar, o cheiro. Teresa era bastante rabugenta. De manhã as freiras costumavam fazer meditação silenciosa em uma grande capela de pedra, onde todos os sons reverberavam. Aquela freira sentava-se na frente de Teresa e fazia uns estalidos estranhos. Os ruídos não eram rítmicos, por isso Teresa nunca sabia quando viria o próximo estalido. Ela deveria ficar em contemplação, mas em vez disso encharcava-se em suor gelado, só à espera do próximo estalido. Ela sabia que passaria o resto da vida tendo a outra por perto e que a mulher nunca mudaria. Por fim ela percebeu que não adiantava tentar fugir, escapulindo por um corredor quando via a mulher aproximar-se. Obviamente havia algo na mulher que agradava a Deus, pois ele a chamara para se tornar noiva de Cristo.

Teresa concluiu que deveria haver algo de belo naquela freira que ela era incapaz de enxergar. Percebeu que, como a mulher não iria mudar, a única coisa que poderia mudar era ela mesma. Assim, em vez de nutrir a aversão ou evitar a mulher, Teresa começou a se empenhar em encontrá-la e ser tão encantadora como se aquela fosse sua melhor amiga. Começou a dar presentinhos e antecipar as necessidades da mulher. Sempre abria o mais belo sorriso, de coração. Fez tudo que pôde para tratar a mulher como se fosse sua amiga mais querida. Um dia a mulher lhe disse: "Realmente não sei por que você me ama tanto!". Teresa pensou: "Você nem imagina!".

Agindo dessa maneira, Teresa passou a gostar daquela mulher de verdade. A outra freira não era mais um problema para ela, mas nada havia realmente mudado na mulher. Tenho certeza de que ela ainda se sentava lá dando estalidos, sem notar. Todavia, tudo mudou. O problema foi superado, e Teresa teve um grande crescimento interior. Ela não operou quaisquer milagres. Não teve nenhuma grande visão. Ela fez algo muito simples, que todos nós somos capazes de fazer – mudou sua atitude. Não podemos transformar o mundo, mas podemos transformar nossa mente. E, quando transformamos nossa mente, eis que o mundo inteiro se transforma!

Shantideva, erudito indiano do século VII, escreveu que a Terra é cheia de seixos, pedras pontudas e espinheiros. Assim sendo, como podemos evitar topadas com os dedos dos pés? Vamos atapetar a Terra inteira? Ninguém é rico o bastante para atapetar o mundo inteiro de ponta a ponta. Mas, se pegarmos um pedaço de couro e colocá-lo sob nossas solas, como sandálias ou sapatos, podemos andar por toda parte. Não precisamos mudar o mundo inteiro e todas as pessoas que nele habitam conforme nossas especificações. Existem bilhões de pessoas lá fora, mas existe apenas um "eu". Como posso esperar que todas façam exatamente o que eu quero? Não precisamos disso. Só precisamos mudar nossa atitude. Podemos considerar as pessoas que nos incomodam e nos causam os maiores problemas como nossas melhores amigas. São elas que nos ajudam a aprender e mudar.

Certa vez, quando eu estava no sul da Índia, fui ver um astrólogo e disse: "Tenho duas opções. Posso voltar para o retiro ou fundar um convento. O que devo fazer?". Ele me olhou e disse: "Se você voltar para o retiro, será muito pacífico, muito harmonioso, muito exitoso, e tudo será ótimo. Se fundar um convento, haverá um monte de conflitos, montes de problemas, montes de dificuldades, mas ambas as opções são boas, então você decide". Pensei: "Voltar para o retiro, rápido!". Então encontrei um padre católico e mencionei o assunto. Ele disse: "É óbvio. Fundar o convento. De que adianta estar sempre em busca de tranquilidade e evitando os desafios?". Ele disse que somos como pedaços de madeira. Tentar aparar nossas arestas ásperas com veludo e seda não vai funcionar. Precisamos de uma lixa. As pessoas que nos incomodam são a lixa. Elas vão nos aplainar. Se considerarmos aquelas que são extremamente irritantes como nossas maiores ajudantes no caminho, podemos aprender muito. Elas deixam de ser problema e, em vez disso, tornam-se desafios.

Um pandita bengali do século X, chamado Palden Atisha, reintroduziu o budismo no Tibete. Ele tinha um servo que era realmente medonho. Era abusivo com Atisha, desobediente e, no geral, um grande problema. Os tibetanos perguntavam a Atisha o que estava fazendo com um sujeito tão medonho, tão completamente desagradável.

Diziam: "Mande-o embora. Vamos cuidar de você". Atisha replicava: "Do que estão falando? Ele é meu maior professor de paciência. Ele é a pessoa mais preciosa à minha volta!". Paciência não significa supressão, não significa engarrafar nossa raiva ou voltá-la contra nós na forma de culpa. Significa ter uma mente que vê tudo o que acontece como o resultado de causas e condições que colocamos em curso em algum momento desta vida ou em vidas passadas. Quem sabe qual foi o nosso relacionamento com alguém que agora nos causa dificuldades? Quem sabe o que podemos ter feito a ele em outra vida! Se reagimos a essas pessoas com retaliação, estamos apenas nos aprisionando no mesmo ciclo. Teremos que continuar reprisando essa parte do filme vez após vez, nesta e em vidas futuras. O único jeito de romper o ciclo é mudar nossa atitude.

Quando os chineses tomaram o Tibete, aprisionaram muitos monges, monjas e lamas. Essas pessoas não tinham feito nada de errado. Algumas foram aprisionadas em campos de trabalho forçado por vinte ou trinta anos e só agora estão sendo soltas. Há pouco tempo, conheci um monge que ficou preso por 25 anos. Foi torturado e maltratado, e seu corpo estava bastante estropiado. Mas a mente dele! Quando se olhava nos olhos dele, longe de ver amargura, despedaçamento ou ódio, dava para ver que eles brilhavam. Ele parecia ter passado 25 anos em retiro! Só falava de sua gratidão aos chineses, que realmente o haviam ajudado a desenvolver amor e compaixão imensos por aqueles que lhe causavam mal. Ele disse: "Sem eles, eu teria apenas continuado a declamar banalidades". Mas, devido ao aprisionamento, ele teve que recorrer à força interior. Em tais circunstâncias, ou você afunda, ou se supera. Quando saiu da prisão, ele não sentia nada a não ser amor e compreensão em relação aos captores.

Certa vez li um livro de Jack London. Não consigo lembrar o título. Era alguma coisa sobre as estrelas. Era a história de um professor de faculdade que havia assassinado a esposa e estava na prisão de Saint Quentin. Os guardas do presídio não gostavam nada daquele homem. Ele era inteligente demais. Então faziam tudo que podiam para intimidá-lo. Uma das coisas que faziam era amarrar as pessoas em uma saca de lona muito rígida e apertar tanto que elas mal podiam mexer-se ou respirar, e o corpo todo parecia estar sendo esmagado. Se alguém ficava dentro daquilo por mais de 48 horas, morria.

O professor era constantemente colocado dentro da saca por 24 ou trinta horas. Enquanto ficava acondicionado daquele jeito, começou a ter experiências fora do corpo por causa da dor insuportável. E acabou revendo vidas passadas. Aí viu os relacionamentos de vidas passadas com as pessoas que agora o atormentavam. No fim do livro, ele está prestes a ser enforcado, mas não sente nada a não ser amor e compreensão pelos algozes. Ele realmente entendeu por que estavam fazendo aquilo. Sentiu a infelicidade, a confusão e a raiva interna dos torturadores, que era o que criava aquele cenário.

De forma modesta, nós também devemos desenvolver a capacidade de transformar acontecimentos negativos e incorporá-los ao caminho. Aprendemos muito mais com a dor do que com os prazeres. Isso não significa que tenhamos que sair à procura de dor – longe disso. Mas, quando sobrevém a dor, seja ela qual for, em vez de nos ressentirmos e criarmos mais dor, podemos vê-la como uma ótima oportunidade para crescer – para sair de nossos padrões de pensamento normais, do tipo: "Ele não gosta de mim, por isso não vou gostar dele". Podemos começar a transcender tudo isso e usar esse método para abrir o coração. O Buda certa vez perguntou: "Se alguém lhe dá um presente e você não aceita, a quem pertence o presente?". Os discípulos responderam: "À pessoa que deu". O Buda então disse: "Bem, eu não aceito abuso verbal de vocês. Portanto, ele é seu". Não temos que aceitar. Podemos deixar nossa mente como o vasto espaço aberto. Se você joga lama no espaço aberto, ela não suja o espaço. Suja apenas a mão da pessoa que jogou. Por isso é tão importante desenvolver a paciência e aprender como transformar acontecimentos negativos e gente negativa em uma resposta espiritual positiva.

PERGUNTAS

Pergunta: O que acontece caso você adote esses preceitos e outras pessoas mintam e você acredite?

Tenzin Palmo: Bem, você não tem que ser crédulo. Quando a mente fica mais clara, começamos a ver as coisas como realmente são e ver as pessoas como elas realmente são. Ao começarmos a ver as pessoas como realmente são e não como elas se apresentam, desenvolvemos grande compaixão por elas, mas isso não significa que tenhamos que ser idiotas. A compaixão não é sentimental, é afiada como uma lâmina. Não estou falando de compaixão idiota. A compaixão genuína é alinhada com a visão clara. Conseguimos ver a situação e espontaneamente sabemos a reação. Como somos muito atrapalhados, geralmente não sabemos a reação apropriada. Por isso, enquanto tentamos com tanto empenho ficar felizes, apenas criamos mais e mais confusão e aflição para nós mesmos e todos ao redor. Não é a nossa intenção. Nossa intenção é ser feliz e talvez fazer as outras pessoas felizes também. Mas não conseguimos porque somos muito confusos. Quanto mais compreendemos a nós mesmos, mais podemos compreender os outros. Aí podemos reagir às situações de forma apropriada, sem causar estragos. Os princípios básicos do budismo são usados no mundo inteiro por pessoas que não são budistas porque são aplicáveis a todos. Você não tem que ser um budista de carteirinha para entendê-los. O próprio Dalai Lama sempre diz: "Não estamos tentando converter pessoas ao budismo, estamos tentando ajudá-las a ser mais felizes, mais bondosas e mais pacíficas".

O Buda disse: "Eu ensino apenas uma coisa: o sofrimento e o fim do sofrimento". Ele olhou em volta e viu que as pessoas queriam muito ser felizes; todavia, por causa de sua confusão, criavam mais e mais sofrimento para si mesmas e para os outros sem parar. Ele mostrou a maneira de transformar tudo isso. É como se estivéssemos todos amarrados, puxando em todas as direções tentando nos desenredar. Mas, como não sabemos como nos desenredar, apenas puxamos todos os nós às cegas e os apertamos mais.

Quantas pessoas são genuinamente felizes? Não quero dizer felizes porque acabaram de encontrar o homem ou mulher de sua vida ou porque conseguiram um carro novo, ou uma casa nova, ou o emprego que sempre quiseram. Estou falando de ser feliz internamente. Estou falando de ter uma fonte de alegria e paz interior borbulhando no coração continuamente, não importa o que aconteça. Quantas pessoas assim vocês conhecem? Existem algumas, mas não muitas.

P: A senhora disse que o budismo é não teísta. Como conciliar isso com a atitude em relação ao Buda?

TP: O Buda não era um deus. Era um príncipe indiano que atingiu a iluminação perfeita por meio de seu esforço. Rompeu todas as fronteiras da ignorância e desconhecimento; a mente dele expandiu-se em todas as direções, e ele enxergou com clareza. Ele despertou. A realidade é que estamos todos dormindo em um mar de ignorância e também precisamos despertar. Quando reverenciamos o Buda, é pela enorme gratidão por seu exemplo e pelo fato de ter passado 45 anos vagando pelo norte da Índia e ensinando muitos diferentes tipos de pessoas e mostrando muitos diferentes caminhos de chegar à descoberta que ele fez. Ele não é um deus. Ele nunca criou nada. Ele não está manipulando nossas vidas. Não está nos julgando. Ele é um exemplo de nosso potencial humano.

P: Se todas as religiões possuem códigos de ética semelhantes, por que o budismo é tão especial?

TP: Todas as religiões dizem para não fazermos mal aos outros e sermos bons. Dizem para amarmos os outros. Todas dizem para tratarmos os outros como gostaríamos que eles nos tratassem. Uma das coisas muito especiais do budismo é que não nos diz apenas para amarmos nosso próximo como a nós mesmos, diz como fazer isso. Ele nos oferece técnicas para desenvolver a bondade amorosa e a compaixão.

P: O budismo também não ensina sobre o carma?

TP: Sim. Vejam, a base da ética budista é que tudo o que fazemos com nosso corpo, fala e mente tem resultados. Mente não significa apenas o intelecto, também inclui o coração, porque o alicerce da mente vem do chakra do coração, não do intelecto. O intelecto é o cérebro do computador, não a energia que o dirige. Estamos plantando sementes constantemente. Quaisquer ações motivadas pela ignorância (no sentido de confusão e delusão), pela ganância ou fixação, raiva ou aversão terão resultados negativos. Não importa quantas justificativas nos demos. Nossas justificativas não são a questão. A questão é a motivação subjacente. Ações motivadas por entendimento claro, amor ou generosidade terão resultados positivos.

Estamos escrevendo nosso próprio roteiro o tempo todo. Os resultados de todas as nossas ações virão a ocorrer, seja imediatamente ou mais adiante, nesta vida ou em vidas futuras. Portanto, o que está acontecendo conosco agora é na maior parte resultado de coisas que fizemos no passado, seja nesta vida ou em vidas passadas. É como reagimos ao que está acontecendo agora que cria o futuro. Temos total responsabilidade por tudo em nossa vida. Não podemos culpar mais ninguém. Somos responsáveis pelo que está acontecendo neste momento e pelo modo como lidamos com isso. As coisas acontecem e reagimos. Se reagimos de maneira hábil e aprendemos com elas ou não, depende de nós. A ética budista consiste em se assumir a responsabilidade. Precisamos perceber que estamos moldando nosso futuro a cada momento. Não existe alguém do lado de fora puxando as cordinhas. Não existe ninguém para nos julgar. Em um certo nível, julgamos a nós mesmos a cada momento, no sentido de que o que quer que façamos produz resultados. Se plantarmos boas sementes, teremos uma boa colheita. Se plantarmos sementes venenosas, nossa colheita também será venenosa.

P: A senhora está dizendo que, depois que morremos, voltamos vez após vez?

TP: Sem dúvida que sim. Veja, a noção de renascimento nos confere uma paisagem incrivelmente vasta. Não temos que indagar: "Por que isso está acontecendo comigo?", baseados em uma perspectiva parcial ínfima do que está se passando. Muitas coisas na vida são inexplicáveis. Por que algumas pessoas são muito boas e ainda assim coisas horríveis parecem acontecer com elas? Por que algumas pessoas são completamente detestáveis e ainda assim parecem ter uma vida maravilhosa? Se tivéssemos condições de ver a tapeçaria inteira, uma imagem muito diferente apareceria. Isso nos dá um grande senso de espaço.

O fato é que no curso de nossa miríade de vidas fizemos tudo o que um ser humano é capaz de fazer, tanto para o bem quanto para o mal, muitas e muitas vezes. Às vezes lemos a respeito de pessoas fazendo coisas espantosas e inexplicavelmente ruins e podemos ficar tentados a pensar: "Eu jamais conseguiria fazer isso!". Na verdade, fizemos tais coisas muitas vezes no passado, então como podemos julgar alguém? Entretanto, o importante não é o que fizemos no passado, mas o que estamos fazendo neste momento. Estamos presentes? O que nossa mente está fazendo? Ela está num espaço hábil ou num espaço inábil?

P: Existe um Buda feminino?

TP: Bem, a natureza de buda não é masculina, nem feminina. E é claro que todos nós fomos dos gêneros feminino e masculino incontáveis vezes. O sexo que temos nesta vida é algo quase arbitrário. Às vezes somos do sexo masculino e, às vezes, do feminino, mas a natureza da mente não é masculina nem feminina. Entretanto, na escola de budismo Mahayana existem alguns – não muitos, mas alguns – bodhisattvas muito elevados que poderiam ser considerados "budas femininos". Por exemplo, existe a Prajnaparamita, que é a Perfeição da Sabedoria. Ela é conhecida como Mãe de Todos os Budas. Também existe Tara, que é uma figura muito popular entre os tibetanos. Ela tem muitos aspectos, mas é como uma mãe porque está sempre descendo para ajudar, de modo um pouco parecido com a Virgem Maria. Ela não julga. Você não precisa ser uma boa pessoa para que ela a ajude. Assim como uma mãe, seja o filho bom ou desobediente, ela está lá porque é a mãe. Ela está sempre lá como uma forma de proteção e ajuda para todos os seres.

Existe todo um grupo de seres de energia feminina conhecido como dakinis que se dedica a remover obstáculos e a criar conexões auspiciosas para os praticantes. Elas são invocadas com frequência. A rainha das dakinis, Vajrayogini, também é considerada um buda. Existem muitas práticas centradas nela. Então, sim, existem budas femininos. Elas também representam a energia exigida para se avançar para níveis espirituais mais elevados.

P: O quanto a caverna foi importante no seu caminho?

TP: Bem, pessoalmente, penso que a caverna é apenas uma caverna, mas a oportunidade de passar muitos anos em prática solitária foi muito importante para o meu caminho particular. Para mim, praticar sozinha daquele jeito foi extremamente proveitoso. Meus professores recomendaram. É claro que retiros solitários não são úteis para todo mundo. Depende da constituição psicológica da pessoa. Algumas pessoas enlouquecem ou ficam com medo, ou excessivamente introvertidas e incapazes de se relacionar com os outros. Mas, para mim, foi muito proveitoso e sou grata por ter tido a chance de fazer aquele retiro. Quando dei adeus à caverna, agradeci por ela ter me apoiado tanto. Mas uma caverna não é uma parte necessária do caminho espiritual de todo mundo.

P: Gostaria de saber mais sobre a pergunta que a senhora fez ao Dalai Lama no vídeo chamado *In the Spirit of Free Inquiry* (No espírito da livre investigação). Poderia nos contar sobre aquilo?

TP: Não foi realmente uma pergunta. Foi em Dharamsala, durante uma conferência de professores budistas ocidentais dos Estados Unidos, Europa e Austrália. Havia professores do Zen, do Theravada e do estilo tibetano. Éramos cerca de 25 pessoas. Todo dia ficávamos com Sua Santidade por cerca de quatro horas, o que era maravilhoso. Diferentes pessoas foram selecionadas para fazer apresentações sobre vários temas. No último dia, o tema foi a vida monástica. Pediram-me para fazer uma apresentação sobre os problemas e dificuldades de monges e monjas ocidentais. Falei sobre as dificuldades que experimentam no Ocidente, onde não existe apoio nem financeiro, nem psicológico. Isso fez com que ele chorasse. E então disse: "Bem, devemos fazer o que pudermos para ajudar". Ele foi muito solidário.

4. Os seis reinos

Tenho certeza de que muitos de vocês já viram thangkas da "Roda da Vida". Para aqueles que não viram, elas retratam uma grande roda presa nas mandíbulas de Yama, o Senhor da Morte. No aro externo estão os doze elos da originação dependente. Dentro estão os seis reinos da existência e, no centro, estão os três animais – um galo, um porco e uma serpente, cada um mordendo a cauda do que está na sua frente. Eles compõem o círculo interno. O galo representa a ganância; a serpente, a raiva; e o porco, a ignorância. De acordo com a psicologia budista, essas são as três emoções que mantêm a roda do samsara a girar. Nossa ignorância subjacente sobre como as coisas realmente são projeta a ganância e a raiva. Em outras palavras, o "eu quero" e o "eu não quero" governam nosso modo de viver. Passamos a vida tentando obter o que nos agrada e tentando evitar o que não gostamos. São as forças motivadoras que nos mantêm acorrentados à roda.

Na parte bem inferior da imagem, vemos a representação do reino dos infernos. Claro que hoje em dia muita gente não acredita em reinos infernais. Ironicamente, ainda acreditam em céu, mas consideram os reinos infernais pura fantasia! Tenho visões próprias a respeito disso. Como fui criada como espírita, sinto-me à vontade com a crença em outros reinos de existência além deste reino material concreto. De qualquer modo, mesmo no budismo, os reinos infernais não são considerados necessariamente lugares físicos. No *Bodhicharyavatara*, Shantideva diz: "Quem fez os pavimentos de ferro em brasa? Quem fez os demônios que atormentam os seres? Tudo isso é projeção da mente pervertida". Mesmo que não acreditemos na realidade física dos reinos dos infernos, podemos definitivamente acreditar que uma mente cheia de raiva, que adora causar mal aos outros e tem prazer com a crueldade poderia facilmente projetar um ambiente paranoico para si. A crença budista é a de que, após passarmos para outros reinos e perdermos o suporte físico que nos mantém aqui, o conteúdo de nossa mente interior é projetado para fora e torna-se a nossa realidade. Já projetamos um bocado neste plano, mas a amplitude de nossa projeção aumenta quando perdemos nossa base física. Assim, se a mente já está cheia de raiva e de prazer sádico com a dor de outrem, aquele estado mental será projetado para fora, e a pessoa envolvida com ele reagirá de modo paranoico. Podemos obter alguma compreensão dos reinos infernais aqui e agora. Todos nós conhecemos pessoas fisicamente situadas nos reinos infernais, tais como as que vivem em zonas de guerra. Também há gente sofrendo de doenças incuráveis e dolorosas, gente em prisões e gente em instituições para doentes mentais atormentada por suas próprias fantasias paranoicas. Conhecemos pessoas que vivem com parceiros extremamente abusivos e crianças vivendo com pais abusivos. Aqui mesmo existem reinos infernais de que todos nós temos conhecimento.

Um dos grandes problemas dos reinos infernais é que o sofrimento é tão intenso que somos totalmente engolfados, o que nos deixa incapazes de agir. Por esse motivo é muito difícil libertar-se. Por isso tantas mulheres que vivem com maridos abusivos não conseguem escapar. Ficam completamente presas na relação. Existe uma história de uma das vidas passadas do Senhor Buda. Naquela vida, por algum motivo, embora já fosse um bodhisattva, ele renasceu no inferno e tinha que arrastar uma carruagem muito pesada para frente e para trás. Havia outra pessoa ao lado dele, e estavam atrelados juntos. Tinham que arrastar a carruagem pesada para frente e para trás sobre o pavimento em brasa. Havia guardas dos dois lados, que os açoitavam caso cansassem. Em dado momento, o companheiro do bodhisattva colapsou. Ambos estavam muito cansados e fracos porque aquilo seguia praticamente pela eternidade. De qualquer forma, o bodhisattva disse: "Descanse um pouco. Vou carregar tudo sozinho", porque sentia muito pelo amigo. Ele disse aos guardas: "Deixem-no descansar um pouco. Vou carregar sozinho". Os guardas replicaram: "Você não pode fazer isso. Todos vocês são herdeiros do próprio carma", e bateram nele com uma grande maça de ferro. Naquele momento ele morreu e renasceu no céu.

Essa morte e renascimento instantâneos ocorreram porque naquela situação muito dolorosa e paranoica, é quase impossível gerar um pensamento pelo bem-estar dos outros; todavia, o bodhisattva conseguiu. Por esse motivo, morreu e imediatamente renasceu no céu. O inferno perpetua-se por si; por isso é tão difícil sair dele e por isso, tradicionalmente, considera-se que dure por muito tempo, ainda que não seja eterno. Os seres infernais estão cativos em sua própria paranoia. Podemos ver isso no cotidiano. Podemos ver isso em pessoas presas em depressão profunda, esquizofrenia ou paranoia.

O reino seguinte é dos *preta*, os fantasmas famintos ou espíritos insatisfeitos. Tradicionalmente são mostrados como seres vagando pela superfície da Terra, invisíveis para os humanos comuns. Em geral são mostrados com uma enorme barriga vazia e um pescoço muito delgado. Dizem que, mesmo que consigam um pedacinho de alimento, este mal passa pelo pescoço de fio de cabelo. Mesmo que a comida passe pelo pescoço, o estômago é como uma montanha. Por isso um pedacinho de alimento é de pouco benefício para eles. Outros podem conseguir beber ou comer, mas a água que bebem transforma-se em pus ou fogo, e a comida torna-se uma substância repugnante e indigerível. Em outras palavras, estão sempre torturados pela fome intensa e pelo anseio por comida e água. Isso é considerado resultado da mesquinhez. O Buda disse que as pessoas doariam constantemente se apenas soubessem os resultados de doar. Mais ainda se soubessem os resultados de não doar! Também podemos ver fantasmas famintos em nosso cotidiano. Gente que, não importa o quanto possua, sente-se pobre por dentro. Estão perpetuamente querendo ser o que os outros têm. Não apenas sempre querem mais e mais, como acham muito difícil dar alguma coisa a menos que aconteça de não a quererem. É muito fácil dar algo que não queremos, como as roupas da moda do ano passado. É muito mais difícil dar algo de que gostamos e que valorizamos.

Quando eu era bem jovem, havia um homem que morava em frente à nossa casa. As janelas do quarto dele eram completamente pretas porque ele não as limpava provavelmente há trinta ou quarenta anos. Ele andava por lá maltrapilho. Seu quarto era completamente desprovido de ornamentos, imundo e muito escuro. Era uma pessoa gentil, mas tinha raiva dos parentes. Odiava-os. Dizia que não queria que os parentes tivessem o prazer de vê-lo desfrutar de nada. Era um jeito de pensar muito tortuoso. Quando morreu, encontraram pilhas e pilhas de camisas e ternos ainda nas embalagens plásticas e milhares de notas de libras. As notas estavam escondidas dentro das cadeiras, embaixo da cama, sob as tábuas do piso, por toda parte. Claro que, no momento em que ele morreu, os parentes chegaram voando e levaram tudo. Dá para imaginar que, por causa da incapacidade de desfrutar da própria riqueza ou de compartilhá-la com outros, ele talvez esteja lá pelo quarto como uma espécie de fantasma assombrando o local.

Compartilhar é muito importante. É o oposto da mentalidade de fantasma faminto. Em países budistas é visível que as pessoas que mais doam para caridade, que fazem a maioria das ofertas para monges e monjas nas rondas de esmola pela manhã e tudo o mais são as pobres ou a classe média emergente. As pessoas que não doam são da classe média mais estabelecida e as ricas, a menos que façam da doação um grande show, convidando todo mundo para se regozijar com seu mérito. Devemos tomar muito cuidado para evitar a avareza. Precisamos aprender a abrir o coração e ser capazes de doar sempre que vemos uma situação de necessidade. Isso inclui até as pequenas coisas. Não apenas coisas materiais, mas sorrisos, uma palavra gentil, tempo para escutar, às vezes simplesmente estar ali para os outros. Isso é doar, ter um coração generoso e não estar sempre pensando: "O que posso conseguir ali? O que tem ali para mim? Se eu der, não terei para mim".

O terceiro reino é o reino dos animais. De acordo com a teoria budista, esse reino é caracterizado pela estupidez básica. Penso que isso é um pouco injusto com os animais. Não creio que os animais sejam tão estúpidos assim, mas carecem de uma certa qualidade de autoconhecimento. Não podem parar e olhar as situações de forma objetiva. Sempre ficam subjetivamente muito envolvidos no que quer que estejam fazendo. A maior preocupação deles é conseguir algo para comer. Vocês já repararam quanto tempo os animais gastam apenas comendo e procurando comida? Também gastam muito tempo dormindo e tentando manter-se quentes e confortáveis. A outra grande preocupação deles é a procriação. Pensando bem, não é tão diferente de muitas vidas humanas.

A menos que desenvolvamos a mente, não somos muito melhores que os animais. Existe gente totalmente preocupada com seus instintos, seus prazeres e em ficar confortável. Existe muita gente que nem tenta desenvolver a mente, não tenta pensar, discriminar ou analisar. Vai junto com a multidão, criando situações agradáveis e evitando as dolorosas, igual aos animais. Muitos de nós somos assim. Como ficar confortável? Como se manter aquecido, mas não aquecido demais; refrescado, mas não refrescado demais? Bem alimentado. Belamente vestido. Tudo confortável. Somos basicamente animais, a menos que desenvolvamos aquela parte de nós que é distintamente humana, com o que me refiro à mente. Animais também pensam, mas não são capazes de pensamento criativo. O potencial de usar a mente de forma criativa é a principal coisa que distingue os humanos dos seres do reino animal.

O próximo segmento da roda é o humano, mas deixaremos por último. Depois desse vem o reino dos chamados *ashuras*. São os semideuses. O reino dos semideuses e o reino dos deuses são iconograficamente retratados um acima do outro, do mais grosseiro ao mais sublime. Logo abaixo do reino mais grosseiro dos deuses está o reino dos ashuras. Também são muito lindos, como os deuses. Muitas das *ashuras* são capturadas pelos deuses. Não notei os *ashuras* sendo capturados pelas deusas mas, em todo caso, as damas são arrebatadas de tempos em tempos. O maior problema dos ashuras é a árvore que realiza desejos. As raízes e o tronco estão no reino dos ashuras, de modo que a árvore retira todos os nutrientes do solo dos ashuras. Entretanto, os galhos e, portanto, os frutos da árvore estão no reino dos deuses. Consequentemente, os ashuras são devorados pela inveja. Não conseguem apreciar todas as coisas boas que já possuem, e eles possuem coisas boas porque são semideuses. Poderiam levar vidas perfeitamente felizes. Mas não se permitem a felicidade porque são consumidos pela competição com os deuses, tentando readquirir os frutos da árvore que consideram de seu direito. E assim estão sempre em guerra – os titãs contra os deuses.

Podemos ver isso muito facilmente em nosso reino, nos padrões psicológicos de pessoas que já têm mais do que o suficiente. Como sempre existe alguém que tem mais, elas nunca conseguem apreciar o que já possuem. São sempre consumidas por inveja daqueles que têm mais que elas – promoções maiores, casas maiores ou carros maiores, renda maior, o que quer que seja. Também podemos ver isso acontecer nos grandes negócios. Creio que muitos empresários vão renascer como ashuras porque estão sempre organizando tomadas de controle e todo tipo de negociação. É a mentalidade que nunca está satisfeita. Todos nós escorregamos para essa mentalidade de ashura de vez em quando. O que quer que tenhamos simplesmente não basta. Se tivéssemos algo que outrem possui, ficaríamos felizes. Mas, mesmo que consigamos, é claro que não basta, pois um outro tem ainda mais – um modelo novo ou maior, ou coisa assim. Esse tipo de mentalidade atormenta muita gente, embora hoje em dia seja considerada uma coisa boa pois é a base de nossa sociedade de consumo. Temos que continuar consumindo. O único jeito de nos mantermos consumindo é gerando todas as necessidades artificiais, e o jeito de gerar necessidades artificiais é destacar outras pessoas que têm essas coisas e o quanto parecem felizes! Todas as propagandas asseguram que, se tivermos um carro maior, ou roupas melhores, ou uma marca de uísque melhor, teremos uma felicidade sublime. Claro que existe uma parte de nós que sabe que isso não é verdade. Mas outra parte fica sob tamanha pressão para acreditar no mito que tendemos a ir atrás de qualquer jeito. Toda a nossa sociedade baseia-se, e muito, na mentalidade ashura de competição por bens materiais.

Estive recentemente em Singapura. De certa maneira, Singapura é uma espécie de reino dos deuses, mas também é, em muito, um reino ashura porque a sociedade inteira baseia-se na competição. É uma ilha muito pequena diante da península da Malásia e não possui terra cultivável. Não tem quaisquer recursos próprios. É basicamente uma pequena cidade-estado. Assim, depende totalmente dos negócios e do comércio, e isso cria uma sensação de instabilidade, pois sabe-se que, se por algum motivo os negócios fossem para outro local, a economia entraria em colapso. Não importa quão bem-sucedidos sejam economicamente, você sempre vai ouvir pessoas dizerem: "Sim, mas Taiwan está melhor", ou: "A Malásia está nos alcançando". Um dia eu estava de carro com um amigo chinês que tem uma Mercedes branca. Estacionamos; quando voltamos, havia oito Mercedes brancas em fila. Todo mundo tem uma Mercedes branca porque sem ela você não é nada. A menos, é claro, que possua um Rover verde-oliva, que é a segunda opção. Todo mundo parece ter três empregos. Enquanto isso, crianças estão cometendo suicídio porque não aguentam a pressão. Isso é muito a mentalidade ashura de competição, insegurança, medo e ressentimento. Os cingapurenses são um povo muito bacana, mas hoje em dia a estrutura da sociedade deles é orientada para esse estilo de vida extremamente estressante. Contudo, na época em que estive lá, o governo encontrava-se no fim do ano fiscal com um superávit de milhões e milhões de dólares e não sabia o que fazer com o dinheiro. Que problema! "O que devemos fazer com todos esses milhões de dólares?", bradavam. Porém, ainda assim diziam: "Isso é muito bom, mas não devemos descansar sobre os louros. Devemos ir melhor no ano que vem porque Taiwan está nos alcançando".

No topo situa-se o reino dos *devas*. A palavra às vezes é traduzida como "deus", mas *deva* significa literalmente "aquele que brilha", um ser de luz. Nos sutras relata-se que os devas, com frequência, apareciam no meio da noite e iluminavam o bosque onde o Buda estava sentado e faziam-lhe perguntas. Na cosmologia budista existem 26 céus diferentes. Assim, ninguém pode dizer que o budismo seja pessimista. Na verdade, temos muito mais reinos felizes do que miseráveis! Os reinos celestiais começam com o mais grosseiro. As descrições são do ponto de vista masculino, por isso existem lindos jovens deuses com montes de ninfas adoráveis de pés rosados a servi-los – a fantasia de todo homem! Tudo o que você deseja simplesmente aparece de modo espontâneo. Os galhos e frutos da árvore que realiza desejos situam-se no reino inferior dos deuses. Sempre penso que é um pouquinho parecido com o estilo de vida californiano. Casas lindas, carros lindos, crianças lindas, corpos lindos, todo mundo praticando ioga ou tai chi, todo mundo com dietas saudáveis, todo mundo com pensamentos positivos.

Acima desse existem muitos níveis, cada um mais rarefeito e mais refinado que o anterior. Por fim chegamos aos reinos que são resultado de aptidões meditativas avançadas. Correspondem a vários níveis de meditação. Nesses reinos os deuses são andróginos, nem masculinos, nem femininos. Depois existem os reinos da não forma, que correspondem a realizações sem forma como espaço infinito, consciência infinita, nem percepção e nem não percepção, e por aí afora. Todavia, por mais rarefeitos que esses estados se tornem, ainda estão no reino do nascimento e da morte. Por mais tempo que lá se permaneça, o carma que criou as causas para o renascimento vai acabar se esgotando, e teremos que descer de novo.

Do ponto de vista budista, os reinos celestiais não são considerados locais tão bons para se renascer. A vida lá é tão agradável que se tem pouquíssima motivação para fazer progresso espiritual. Em vez disso, apenas se usa o bom carma, o que significa que eventualmente resta apenas o mau carma. Vimos que nos reinos inferiores existe desgraça demais para os seres pensarem em progresso espiritual, mas nos reinos superiores existe felicidade demais. Ambos os reinos apresentam empecilhos iguais para o crescimento espiritual.

A Califórnia é como o reino dos devas. Muitos tibetanos que vão para lá, vindos da Índia, ficam convencidos disso. Mas claro que qualquer reino inteiramente focado na juventude, beleza, alegria e luz é muito frágil porque a vida não é apenas juventude, beleza, alegria e luz. Aqueles que negam a sombra ficam em uma posição muito insegura e precária. Estar exclusivamente em um reino dos devas e não reconhecer sua natureza precária é uma forma grosseira de autoengano. Lembro de uma senhora muito bacana da Califórnia que era professora de ioga e massoterapeuta. Quando a conheci, ela estava com uns cinquenta anos, mas parecia muito jovem porque comia todas as coisas certas e fazia todos os tipos de exercício certos. Ela foi para o Nepal e falava sempre de alegria, amor e luz. Um lama costumava chamá-la de Nuvem de Bem-Aventurança. Mas ela ficou doente. Todo mundo fica doente no Nepal. Aquilo tirou-a da nuvem. Então ela começou a desenvolver compaixão genuína. É difícil desenvolver compaixão genuína quando você bloqueia continuamente todo sofrimento em sua vida.

Da perspectiva budista, o melhor renascimento que podemos ter no samsara é no reino humano, pois temos essa combinação única de alegria e tristeza. Temos condições de ver as coisas com muito mais clareza e temos a motivação para ir além de todas elas. Além disso, no reino humano temos escolha. Podemos escolher como agir, como falar e como pensar. Estamos em treinamento. Por causa das ações que desempenhamos com o corpo, a fala e a mente, nesta e em vidas passadas, não temos muito controle sobre a maioria das circunstâncias que ocorrem nesta vida. Mas podemos controlar nossa reação às circunstâncias, e nisso reside nossa liberdade. Podemos reagir com raízes negativas ou com raízes positivas. Se alguém grita conosco, podemos gritar de volta ou podemos tentar lidar de modo mais hábil com a situação. Se alguém está com raiva de nós, temos uma escolha. Podemos retribuir com raiva ou podemos tentar trazer algum entendimento e paciência à situação. Se reagirmos de modo positivo, atrairemos mais acontecimentos positivos para nossa vida. Se sempre reagirmos de modo negativo, criaremos mais e mais negatividade. Criamos nosso futuro de um momento para o outro, de acordo como nossa reação hábil ou inábil. Depende de nós. Não somos computadores. Não somos completamente programados.

O principal objetivo da meditação é criar autoconhecimento e consciência, de modo que possamos romper nosso padrão e reagir com mais abertura, clareza e entendimento. A meditação não é apenas para nos sentirmos pacíficos; essa é apenas a base para o progresso posterior. Meditação consiste em despertar o autoconhecimento. Quando nos entendemos, podemos entender os outros. Quando entendemos os outros, podemos dar fim ao sofrimento. Podemos reagir a tudo com grande habilidade. Podemos reagir aos outros com respeito e compaixão. Nisso reside a importância do reino humano. É a nossa grande oportunidade. Se a desperdiçarmos, pode levar muito tempo antes de voltarmos. É aqui e agora. Não é só ao sentar, é na vida cotidiana, com todos que encontramos, em todas as circunstâncias. Cabe a nós agir com consciência ou em delusão. Cabe a nós criar mais sofrimento para nós mesmos e para os outros ou gradualmente abandonar isso e criar circunstâncias positivas. O caminho do Buda é isso – ajudar a aproveitar ao máximo a oportunidade de nossa vida humana, não só quando estamos sentados em nossas almofadas de meditação ou visitando centros de Dharma, mas no todo de nossa vida humana, em todos os nossos relacionamentos, em nosso trabalho, nossa vida social, em tudo. Em tudo no âmbito da prática do Dharma. Realmente não devemos desperdiçar essa chance.

5. As mulheres e o caminho

Antes de começarmos a olhar a posição das mulheres no budismo, penso que é importante entendermos algo sobre as condições sociais prevalentes há 2,5 mil em Magadha, na Índia central, onde o Buda viveu. A menos que examinemos o contexto, poderíamos cair na armadilha de julgar injustamente as decisões dele sobre as mulheres a partir das perspectivas da Califórnia do século XX da nossa era. No tempo do Buda, as mulheres indianas eram definidas em relação aos homens de sua família. Uma mulher era filha, esposa ou mãe, especialmente mãe de um filho homem. O relacionamento com os homens da família era o que garantia o lugar delas na comunidade. Mesmo na Índia de hoje, se uma mulher não preenche algum desses papéis femininos, ela é considerada um ninguém. Por isso as mulheres na Índia muitas vezes ficam desesperadas para casar e ter um filho homem. Esse é o legado do código hindu primordial conhecido como Lei de Manu.

De acordo com esse ponto de vista, uma mulher pode atingir *moksha*, ou liberação, apenas por meio da devoção ao marido. Ela é como a Lua, que só pode ser iluminada pela luz do Sol. Como a Lua, ela não possui radiância própria. Por isso, para a mulher é essencial casar. Sem isso ela não tem esperança. Além do mais, as mulheres são socialmente muito dependentes dos parentes homens. Elas não pegam nem um ônibus sozinhas, sempre viajam com outra mulher ou com um parente homem. Se viajam sozinhas, é provável que sejam assediadas pelos homens, porque qualquer mulher que viaja sozinha é considerada uma mulher perdida. Esse é um problema enfrentado até por mulheres ocidentais viajando na Índia. Se a situação ainda é assim hoje, imaginem como era no tempo do Buda! Portanto, não é de surpreender que, quando Mahaprajapati, a madrasta do Buda, pediu para fundar uma ordem de monjas, ele ficou muito hesitante e de fato disse que não. Ela pediu três vezes, e três vezes ele respondeu: "Não, nem peça isso". Ela ficou muito chateada com a recusa. Quando Ananda, que era atendente do Buda e também seu primo, perguntou por que ela estava chorando, Mahaprajapati explicou que estava triste porque o Buda não havia permitido que ela e uma grande quantidade de mulheres entrassem para a vida sem lar.

Ananda ficou com pena das mulheres. Foi ver o Buda e pediu-lhe para reconsiderar e conceder a ordenação a elas. O Buda recusou de novo. Então Ananda perguntou: "As mulheres têm condições de levar a vida sagrada e atingir a liberação?". O Buda respondeu: "Sim, sim, claro que têm". Aí Ananda perguntou: "Então por que você está criando um obstáculo para elas?". O Buda então respondeu: "Certo, que seja" e criou uma ordem de monjas. É a única ocasião registrada em que o Buda, de fato, mudou de ideia dessa maneira. Ao longo dos séculos, todas nós monjas somos muito gratas a Ananda porque, sem a intervenção dele, não estaríamos aqui para contar a história!

No tempo do Buda houve muitas grandes praticantes. A maioria delas obtiveram os frutos do caminho e foram louvadas pelo Buda. Foram louvadas pela sabedoria, aprendizado e habilidade em ensinar. Nos primeiros sutras, o Buda elogiou suas seguidoras e discípulas repetidas vezes, e não há dúvida de que, na época, muitas mulheres deixaram suas famílias e aderiram à vida sem lar. Era uma coisa muito incomum das mulheres indianas fazerem. Mesmo hoje, no hinduísmo moderno, embora existam muitos milhares de sanyasins, mendicantes e sadhus, praticamente não há renunciadas femininas porque ainda se considera que o lugar da mulher é servindo à família.

É importante percebermos o quanto foi revolucionário o Buda criar sua ordem de monjas. Muitas mulheres entraram correndo. Existem muitas histórias a respeito disso nos primeiros sutras. Embora na época houvesse uma ordem feminina complementar à ordem masculina, não existe menção a uma *arahati*, ou *arhat* feminino, participando do conselho dos quinhentos arhats, ou santos perfeitos, instaurado após o mahaparinirvana do Buda. Os membros desse conselho foram convocados a recitar tudo que pudessem lembrar do que o Buda havia falado e, com isso, estabelecer o cânone. Mas não havia mulheres, e alguém pode perguntar por quê.

Obviamente o Buda deve ter dado às mulheres ensinamentos que não deu para os homens, mas não temos registros.

Parece ter havido preconceito institucionalizado contra as mulheres desde os primeiros tempos. Não creio que alguém tenha sentado e pensado: "Oh, vamos ser preconceituosos". Simplesmente fazia parte da cena social prevalente. Com o passar dos anos, tudo foi recitado e registrado do ponto de vista masculino. Tenho certeza de que não foi intencional, simplesmente aconteceu. Como a maioria dos textos e comentários foram escritos do ponto de vista masculino – isto é, dos monges –, as mulheres começaram a ser vistas cada vez mais como perigosas e ameaçadoras. Por exemplo, quando o Buda falou sobre o desejo, deu uma meditação sobre as 32 partes do corpo. Você começa pelo cabelo no topo da cabeça e então percorre todo o trajeto até as solas dos pés, imaginando o que encontraria se tirasse a pele de cada parte: rins, coração, vísceras, sangue, linfa e todo tipo de coisa. O praticante disseca seu corpo a fim de transpor o enorme apego à forma física e vê-la como realmente é. Claro que, perdendo o apego a nosso corpo, também perdemos o apego ao corpo dos outros. Todavia, a meditação que o Buda ensinou foi direcionada primeiramente ao próprio indivíduo. Foi planejada para extirpar o apego à própria forma física e garantir um certo desapego dela; romper qualquer preocupação que o meditante possa ter a respeito da atratividade de seu próprio corpo.

Entretanto, quando olhamos o que foi ensinado mais tarde, nas obras de Nagarjuna no século I ou de Shantideva no século VII, vemos que a mesma meditação é direcionada para fora, para o corpo das mulheres. É a mulher que é vista como um saco de vísceras, pulmões, rins e sangue. É a mulher que é impura e repulsiva. Não há menção à impureza do monge que está meditando. Essa mudança ocorreu porque essa tradição de meditação foi transmitida por mentes bem menos iluminadas que a do Buda. Assim, em vez de usar a visualização apenas como meditação para romper o apego ao físico, ela foi usada para manter o celibato dos monges. Não era mais simplesmente uma forma de ver as coisas como realmente são, mas, em vez disso, era um meio de cultivar aversão pelas mulheres. Em vez de os monges dizerem para si mesmos: "As mulheres são impuras e eu também, assim como todos os outros monges ao meu redor", desenvolveu-se o "as mulheres são impuras". Em consequência, as mulheres começaram a ser vistas como um perigo para os monges e isso desenvolveu uma espécie de misoginia monástica. Obviamente, se as mulheres tivessem escrito aqueles textos, haveria uma perspectiva muito diferente. Mas as mulheres não escreveram os textos. Mesmo que tivessem tido condições de escrever algumas obras do ponto de vista feminino, estas ainda teriam sido imbuídas do tom e das ideias dos textos e ensinamentos projetados para os homens.

Como resultado desse pronunciado preconceito, desenvolveu-se um desequilíbrio nos ensinamentos. Penso que esse desequilíbrio foi reconhecido até certo ponto. Com o surgimento do Mahayana, começaram a acontecer duas coisas. Uma é que o protagonista principal em diversos textos importantes do Mahayana é uma mulher que começa a repreender os monges por suas visões muito parciais e perguntar onde, na realidade inata de nossa natureza de buda, reside o masculino e onde reside o feminino. Ela então prossegue explicando que a dicotomia masculino-feminino existe apenas no nível relativo. No nível absoluto, o que é masculino e o que é feminino? Quando sentamos e meditamos, onde está o masculino e onde está o feminino? Existem textos nos quais essas protagonistas femininas, às vezes, até se transformam em homens e depois voltam a ser mulheres. Um dos principais discípulos do Buda, Shariputra, reconhecido por sua sabedoria e considerado o epítome de um monge perfeito, certa vez transformou-se em mulher. A protagonista feminina então perguntou: "Quem é Shariputra?". E aí voltou a ser ele de novo. As protagonistas femininas tentaram romper os estereótipos de gênero dessa forma. Também enfatizaram o fato de que qualidades femininas, a despeito de estarem presentes em um corpo masculino ou feminino, são associadas a um tipo de intuição, uma consciência mais elevada conhecida nos ensinamentos budistas como sabedoria. Mesmo nos primeiros textos do Mahayana, a sabedoria feminina é retratada como uma entidade feminina conhecida como Prajnaparamita. Como é a Perfeição da Sabedoria, ela é a mãe de todos os budas. Portanto, nos primeiros sutras mahayanas da Prajnaparamita, ela é retratada como uma linda figura matriarcal. Muitos sábios escreveram preces para Prajnaparamita, também conhecida como Bodhisattva da Sabedoria. Ela era profundamente amada. Foram compostas muitas poesias sobre sua natureza elusiva. Você jamais consegue encontrá-la, não importa o quanto procure, porque a sabedoria perfeita está além da mente. Por sua própria definição, só pode ser atingida onde não existe pensamento. Os escritores brincaram com essa imagem nos louvores a ela como amantes em busca de sua dama elusiva. Nesse sentido, uma apreciação do feminino foi incorporada à filosofia Mahayana. Entretanto, todos os grandes comentários e shastras ainda foram escritos por homens. Não consigo lembrar de nenhum escrito por uma mulher.

Em algum estágio, um novo movimento conhecido como *tantra* apareceu na Índia. Ninguém sabe ao certo de onde veio ou quando exatamente teve origem. Foi um movimento muito interessante. Penso que parte de seu apelo veio do fato de que a meta do Mahayana é atingir o estado de buda perfeito e, seguindo o exemplo do Buda, isso requer três éons e meio incalculáveis. Bem, um éon é um tempo imensamente longo para se atingir o estado de buda. Estou certa de que, em dado momento, as pessoas se perguntaram: "Por que se incomodar? O que importa o que eu fizer nessa vida se tenho uma infinidade de tempo e espaço antes de poder esperar a realização?". Esse pensamento realmente pode amortecer o entusiasmo de uma pessoa. O novo movimento, por outro lado, prometia o estado de buda em uma vida. Como resultado, muita gente se animou e começou a praticar a sério de novo. Parece que alguns dos maiores instigadores foram mulheres. As biografias dos primeiros mestres tibetanos que foram para a Índia nos séculos XI, XII e XIII frequentemente contêm relatos de encontros com grupos de mulheres praticantes que sempre tinham uma líder feminina. Nesses relatos, os mestres tibetanos suplicam e fazem votos para ter permissão de se juntar às mulheres em seus rituais. Por fim, com grande condescendência, as mulheres cedem e permitem que eles entrem. Os tibetanos invariavelmente comentam que a experiência foi o ponto alto da prática deles. Gyalwa Gotsangpa, mestre do século XII, disse: "Vinte anos vivendo numa caverna e comendo pedras foram cumpridos de uma vez só por estar com aquelas mulheres".

Não sabemos quem eram essas mulheres porque todas as biografias foram escritas do ponto de vista de praticantes homens. Quem eram os professores delas? O que praticavam? Muitos mestres avançados foram até essas mulheres em busca de ensinamentos, e não sabemos por quê. A história delas nunca foi escrita. Mas aparecem referências a elas repetidas vezes nos textos. E nos vários textos está registrado que os lamas viajaram para diferentes lugares, de modo que não poderiam ter encontrado sempre o mesmo grupo de mulheres. Além do mais, esses encontros cobrem um período de cem anos. Quem eram essas mulheres? Essa pergunta me vem à mente muitas vezes quando leio esses textos. Sabemos que naquela época existiu um movimento significativo que incluía mulheres na Índia. Naquele tempo, a maior parte da atividade budista concentrava-se em imensas universidades monásticas, como Nalanda, Vikramashila e Taxila. Eram centros enormes, a Oxford e Cambridge da época. Milhares de estudantes afluíam de toda parte para estudar nesses locais. Muitos dos primeiros mestres tântricos, como Naropa e Atisha, foram originalmente professores nessas enormes universidades monásticas.

Naropa foi um dos principais professores da Universidade de Nalanda. Em certa ocasião, quando ele estava estudando seus livros, uma mulher idosa apareceu e perguntou: "Você sabe o que está lendo? Você entende as palavras que está lendo?". Ele respondeu: "Sim, claro que entendo as palavras". Então ela sorriu e perguntou: "Você entende o significado do que está lendo?". E ele respondeu: "Sim, claro que entendo o significado". Ao ouvir isso, ela irrompeu em lágrimas e ele perguntou: "Qual é o problema?". Ela disse: "Você falou que entende as palavras, e até aí tudo bem. Só que disse que entende o significado; você não faz ideia de qual seja o significado". E ele perguntou: "Bem, quem entende o significado?". E ela respondeu: "Meu irmão, Tilopa".

Naquele momento, Naropa abandonou tudo. Ele era um brâmane da Caxemira e um professor muito respeitado. Vocês podem imaginar o tipo. Todavia, deu as costas a tudo e vagou por toda a Índia à procura de Tilopa, até enfim chegar a Bengala. Claro que acabou encontrando Tilopa, um mendigo velho, encarquilhado e preto, sentado à margem do rio, jogando peixes vivos dentro de uma frigideira quente e comendo-os. Aquele era o guru dele! Muito se escreveu sobre a disciplina de Naropa sob Tilopa. Mas o que é importante para nossa discussão é o fato de que na época havia muitos grandes estudiosos em busca de experiência. Eles tinham que sair de seus ambientes reclusos e procurar professores que pudessem oferecer métodos meditativos para descobrirem por si o que haviam estudado. Foi assim que o tantra começou.

Naqueles tempos primordiais, o tantra era mantido em grande segredo. Você encontrava seu professor e então tinha que enfrentar privações inimagináveis antes de ser aceito. Posteriormente, o tantra foi levado para o Tibete, onde eventualmente tornou-se a religião oficial. Nunca foi para ser assim. Era algo fora do sistema. Não há dúvida de que muitos dos primeiros mestres tântricos eram mulheres. Alguns dos primeiros textos do movimento, de fato, foram escritos por mulheres, e esses textos sobreviveram até os dias de hoje. Uma das professoras mais interessantes era conhecida como Machik Drupa'i Gyalmo em tibetano, e Siddharani em sânscrito. De acordo com os textos, ela viveu quinhentos anos o que, na realidade, significa apenas que ela viveu muito. Foi professora de Rechungpa, um dos principais discípulos de Milarepa. Dizem que, quando estava na Índia, Rechungpa foi avisado de que morreria dentro de uma semana. Ele entrou totalmente em pânico e perguntou: "Como posso impedir isso?". Alguém o aconselhou a ver essa mulher, que possuía uma prática muito especial para o Buda da Longevidade. Assim Rechungpa foi vê-la, e ela perguntou: "Você consegue ficar desperto por uma semana?". E ele respondeu: "Sim, consigo". Então ela iniciou-o e deu a prática. Depois perguntou: "Quanto tempo você quer viver?". E ele respondeu: "Quero viver até a mesma idade do meu professor Milarepa". Aí ela disse: "Bem, ele viverá até os 81 anos, então você também viverá até os 81", o que aconteceu. A seguir ela contou sua história, que era fascinante. De fato, ela é uma das poucas que teve sua história escrita, fornecendo um relato a respeito de com quem ela praticou, que práticas fez etc. Está na biografia de Rechungpa.

Entretanto, a identidade de muitas mulheres que começaram linhagens ficou perdida. Simplesmente não sabemos quem foram. Por exemplo, até mesmo o grande Mahasiddha Saraha viveu por quatorze anos com alguém conhecido como "a filha do fabricante de flechas". Ela era o guru dele. Ele era um brâmane muito respeitado, mas abandonou tudo para ficar com essa moça de casta inferior, tornando-se, por consequência, um pária. Ela deu-lhe instrução e orientação, "apontando" continuamente, e foi seu principal guru.

Embora tenha ficado com Saraha por quatorze anos da vida dele, não sabemos o nome dela! Ela é referida simplesmente como "a filha do fabricante de flechas". Mas quem era ela? Quem foi o professor dela? De onde ela veio? Tudo é escrito da perspectiva de Saraha, então ela é uma mera coadjuvante na biografia dele. É assim em quase todas essas biografias. Rechungpa também conheceu um grupo de mulheres lideradas por uma Vajravarahi de Bengala. Recebeu iniciações dela, mas de novo não sabemos quem era ela.

Em um lugar chamado Jvalamukhi, no norte da Índia, Gotsangpa estava passando por um templo certa noite quando viu muitas jovens lindamente vestidas entrando lá. Havia guardas mulheres impedindo quaisquer homens de entrar. O amigo dele tentou entrar, mas as guardas deram uma surra nele. Então, enquanto estavam ocupadas batendo no amigo, Gotsangpa aproveitou a oportunidade e correu porta adentro. Ele não conta o que aconteceu enquanto esteve lá, mas diz que foi a maior experiência de sua vida. Mais uma vez só nos resta conjeturar. Quem eram as mulheres? O que estavam fazendo lá?

O budismo foi importado para o Tibete no período do florescimento final do budismo indiano. Portanto, diferentemente de muitos outros países que depararam com os ensinamentos budistas bem antes, o Tibete recebeu o panorama total do pensamento budista até o século XII. Por isso o budismo tibetano é tão rico e profundo hoje em dia. Não apenas recebeu toda a filosofia de todas as eras do budismo, como também recebeu o tantra. Na Índia, o tantra permaneceu bastante marginal de certa forma. Não era ensinado abertamente. Se você quisesse praticar, tinha que deixar o sistema tradicional e achar um professor. Mas, quando foi introduzido no Tibete por Padmasambhava no século VII e reintroduzido nos séculos XI e XII, tornou-se a religião oficial. Sempre se pretendeu que o tantra fosse uma prática secreta para aqueles qualificados e dispostos a se devotar inteiramente a ele. Porém, ao chegar no Tibete, todo mundo foi iniciado. Não havia quem não recebesse pelo menos as iniciações de Cherenzig, o Buda da Compaixão, e Tara, a Mãe da Compaixão. Mesmo bebezinhos recebiam iniciações de vida longa. Praticamente não havia quem não praticasse o tantra em algum nível no Tibete.

Outra mudança quanto à situação na Índia foi que o tantra foi introduzido no Tibete com o monasticismo. Isso pode ser visto claramente na linhagem Kagyupa, cujo primeiro professor no Tibete foi Marpa, chefe de família iogue e tradutor. Sua linhagem principal provém de Milarepa, um iogue que vivia numa caverna, e não de um monge. Milarepa então transmitiu-a a Gampopa, que era monge. Depois de praticar com muito afinco, Gampopa foi embora e fundou um mosteiro. Dali em diante, a linhagem Kagyupa seguiu dessa maneira, com o Dharma sendo preservado e transmitido por comunidades monásticas. Os monges eram os profissionais. Eram as pessoas com tempo e expertise. Claro que, quando uma prática até então secreta foi transplantada para uma comunidade monástica, foi enormemente transformada. Um aspecto dessa transformação foi o fato de que o papel feminino, sempre a própria essência da prática tântrica, foi sublimado ou, de certa forma, modificado.

Nos tantras originais, o masculino representava os meios hábeis de compaixão, enquanto o feminino representava a sabedoria ou insight. A união de ambos resultaria no estado de buda. Portanto, no início, o feminino tinha uma posição muito exaltada. Desde os primeiros dias do Mahayana, a mulher sempre foi vista como a sabedoria. Ela era a Prajnaparamita. E, conforme mais de um lama comentou comigo, sabedoria e compaixão são vistas como complementares, mas todo mundo sabe que, na verdade, a sabedoria é superior à compaixão. Por um lado, então, as mulheres estavam muito bem, pois representavam o pico do empenho budista. Entretanto, pelo fato de a tradição tântrica ser transmitida em um ambiente monástico, surgiram problemas e, embora em termos filosóficos as mulheres fossem consideradas iguais ou superiores aos homens, na prática foram muitíssimo ignoradas.

Ao se abordar o assunto da desigualdade das mulheres no Tibete, os lamas sempre dirão: "Oh, mas e Yeshe Tsogyal? E Machik Labdron? E quanto a essa e aquela?". Mas você pode contar nos dedos essas mulheres. Existe Yeshe Tsogyal, existe Machik Labdron. Já esgotei os nomes. Quem mais havia? Deve ter havido mais alguém. Estou sendo muito honesta aqui. Os homens são numerosos como as estrelas no céu. Mas quantas mulheres temos? Mais que isso: mesmo hoje em dia, qualquer mulher que demonstre qualidades excepcionais é considerada uma reencarnação de Yeshe Tsogyal, consorte de Padmasambhava no século VII. Se alguma mulher mostra qualidades especiais, deve ser Yeshe Tsogyal, do contrário por que teria qualidades especiais?

Por outro lado, a palavra tibetana comum para uma mulher ou esposa é *kye men*, que significa "nascida inferior". E foi essa a influência do tantra no Tibete! Apesar disso, deve ser observado que, no Tibete, como em Burma e outros países budistas, as mulheres são muito fortes. Não havia haréns ou coisa do tipo na sociedade budista. As mulheres não eram mantidas no purdah. Se algum de vocês conheceu uma mulher tibetana, tenho certeza de que vai concordar que elas são muito despachadas. Com frequência gerenciam negócios e viajam sozinhas. São muito francas com os homens, mesmo com completos estranhos. Em Burma as mulheres também vivem absolutamente à vontade na sociedade e com o sexo oposto. Contudo, Tibete e Burma estão entre dois países que tiveram exemplos completamente diferentes, isto é, Índia e China, onde as mulheres, especialmente as mulheres das classes mais altas, eram removidas da sociedade em larga medida. É de se pensar que essa diferença no papel das mulheres na sociedade só possa dever-se à influência do budismo, porque o que mais seria? Embora a balança fosse contrária ao feminino no Tibete, não era tão ruim quanto na maioria dos outros países, e as mulheres estavam muito à frente, como dizem. Quase todas as lojas de Dharamsala, onde o Dalai Lama mora, são administradas por mulheres, ao passo que, se você vai a um mercado indiano típico, especialmente em um local predominantemente muçulmano, sequer vê alguma mulher.

Muitos dos homens do Tibete tornaram-se monges, mas apenas um pequeno percentual de mulheres tornou-se monja. De certo modo considero intrigante que um terço da população masculina do Tibete tenha se tornado monge e, todavia, houvesse o costume da poliandria, em que uma mulher se casa com vários homens. Normalmente ela casava primeiro com o irmão mais velho e, depois, com os irmãos mais moços. Isso significa que deve ter havido um enorme excedente de mulheres sem marido. E, mesmo assim, havia poucas monjas. De qualquer forma, como era um sistema matriarcal sob vários aspectos, as mulheres eram muito fortes.

Houve muitas praticantes maravilhosas no Tibete. Só se pode admirá-las, eram intrépidas. Iam para lugares remotos, cavernas no alto das montanhas, e praticavam, praticavam. Eram maravilhosas. Mas claro que não se ouve falar delas, porque ninguém escreveu suas biografias. Ninguém considerou importante escrever a biografia de alguma mulher. Pelos textos não fica evidente se havia muitas, mas se sabe que elas existiam. Mesmo hoje, quando os lamas dão ensinamentos, vocês vão notar que uma ampla percentagem da plateia é sempre composta por mulheres. Muitos lamas dizem que as mulheres são praticantes superiores porque são capazes de mergulhar na meditação com muito mais facilidade que os homens. Isso porque os homens têm medo de largar o intelecto, especialmente monges que estudaram por muito tempo. Largar de repente e ficar despido na experiência meditativa é amedrontador para eles, ao passo que as mulheres parecem ter condições de lidar com isso de forma natural.

Com certeza existiram muitas grandes praticantes mulheres no Tibete. Mas, como careciam de treinamento filosófico, não podiam aspirar escrever livros, reunir discípulos, sair em turnês do Dharma e dar palestras. Quando lemos as histórias, notamos que as monjas se destacam pela ausência. Mas não significa que não estivessem lá. Mesmo hoje, se você viaja para o Tibete e vai além da trilha turística, para regiões onde há cavernas, verifica que quase 80% dos que lá vivem e praticam são mulheres. Quando muitos tibetanos deixaram o Tibete em 1959 e foram para Índia e Nepal, ficaram traumatizados ao se ver em ambiente tão diferente. A prioridade número um foi preservar as tradições. Os leigos queriam centros espirituais para as comunidades, e, como os lamas eram homens, fundaram mosteiros. Uma comunidade sem mosteiro era considerada desprovida de coração. Por isso, nos anos subsequentes construíram muitas centenas de mosteiros e treinaram toda uma nova geração de monges. Mas em tudo isso, claro, as mulheres foram negligenciadas.

Quando fui para a Índia, pela primeira vez, em 1964, havia apenas um convento, ironicamente fundado por uma mulher inglesa. Um convento Karma Kagyupa, e era isso. Durante vinte anos, provavelmente foi o único convento budista na Índia. Centenas de mosteiros estavam sendo construídos pelos tibetanos, mas nada para as monjas. Então, na década de 1980, as pessoas começaram a pensar nas monjas. No geral não foram os lamas, mas monjas ocidentais ou outras mulheres que começaram a organizar as monjas. Antes disso, qualquer garota que se tornava monja geralmente acabava como empregada de alguma família, cuidando dos filhos dos outros ou trabalhando na cozinha. Era uma situação muito difícil. Quando estive em Lahoul, vivi num mosteiro que tinha monges e monjas, e isso era muito bom. Todos viviam em casinhas montanha acima, mas, enquanto os monges ficavam na frente fazendo rituais, as monjas ficavam na cozinha preparando a comida. E havia conjuntos inteiros de ensinamentos nos quais as monjas não eram admitidas porque "não ensinamos isso para mulheres". Ouvir isso vezes e mais vezes dilacerava o meu coração.

"Não ensinamos isso para mulheres." Não davam nenhum outro motivo. Uma amiga minha, que era muito inteligente, muito entusiasmada e uma pessoa adorável, era uma das monjas da comunidade. A família queria que ela casasse, mas ela ficava adiando. Então, um dia antes da data marcada para o casamento, ela cortou todo o cabelo. O que a família podia fazer? Não tiveram opção a não ser deixar que ela se tornasse monja. Ela foi morar com um lama maravilhoso, um lama chefe de família que estava ensinando naquelas regiões da fronteira. Mas, mesmo depois daquilo, tendo vindo de uma família rica e desistido de tudo, ela acabou na cozinha preparando refeições enquanto os monges recebiam ensinamentos sobre o Dharma! Embora ela viajasse com o lama e a família dele muito devotadamente por vários anos, estava sempre cuidando das crianças ou cozinhando. Nunca recebeu ensinamentos. Com frequência se vê esse tipo de discriminação no Oriente, coisa que nenhum lama ousaria praticar no Ocidente, onde a maioria das pessoas que mantêm centros de Dharma são mulheres. No Ocidente você jamais vai ouvir lamas dizendo: "Não damos esse ensinamento para mulheres".

Hoje existe um grande movimento em curso em certos setores para tentar compensar esse desequilíbrio. Percebemos que não podemos esperar que os lamas façam isso, embora tenhamos a boa vontade deles. Mas, como o líder de minha ordem comentou comigo outro dia: "Bem, no fim das contas, Anila, você sabe que as monjas estão no fundo do cesto". Assim, a única coisa a ser feita pelas monjas é se organizar. Não podem esperar mais. Por isso tenho viajado pelo mundo tentando angariar fundos para o nosso convento. Os lamas em meu mosteiro no Tashi Jong apoiam nosso projeto e estão fazendo o que podem para nos ajudar.

No mosteiro do meu lama, no Tibete, tivemos uma linhagem singular e preciosa para mulheres, transmitida de Milarepa para Rechungpa, chamada de Tradição Oral de Rechungpa. É um corpo muito amplo de ensinamentos, mas uma seção é especificamente sobre ioga feminina. Havia muitas iogues ou praticantes mulheres dessa linhagem no Tibete antes da invasão chinesa, mas foi tudo destruído após a tomada comunista. Agora estamos tentando restabelecer essa linhagem na Índia, enquanto ainda existem dois ou três lamas que detêm a transmissão. Vejam, para uma linhagem ser transmitida, tem que ser uma linhagem viva. É igualmente uma tradição oral. Embora haja uns poucos textos disponíveis, você ainda precisa da transmissão e das instruções orais. Por isso começamos um convento onde as monjas possam ser treinadas inicialmente na filosofia e rituais básicos e na meditação em particular. Aquelas que se mostrarem adequadas serão selecionadas para o treinamento nessa linhagem de iogues femininas. Junto com isso também daremos início a um centro internacional de retiro budista para mulheres. Mulheres de todo o mundo poderão vir praticar, e esperamos que, no devido tempo, as monjas se tornem professoras.

No entanto, a situação das mulheres está muito melhor do que no passado. Em 1995, em Dharamsala, sessenta monjas debateram publicamente diante de Sua Santidade o Dalai Lama e muitos outros grandes professores de filosofia. Havia muitos leigos na plateia. A tradição tibetana envolve estudar filosofia por meio da dialética, e, por isso, o debate é parte muito importante do treinamento filosófico. Foi uma ocasião histórica, pois foi a primeira vez na história tibetana que monjas debateram em público, e foi um tremendo incentivo moral para elas. Provavelmente para vocês é difícil entender o quanto isso significou para elas. Teve um grande efeito não só na imagem pública das monjas, mas em sua autoimagem. Isso porque elas haviam internalizado aquela noção de não terem valor. As pessoas ignoravam-nas porque elas não acreditavam ser dignas de nota. É óbvio que, se sempre dizem "Não ensinamos isso para vocês, vocês não são importantes o suficiente para ter apoio", vocês naturalmente vão começar a acreditar que de fato não têm valor. Entretanto, agora que as monjas estão começando a entender que são tão capazes quanto quaisquer outros, começaram a desenvolver um enorme entusiasmo pela prática, estudo e realização. Não há motivo pelo qual as mulheres não possam atingir a meta mais elevada. Elas fizeram isso ao longo de toda a história. Nos últimos tempos foram estabelecidos bons conventos na Índia e Nepal, onde as monjas estão estudando os textos filosóficos pela primeira vez.

Hoje o Ocidente está dando uma contribuição significativa para a forma como o Dharma é apresentado. Cada vez que o Buddhadharma viaja para um novo país, esse país dá algo de si. Por isso cada país budista tem sua expressão nacional única, de modo que superficialmente o budismo parece bastante diferente em diferentes países. Mas, quando se olha abaixo da superfície, vê-se que o mesmo coração bate em todos eles. O Dharma é o Dharma e tem seu sabor singular. Então, agora o Dharma está vindo para o Ocidente e se desenvolverá de forma adequada ao temperamento, cultura e necessidades ocidentais. Existem muitas perspectivas a serem oferecidas do ponto de vista ocidental e uma delas, sem dúvida, será a apreciação do feminino. Não há dúvida de que isso já está acontecendo. Os presságios são bastante positivos. Não há nada que as mulheres não possam realizar e não tenham realizado no passado. Cabe a nós apoiá-las e juntar os dois lados da comunidade budista o máximo possível. Está na hora de apreciar o quadro inteiro em vez de enxergar apenas a visão assimétrica que permaneceu por algum tempo.

PERGUNTAS

Pergunta: Qual é o significado da palavra *togdenma*?

Tenzin Palmo: As palavras *togden* e *togdenma* são termos tibetanos para o tipo de iogues masculinos e femininos de que estávamos falando. No mosteiro do meu lama temos hoje um grupo de *togdens*. Eles seguem a tradição de Milarepa e usam dreadlocks emaranhados e saias brancas, mas são monges. Lá no Tibete eles viviam em cavernas e tinham sua maneira singular de praticar. E lá no Tibete, como estávamos falando, também havia praticantes mulheres dessa linhagem, chamadas togdenmas. Pelo que sei, a prática era mais ou menos a mesma, mas também havia aquelas linhagens únicas que enfatizavam o aspecto feminino. Presumo que isso tenha a ver com as meditações sobre o calor interno e as energias iogues, escritas a partir de um ponto de vista feminino. A maioria dos textos são escritos de uma perspectiva masculina e tratam da transmutação das energias masculinas. Mas todas as togdenmas viviam em localidades remotas e dedicavam a vida a essas práticas iogues.

P: Por que as monjas são restringidas até hoje?

TP: Não sei, porque com certeza não é culpa apenas dos homens. Cito como exemplo Lahoul, onde vivi. Eram as monjas, decididamente cidadãs de segunda categoria em certos aspectos, embora muito influentes em outros, que desencorajavam outras freiras de ir em frente e aprender mais. De modo semelhante, quando uma moça se casa na Índia, deixa sua casa e se junta ao lar do marido, as pessoas que ela deve temer não são apenas o marido ou sogro, mas a sogra e as cunhadas. São elas que vão sufocá-la e mantê-la em seu lugar. De modo que a subjugação das mulheres não é, de forma alguma, culpa apenas dos homens. As mulheres ajudaram a criar sua própria escravidão e também oprimiram outras mulheres. Se existe uma garota que é muito brilhante e está tentando avançar, com frequência são outras mulheres que a puxam para trás. No Oriente se vê isso o tempo todo, e estou certa de que no Ocidente isso também é verdade. Quero dizer, peguem alguém como Hillary Clinton, uma figura feminina muito proeminente e que vocês pensariam ser um sonho feminista; ainda assim as pessoas que a rebaixam na maioria são outras mulheres. Quem foi mais eloquente contra as sufragistas no século passado? A resposta é a rainha Vitória. É um fenômeno interessante.

P: A senhora poderia explicar em mais detalhes as diferenças entre as práticas da monja e da iogue?

TP: Bem, a prática principal para um monge ou monja num mosteiro tibetano, por exemplo, seriam os estudos e rituais. No ciclo tibetano, como num mosteiro ou convento beneditino, dá-se grande atenção ao ritual, ao desempenho de rituais em comunidade. Nos mosteiros tibetanos, as pessoas reúnem-se pelo menos duas vezes por dia e uma ampla parte do que os católicos chamariam de ano litúrgico é dedicada a rituais de dia e noite que duram até uma semana ou dez dias. Esses rituais são realizados ao longo do ano. O desempenho do ritual é muito importante no budismo conforme praticado pelos tibetanos. Por outro lado, o foco principal para iogues masculinos e femininos é a meditação, em especial as iogas interiores, a manipulação das energias, a abertura dos canais psíquicos e coisas assim. Embora, às vezes, os monges e monjas possam partir em longo retiro para praticar esse tipo de coisa, os iogues são os especialistas. São os profissionais. Dedicam a vida toda a isso e não estão muito interessados nas atividades nos mosteiros. Essa é a principal diferença.

P: Por que o Buda é sempre masculino?

TP: Bem, algo dentro de mim diz: "O que importa o Buda ser masculino ou feminino?". Ele era um ser iluminado e sua mente estava além do masculino e feminino. Obviamente, ao longo dos tempos, existiram mulheres incríveis cuja mente também era una com o Buda, e é claro que na tradição tântrica existem muitas figuras femininas, como Tara e Vajrayogini. Vajrayogini, por exemplo, é considerada a mãe de todos os budas. É o símbolo da energia feminina. E, em muitos aspectos, o Buda era meio andrógino. Muitos grandes lamas possuem qualidades masculinas e femininas. São tanto pai quanto mãe.

De fato, a palavra "lama" significa "mãe elevada". "Ma" é feminino. Não é "la-pa". E, como vocês sabem, a mente iluminada não é masculina nem feminina. Uma vez perguntei a meu lama, Khamtrul Rinpoche: "Por que você acha que não existem mais encarnações femininas? Por que às vezes você não renasce como mulher?". Ele disse: "Minha irmã teve mais sinais à época de seu nascimento do que eu, e, quando ela estava chegando, todos disseram: 'Uau, deve ser um ser realmente especial que está chegando'. Mas assim que ela nasceu disseram: 'Oh, nos enganamos!'. Veja, se ela fosse homem, imediatamente teriam tentado descobrir quem era aquela criança, e ele teria um tipo de criação muito especial. Como era apenas uma mulher, não teve chance. Teve que casar e tudo o mais. O problema é que voltando como mulher seria muito difícil receber o tipo de treinamento e oportunidades que se teria como homem. Penso que as coisas vão começar a mudar agora. Mas não significa que a mente dela não seja maravilhosa e que, à sua maneira, ela não tenha podido beneficiar muitos seres". Pode-se beneficiar os seres de muitas formas, não apenas sentando-se em um trono alto. Tenho certeza de que muitos bodhisattvas assumiram forma feminina e beneficiaram muitos seres, mas não necessariamente dentro da forma estruturada do budismo tibetano. Não penso que tenha importância o Buda ser masculino ou feminino. Na minha mente ele transcende ambos. Mas, se para vocês ajuda pensar em budas femininos, tudo bem.

P: A senhora poderia contar a história da mulher que fez à Sua Santidade o Dalai Lama a descrição hipotética de uma hierarquia budista feminina?

TP: Em 1992, em Dharamsala, houve um encontro chamado Conferência dos Professores Budistas Ocidentais, com duração de dez dias. Quatro dias foram com o Dalai Lama. A cada dia tínhamos que fazer apresentações sobre certos tópicos. Um dia, uma mulher chamada Sylvia Wetzel postou-se diante do Dalai Lama e de todo um grupo de lamas tibetanos. Ela disse: "Agora, Sua Santidade e veneráveis senhores, quero que façam a seguinte visualização. Imaginem que são um homem e estão indo a um templo. No altar está o Buda feminino, Tara. Nas paredes ao redor há tangkhas das dezesseis arahati femininas, as santas, e então uma grande tangkha da linhagem dos lamas, do Buda até hoje. Claro que todos são mulheres. Diante de todas as monjas, sentada sobre o trono, Sua Santidade a Dalai Lama, que sempre retorna em corpo feminino porque este é superior, mas não obstante tem compaixão por todos os seres sencientes. Agora, vocês, como meros homens, têm que sentar atrás das fileiras de monjas, mas não se preocupem com isso, porque ainda assim temos compaixão por vocês, e, se vocês tentarem com muito afinco e rezarem com muita intensidade, também poderão renascer como mulheres". Ela seguiu nessa linha. De início o Dalai Lama e todos os monges ficaram no "Hã?", mas, gradativamente, enquanto ela elaborava toda a cena, eles começaram a entender do que se tratava. Explodiram numa formidável risada, mas também pareceram bastante embaraçados. Foi perfeito porque de fato mostrou que é assim que os monges pensam.

Quando eu era a única monja num mosteiro com oitenta monges, a sensação era: "Bem, gostamos de você assim mesmo. E realmente não é sua culpa – bem, meio que é sua culpa ter renascido como mulher desta vez, mas não importa. Pratique com afinco. Da próxima vez você pode voltar como homem e entrar para o nosso mosteiro". Não creio que tenha ocorrido a eles que eu poderia não querer voltar e entrar para o mosteiro deles. Mas tudo bem. Realmente não importa. Quero dizer, o Dharma está aqui, e nós praticamos. E devemos ser gratos por ter um renascimento humano. Masculino ou feminino é realmente irrelevante.

P: Gostaria de perguntar sobre a criação de filhos como prática. Quando minha filha nasceu, senti que não poderia praticar como estava planejando. As pessoas diziam: "Sua filha é sua prática", o que eu com certeza acreditava ser verdade. Entretanto, não consegui encontrar um instrutor de meditação que me instruísse na prática formal. Qual teria sido o seu conselho?

TP: Bem, nunca criei um filho, então estou falando sem grande conhecimento disso, mas me parece que cuidar de uma criança integra muitas práticas. Antes de tudo, estar presente no momento, estar com o filho, realmente ter a experiência com a criança. E aí vêm todas aquelas coisas como generosidade, dar, dar não apenas coisas, que provavelmente são o de menos, mas dar nosso tempo, dar nossa atenção e praticar a paciência. Existe esforço e dedicação porque você não pode deixar uma criança. Quando as crianças estão incomodando ou quando você quer fazer outra coisa, simplesmente não dá para colocá-las para fora e fechar a porta como se fossem um gato e esquecê-las. Você as tem o tempo todo. Estão sempre com você. Mesmo quando não estão presentes, você fica pensando nelas. E, é claro, há todo o amor, compaixão e cuidado por outro ser, maior do que por você. Ao mesmo tempo, sem apego, aprende-se como ter aquele espaço aberto no qual a criança possa se desenvolver como um ser por si, sem você se agarrar a ela. Existem muitas, muitas coisas que podemos praticar com uma criança.

P: Ouvi muitas histórias sobre professores famosos, e acontece que todos eles são homens. Isso me deixa muito desanimada e triste. Desde que vim para o Dharma, em 1986, esse sentimento esteve comigo o tempo todo. Eu sei que deveria superar, pois existe muita coisa que eu poderia aprender no Dharma, mas ainda está aqui. Quando vou até os altares, faço prostrações e vejo a árvore da linhagem, isso vem à tona e me pergunto por que nasci mulher.

TP: Talvez porque precisemos ter muitas grandes praticantes femininas. Desse modo, você deve seguir com sua prática e então poderá realmente beneficiar a linhagem feminina. Se queremos ter professoras no Ocidente, precisamos de mulheres praticantes. Então cabe a vocês, mulheres, praticar e transmitir os frutos de sua prática a outras mulheres. Não há outro jeito. Nada lhes impede de realizar o Dharma. E, tendo realizado o Dharma, vocês podem dá-lo aos outros. Não existe atalho. Hoje existem muitas professoras ótimas nos Estados Unidos. E haverá mais e mais no futuro, porque, quando fazem retiros de três, sete ou doze anos, muitos dos participantes são mulheres. Assim, quando elas saem do retiro, vocês devem criar um ambiente para elas e pedir que venham ensinar. Na verdade, essa é uma época muito boa para as mulheres.

6. Shamata, ou permanência serena

Conforme comentamos brevemente em uma palestra anterior, existem dois ramos de prática meditativa dentro do budismo. Seus nomes sânscritos são shamata e vipashyana. Shamata significa "acalmar a mente", enquanto vipashyana significa "olhar dentro da mente". Shamata geralmente é traduzida como "permanência serena" e vipashyana, como "insight". Significa ver claramente. Existe um exemplo tradicional para explicar a diferença entre essas duas abordagens de meditação. Imaginem um largo cercado por morros e montanhas com picos nevados. É um lago cristalino, que reflete as montanhas ao redor com tanta exatidão que pode ser difícil dizer qual imagem é a das montanhas e qual é apenas o reflexo das montanhas na superfície do lago. Mas, quando o lago é agitado pelos elementos, várias coisas acontecem. A primeira é que a superfície do lago fica irregular, de modo que não mais reflete as montanhas com exatidão. A imagem ainda está lá, mas distorcida. Além disso, como há muitas ondas e a superfície é agitada, é difícil ver o lago em profundidade. Não só a superfície do lago é agitada, como a lama do fundo é remexida. Isso polui a água, tornando-a lamacenta e opaca. Esse estado é muito parecido com nossa mente cotidiana, continuamente agitada pelas ondas dos seis sentidos.

Os seis sentidos são: visão, audição, olfato, paladar, tato e consciência. No budismo, a consciência é considerada o sexto sentido. Nossa mente é constantemente agitada por nossos pensamentos e emoções, pelo que vemos, ouvimos, provamos e tocamos. Por causa disso, ela não reflete com exatidão o que está acontecendo do lado de fora. Em outras palavras, quando acontece alguma coisa do lado de fora, imediatamente interpretamos de acordo com nossos preconceitos e vieses. Não vemos as coisas como realmente são, mas sim como as interpretamos. Isso acontece de modo tão automático que não temos consciência do que se passa. Se você conversar com várias pessoas que experimentaram o mesmo evento, cada uma irá descrevê-lo de um modo diferente.

A natureza individual de nossa experiência é causada por nossas visões e preconceitos preexistentes. Distorcemos qualquer informação que recebemos por meio de nossos órgãos dos sentidos, assim como a superfície do lago é distorcida pelos elementos. Se tentamos olhar dentro de nossa mente quando ela está tão agitada, não enxergamos muita coisa. Tudo o que vemos é a tagarelice na superfície. Entretanto, se fosse o lago da montanha e esperássemos os ventos amainarem, a superfície do lago acabaria ficando imóvel, como a superfície de um espelho. Ela, então, refletiria seus arredores com exatidão. Quando olhamos para dentro de um lago de montanha límpido e pacífico, conseguimos enxergar até as profundezas. Podemos ver os peixes, as plantas aquáticas e as pedras no fundo. Podemos ver todos aqueles seixos brilhantes no leito do lago. Esses lagos são tão límpidos, parecem ter poucos centímetros de profundidade mas, se você joga um seixo, ele cai fundo. Do mesmo modo, quando nossa mente não mais é perturbada pelos ventos dos seis sentidos, acalma-se e fica clara.

Quando a mente está em silêncio, recebemos informações acuradas dos seis sentidos. Vemos as coisas como realmente são, sem distorções. Em outras palavras, o modo como elas são antes de nos atirarmos com todos os nossos julgamentos, vieses e tagarelice mental. Vemos as coisas de forma clara e nua. Da mesma maneira, quando olhamos abaixo da superfície, para dentro da mente em si, conseguimos enxergar níveis muito profundos. A diferença entre shamata e vipashyana articula-se nesse ponto. Quando as águas do lago estão calmas, a lama assenta no fundo, mas ainda está lá. As plantas ainda estão lá. Qualquer agitação vai remexê-las até a superfície, e a água ficará suja de novo. De modo semelhante, quando praticamos apenas a meditação da permanência serena e entramos em níveis profundos de absorção, a mente fica extremamente clara. Fica altamente concentrada ou unidirecionada e muito poderosa. Mas os poluentes mentais básicos ainda estão lá, embora em repouso. Permanecem dormentes, como a lama no fundo do lago.

Depois de praticar shamata e atingir níveis profundos de absorção, vamos parecer radiantes do lado de fora. Mas ainda não abordamos as emoções negativas subjacentes. De fato, como a mente agora está tão mais focada e poderosa, quando essas emoções negativas são agitadas, vêm à superfície de forma muito mais virulenta. Ao lermos os primeiros épicos indianos, como o *Mahabharata* ou o *Ramayana*, deparamos com histórias sobre *rishis*, ou eremitas, que meditaram por séculos, às vezes milhares de anos. Suas mentes ficaram extremamente controladas e poderosas. Eles conseguem permanecer em estados profundos de meditação por séculos a fio. Entretanto, se alguém interrompe a meditação e os retira daquele estado, a reação imediata é de raiva, ou mesmo fúria. Como a mente deles é muito poderosa, podem até emitir fogo pelo terceiro olho para pôr em chamas o intrusivo ofensivo. Existem histórias sobre ocasiões em que os deuses se sentiram ameaçados e temeram ser derrubados por esses rishis que estavam desenvolvendo tamanho poder mental. A fim de neutralizar o poder de um rishi, os deuses enviaram uma ninfa celestial singularmente linda para tentá-lo. O rishi abriu os olhos, viu a ninfa irresistível e pulou em cima dela. Em pouco tempo, todo o poder dele havia se consumido. Foi como retirar a tampa de uma panela de pressão.

A mensagem para nós é que, mesmo se passássemos séculos em samadhi profundo, poderíamos acabar pior do que quando começamos. O Buda percebeu isso logo no começo. Depois de deixar seu palácio, foi procurar um professor. Encontrou um. Então, quando havia aprendido tudo que podia, deixou o professor e foi para outro. Cada professor ensinou formas muito avançadas de samadhi ou absorção mental, conhecidas como "reinos da não forma". Nessas meditações, a mente passa por infinitos níveis de consciência até irromper em um estado sem percepção e sem não percepção, chegando enfim a um nível onde não há nada que seja. Ambos os professores ensinaram que esse estado era a liberação. O Buda praticou esses métodos e, rapidamente, atingiu aqueles níveis. Mas percebeu que não era realmente a liberação. Temos que voltar. Esse estado é um nível mental muito elevado, sutil, que resulta no renascimento em níveis extremamente elevados de consciência; todavia fica aquém da liberação.

Após abandonar essas práticas e esses professores, o Buda adotou o ascetismo por muitos anos. Mas isso também fracassou. Ele então se perguntou: "Onde está a liberação? Onde reside a liberação?". Ele lembrou de quando era criança assistir ao pai arando um campo ritualmente durante o festival da primavera. Ele estava sentado debaixo de uma macieira silvestre e, mansamente, entrou no primeiro nível de absorção. A partir daquele estado, ele voltou a atenção para a mente em si. Sentado sob a árvore bodhi anos depois, ele percebeu que esse era o caminho para a liberação. Ele havia redescoberto um antigo caminho que ficara oculto à visão e havia voltado para revelá-lo de novo. Esse era o caminho de vipashyana, o caminho do insight, sobre o qual falarei mais adiante. O importante a entender é que shamata é a preparação e apoio para vipashyana.

O que é shamata? Um lama elevado certa vez comentou comigo que, se tivermos uma prática de shamata forte, todo o Dharma estará na palma de nossa mão. Se não desenvolvermos shamata, nenhuma prática jamais será realmente efetiva. Faz sentido. Qualquer coisa que façamos com a mente distraída vai carecer de poder, simplesmente não vai funcionar. Quando estamos estudando qualquer coisa, temos que aplicar nossa mente. Se estamos escrevendo uma carta, trabalhando no computador ou o que seja, temos que entregar nossa mente totalmente ao que estamos fazendo. Em um nível básico, shamata é isso: fazer o que quer que façamos com a mente inteira – não com uma parte da mente pensando em alguma outra coisa mas, sim, totalmente. Se entregamos nossa mente por completo ao que quer que estejamos fazendo, ela se torna efetiva muito rapidamente. Mas, se entregamos apenas metade de nossa mente, não importa o quão arduamente se trabalhe, apenas geramos mais conflito interno.

É muito importante nos motivarmos antes de começar a praticar. Do contrário, quando o jorro de entusiasmo inicial passa, a mente começa a ficar entediada e facilmente distraída. Por esse motivo, quando as pessoas começam a prática de shamata, são aconselhadas a fazer sessões bem curtas. Temos que ser habilidosos e trabalhar com nossa mente, não contra ela. Existem duas maneiras de fazer isso. Uma é sentar por uma hora ou mesmo três horas e simplesmente perseverar. Independentemente do que surgir, não levantamos nem saímos da sala correndo. Sentamos lá e aguentamos. A outra maneira é dizer a nós mesmos: "Vamos ser gentis com a nossa mente. Vamos trabalhar com a mente". Afinal, temos de fazer a mente querer se concentrar. Se estamos lendo um livro que consideramos terrivelmente chato, será muito difícil lembrar do que se trata. Haverá um conflito interno – um desespero da mente para fazer qualquer coisa que não seja ler aquele material e, por isso, a leitura será muito difícil. Existe o "eu", e existe o livro que estou me forçando a ler. Mas, se estamos lendo algo que realmente nos fascina, não ficamos sequer conscientes de que estamos lendo porque é uma alegria. Deixamos o livro de lado quando necessário, com grande pesar, e mal podemos esperar para pegá-lo de novo. Podemos alcançar algo parecido com a nossa prática. Algumas pessoas me dizem que, como possuem uma mente muito ativa, que foi intelectualmente treinada, para elas é chato meditar. Isso é um problema que muitos de nós compartilhamos.

O jeito de deixar a mente interessada, como falei, é manter períodos muito curtos de meditação ao começar. O motivo disso é que a mente consegue conservar o interesse por quase qualquer coisa por um curto período. Entretanto, se estendemos demais, ela começa a ficar inquieta. Isso acontece mesmo que a mente esteja interessada, porque ela não está acostumada a permanecer focada sobre um ponto por um período estendido. Então, quando tentarmos meditar de novo, haverá resistência interna porque a mente lembrará que ficou entediada da última vez. Ao passo que, se pararmos antes de ficarmos entediados, enquanto ainda estivermos apreciando, a mente lembrará que se divertiu da última vez e vai querer fazer de novo. Por isso avisa-se com frequência, pelo menos na tradição tibetana, que nossas sessões de shamata devem ser curtas, mas frequentes. Curta significa o que quer que nos deixe confortáveis. Menos de dez minutos não será de muita utilidade. Penso que vinte minutos esteja bem. Leva uns dez minutos só para fazer a mente se aquietar. Se paramos a sessão assim que a mente ficou quieta, é cedo demais. Entretanto, se continuamos por tempo demais, a mente chega ao pico de atenção e aí começa a se dispersar. Se paramos nesse ponto, fomos longe demais. Realmente é melhor parar a meditação assim que a mente atinge o pico e logo antes de começar a baixar. Quando você verifica que a mente está se cansando, pode parar por uns minutos, dar uma olhada em volta e recomeçar.

Uma mente unidirecionada pode ser comparada a um raio de luz estreitado em foco aguçado até se tornar um feixe de laser. O raio laser, quando finalmente volta-se para dentro, pode transpassar muitas camadas da mente. Se a luz é difusa, só consegue iluminar a superfície, sem penetrar fundo. Na verdade, estamos tentando desenvolver qualidades que já estão presentes e são inatas em nossa mente. Todos nós temos capacidade de nos concentrar. Todos nós temos aptidão para a tranquilidade. Todos nós temos alguma experiência de como isso pode funcionar. Se estamos fazendo algo que realmente nos interessa, não precisamos fazer muito esforço para nos concentrarmos. Olhe pessoas assistindo a um jogo de futebol ou a um bom filme. Não é preciso dizer para elas se concentrarem. A chave é desenvolver essa faculdade da mente que todos nós possuímos e utilizá-la quando quisermos, na direção que quisermos. Meditação é treinar a mente. Quando iniciamos um treinamento físico, nossos músculos doem e é difícil de trabalhar. Mas, se perseveramos, fazendo um pouquinho todo dia, nossos músculos, enfim, começam a ficar mais fortes. Nos vemos fazendo coisas que pouco antes não acreditaríamos ser possível. Ninguém jamais sentou e começou a meditar imediatamente, nem mesmo o Buda. Todo mundo depara com problemas quando senta pela primeira vez. Todos começamos encarando uma mente selvagem e indisciplinada.

Algumas pessoas reclamam que sua mente fica perturbada quando meditam. Há tanta tagarelice mental, tantas memórias e tudo o mais. Pensam que o problema é exclusivo delas. Mas, na realidade, todo mundo tem esse problema. Todo corpo e toda mente. Aqueles que são bem-sucedidos não são necessariamente gênios espirituais, mas são os que têm paciência e perseverança. São aqueles com as duas principais qualidades exigidas para fazer progresso na meditação. Desde o dia em que nascemos e, provavelmente, em muitas vidas antes disso, houve momentos muito raros em que tentamos domar nossa mente. Em geral não somos encorajados a fazer isso.

Nossa mente ficou saturada de informações provenientes dos sentidos e por todo tipo de estímulo intelectual por muito tempo. Quando sentamos e tentamos acalmar a mente, abandonar todos os pensamentos e ficar em um ponto, isso simplesmente não acontece de imediato. Não acontece apenas porque se deseja. Com frequência, os iniciantes verificam que a mente está ainda mais ruidosa do que o habitual. Tendemos a pensar que está pior que nunca. Isso porque normalmente não estamos cônscios de toda a tagarelice que acontece.

Por isso, quando sentamos e tentamos lidar com ela, encontramos resistência. Todos têm o mesmo problema. Têm agora, tiveram no tempo do Buda, tiveram cinco mil anos antes e dez mil anos antes disso. Se não temos um conjunto de problemas, temos outro. Por isso precisamos de uma enorme paciência. Mas, se temos paciência e apenas seguimos em frente, acaba compensando.

Como começamos? Existem muitos métodos para se obter uma mente unidirecionada. Todos eles funcionam. O próprio Buda ensinou muitas técnicas diferentes, dependendo da personalidade do praticante. Realmente não importa; qualquer coisa que permita à sua mente tornar-se unidirecionada e mais concentrada é útil. Vou examinar dois ou três métodos para dar uma ideia para vocês. A prática budista tradicional mais comumente usada, que pode ser encontrada em todas as escolas do budismo, seja Theravada, Zen, tibetano, chinês ou o que for, é a consciência da inspiração e da expiração. Falaremos sobre essa prática porque é o método que o Buda usou e com o qual tornou-se iluminado. É adequado a todas as personalidades, e podemos levá-lo conosco em todos os aspectos de nossa vida cotidiana. Existem muitas variações dessa prática. Vou explicar apenas um método simples. Muita gente ensina que devemos nos concentrar na inalação e na exalação. Isso evoca uma imagem de parar atrás da respiração e olhar para ela. Mas, na verdade, temos que nos tornar unos com a respiração, nos tornar a inspiração e a expiração, não fazer essa divisão entre e o eu e a respiração.

Um dos problemas com que os ocidentais deparam na meditação é que, de um lado, temos o objeto da meditação e, de outro, temos a nós mesmos tentando meditar sobre ele. Temos essa dicotomia desde o início. Existe eu e existe a prática, e eu vou fazer a prática. São como duas montanhas frente a frente. E aí as pessoas indagam-se por que não fazem progresso. Precisamos dissolver a fronteira entre o sujeito e o objeto. Em outras palavras, temos que nos tornar a meditação. Ao nos tornarmos a meditação, os resultados vêm imediatamente porque a mente funde-se com o objeto. Se mantemos a mente separada da prática, ela nunca vai se juntar, não importa por quanto tempo pratiquemos.

Quando fazemos uma prática envolvendo a respiração, por exemplo, devemos abandonar todos os pensamentos sobre a respiração.

Somos a respiração que entra, somos a respiração que sai, e não há separação. Se conseguirmos fazer isso, atingiremos níveis de paz, tranquilidade e unidirecionalidade muito rapidamente. A importância de desenvolver a concentração unidirecionada é que a mente se torna muito maleável. Algumas pessoas afirmam que a mente unidirecionada e concentrada fica rígida. Mas essa é uma ideia curiosa. Na verdade, quando a mente está totalmente concentrada e absorta no objeto, fica macia e fluida. Se você quer que a mente pense em tal coisa, ela pensa. É como um corpo. Se o corpo é rígido, pode quebrar. Mas, se o corpo é flexível, mesmo que sofra um acidente não se machuca com tanta facilidade. Consegue se recuperar. De modo semelhante, se nossa mente for flexível e maleável, terá condições de lidar com traumas e dificuldades extremos. Por outro lado, se a mente for rígida e dura, vai trincar.

Precisamos desenvolver uma mente que seja tranquila, unidirecionada e domada. Então, se queremos usar essa mente e aplicá-la nessa ou naquela prática, ela consegue adaptar-se facilmente, e os resultados vêm com rapidez. Podemos rezar mantras por um milhão de anos, mas, se nossa mente não estiver unidirecionada e plenamente absorta no que estamos praticando, eles não terão efeito. Por outro lado, se a mente estiver plenamente absorta em nossa prática, mesmo uns poucos mantras serão efetivos. Temos que aprender primeiro a tornar nossa mente manejável. Os tibetanos usam a palavra *le su rung wa*, que significa exatamente isso, manejável. A mente tem que se tornar manejável para que possa realizar com facilidade qualquer tarefa que lhe apresentemos. Shamata é para isso. Não é a meta em si. A meta da meditação budista não é apenas ficar pacífico ou feliz, nem mesmo apenas concentrado. Mas, se tivermos uma mente pacífica, concentrada, flexível, poderemos usá-la como um instrumento para desenvolver sabedoria, compaixão e entendimento. Praticar shamata é aprender a usar a mente. Todos nós queremos ser pacíficos, felizes, compassivos e bondosos, mas nos vemos agitados, estressados, irritados e frustrados. Todos nós temos o potencial para ter uma mente pacífica, feliz, paciente e sábia. Mas não exercitamos esse potencial. Shamata trabalha com a mente nesse sentido. Torna a mente maleável, de modo que possamos usá-la em nosso benefício e dos outros. Mas requer tempo.

Se nos aplicarmos para valer, a shamata pode ser extremamente útil. Se ouvimos um som, é só um som, deixamos que vá. Se surgem pensamentos, são só pensamentos, apenas ondas no oceano da mente, deixe que vão. Não dê nenhuma energia a eles. O importante de shamata é não ser curioso. A curiosidade pertence à meditação de insight. Primeiro estamos apenas nos concentrando em deixar a mente quieta e unidirecionada. Se ficarmos fascinados com o conteúdo da mente, a mente vai se distrair. Não queremos isso. Nada no mundo inteiro é mais importante nesse momento do que ser uno com a respiração. É tudo que temos que fazer.

Praticar shamata, mesmo que por curtos períodos, é benéfico. Se a mente começa a ficar inquieta, podemos abrir os olhos, olhar ao redor e então voltar para a meditação outra vez. A mente gradualmente começa a entender, e podemos treiná-la progressivamente. Ela começa a lembrar que tudo que tem a fazer durante a meditação é ficar com o entrar e sair da respiração. Somos seres inteligentes, e a mente pode aprender. No momento, a mente está aprendendo como ser distraída, como pensar, como intelectualizar, como racionalizar. A mente teve muito treinamento na arte de tagarelar. Agora ela tem que ser reprogramada. Isso requer tempo e paciência, mas pode ser feito. Quando a mente começa a experimentar e apreciar a paz e a tranquilidade, começa a gerar seu próprio entusiasmo, desde que não forcemos demais.

Uma das vantagens de usar a meditação no ir e vir da respiração é que levamos a respiração conosco para toda parte. Estamos sempre respirando. Mesmo durante o dia e, especialmente quando estamos nos sentindo estressados, podemos trazer a atenção de volta à inalação e exalação. Isso é tudo. Não temos de pensar a respeito, não temos de fazer nada com isso. Não temos de julgar se é bom ou desagradável respirar. Apenas inspiramos e expiramos. Podemos fazer isso o dia inteiro. Durante o dia temos incontáveis oportunidades de voltar à respiração e nos centrarmos. Devemos ser gratos por isso.

Outra maneira de gerar foco unidirecionado é dar à mente montes de coisas para fazer em vez de tentar esvaziá-la. Os tibetanos gostam disso. Pessoalmente, penso que, para a maioria dos ocidentais, esvaziar a mente é uma ideia muito boa, pois nossa mente tende a acumular muito lixo. É bom ter uma chance de deixar uma parte ir embora. Podemos pensar em nossa mente como uma pilha de lixo e começar, lentamente, a jogar uma parte do lixo fora. Esse outro método envolve tornar nosso pensamento extraordinariamente complicado, mas de forma ordenada. No budismo tibetano, isso implica fazer visualizações extremamente intrincadas de mandalas, deidades, luzes, mantras e esse tipo de coisa, o que ocupa a mente tão totalmente que não há espaço para distração.

Lembro de ter recebido uma prática na qual tinha que visualizar 124 deidades, todas em relacionamento com consortes, todas com seis braços e três cabeças. Nenhuma era sincronizada com as outras. Todas seguravam coisas diferentes. Todas as consortes eram de cor diferente de seus parceiros. Ao mesmo tempo, todas tinham que ser vistas dentro do coração de uma pequena deidade sentada no centro do peito. Todas as 124 ao mesmo tempo. Na verdade, 248. Quando fui ver meu professor, eu estava estrábica. Ele me disse para tentar vê-las o mais claramente possível. "Se você conseguir visualizá-las com clareza", disse ele, "sua mente vai se tornar elevada e vasta". Ele disse a outras pessoas para visualizarem apenas vaga e toscamente, mas não tive a sorte de receber essa instrução. Fui instruída a visualizar muito claramente. Então tentei de verdade. Lembro de me lançar a essa tarefa totalmente impossível e realmente tentar ver todas essas infinitas mandalas dentro do espaço de uma cabeça de alfinete. Claro que minha mente ficou totalmente imersa nessa tarefa impossível. Tentar fazer isso me proporcionou muita energia. Não diria que minha mente ficou vasta e ampla, mas desenvolveu uma sensação de clareza. Esse, portanto, é outro método. Ou ocupamos a mente totalmente ou a esvaziamos totalmente. Para alguns um funciona melhor, para outros, o contrário. Às vezes é bom alternar. Os tibetanos geralmente alternam. Iremos mais fundo nisso quando abordamos o Vajrayana.

Neste momento, estamos lidando com tipos mais diretos de prática de shamata. Mais uma vez, como dizem, o importante é entender por que estamos fazendo isso. Claro que todos nós gostaríamos de ser mais pacíficos e felizes, essa não é uma motivação ruim para aprender a meditar. Mas não é a motivação máxima. A motivação máxima é ficar iluminado. Ser iluminado significa revelar nosso potencial infinito para a sabedoria, compaixão, pureza e poder no sentido de energia infinita. Na verdade, possuímos tudo isso. Temos apenas que revelar e descobrir o que jaz dentro de nós. A maneira de fazer isso é meditar.

Por que queremos ser sábios e compassivos? Se é simplesmente porque gostaríamos de ser sábios e compassivos, estamos fora da rota, pois o "eu" não pode atingir a sabedoria e a compaixão. Sabedoria e compaixão só podem ser reveladas uma vez que o "eu" tenha desaparecido. Quando chegamos a esse nível, somos capazes de beneficiar os outros. Nesse ínterim, é um cego guiando outro cego. Todas as religiões verdadeiras buscam obter acesso ao nível de consciência que não é delimitado pelo ego. No budismo, esse nível é chamado de não condicionado, não nascido, sem morte. Vocês podem chamar do que quiserem. Podem chamar de atman. Podem chamar de anatman. Podem chamar de Deus. O fato é o seguinte: existe um nível sutil de consciência que é o cerne de nosso ser e que está além de nosso estado mental comum condicionado. Todos nós podemos experimentar isso. Algumas pessoas experimentam por meio do serviço, outras, da devoção. Algumas pensam até que possam experimentá-lo por meio de análise e disciplina intelectual. Os budistas geralmente tentam acessá-lo por meio da meditação. É o que estamos fazendo. Avançando para o não condicionado a fim de ajudar outros a avançar para o não condicionado. Mas temos de começar onde estamos, bem daqui. Começamos com essa mente, esse corpo, esses problemas, essas fraquezas e essas forças.

Cada um de nós é singular; todavia, nossas qualidades subjacentes são impressionantemente semelhantes. Quando as pessoas se sentam, encaram dois problemas básicos: ou ficam extremamente distraídas ou ficam sonolentas e indolentes. Se nossa mente ficava ativa demais e isso é um problema contínuo, normalmente somos aconselhados a nos acalmar. Os métodos para conseguir fazer isso incluem sentar-se em uma sala aquecida, fechar os olhos, comer alimentos mais pesados e tentar trazer a mente para um estado de maior relaxamento por meio de vários meios. A essência da meditação é induzir a uma mente que fique totalmente relaxada e totalmente ciente ao mesmo tempo. Se vocês entram em um estado adorável e pacífico de sonho onde não querem se mexer e no qual sentem que poderiam ficar sentados por horas, completamente extáticos e pacíficos, mas numa névoa difusa, vocês se desencaminharam por completo. Isso é muito fácil de fazer.

Dá uma sensação muito agradável. Algumas pessoas até pensam que estejam se aproximando do samadhi mas, na verdade, é um estado conhecido como embotamento mental.

Se a mente está distraída, temos de aprender a relaxá-la. Só pensar em soltar tudo e manter os olhos baixos. Também dizem que comer um pouquinho ajuda. Isso aterra a mente, pois o sangue vai para o estômago em vez de ir para o cérebro. Por outro lado, se temos o problema de ficar sonolento, a resposta é ficar em um local ligeiramente frio, manter os olhos abertos e comer alimentos bem leves. Às vezes também ajuda fitar o espaço. Se a mente fica distraída, podemos visualizar um ponto preto no abdômen. O preto embota a mente. Além disso, trazer a mente para o abdômen tende a deixá-la mais estável. Se a mente está sonolenta demais, pode-se visualizar uma luz no centro da testa. Isso eleva e ilumina a mente. Um conhecido meu que tinha um problema contínuo de sonolência durante a meditação lidava com isso sentando-se na beira de um poço. Ele logo parou de se sentir sonolento! Até Milarepa teve esse problema. Ele costumava pôr uma lamparina de manteiga acesa em cima da cabeça. Uma amiga minha costumava meditar com uma tigela cheia de água em cima da cabeça. Isso endireita a postura e reduz a probabilidade de cabecear.

O importante é a mente estar relaxada, mas alerta. Se vocês verificam que a mente está ficando mais e mais desperta e mais e mais alerta, é como encontrar algo se desdobrando dentro de vocês, despertando e ficando muito mais leve e espaçoso. Aí vocês sabem que estão no caminho certo. Afinal, despertar é isso. A palavra buda significa "o desperto". Anandamayi Ma, que era um grande santo hindu de Bengala, disse que, não importa em qual estágio de meditação se chegue, se não houver consciência clara, não é o estado certo. O importante é manter essa percepção, consciência ou conhecimento. Isso é imensamente importante na meditação.

Precisamos desenvolver um equilíbrio. O Buda disse que, se você pega um instrumento de cordas e aperta as cordas demais, vai produzir um som desagradável e as cordas podem até rebentar. Por outro lado, se as cordas estão frouxas demais, não produzem som nenhum. Vocês têm de afinar a mente como afinariam um instrumento. Não tensa demais, não frouxa demais, mas na medida certa. Equilibrada. É como estar em cima de uma prancha de surfe. Se você ficar tenso demais ou solto demais, vai cair. Você precisa estar equilibrado. Se você tem equilíbrio, não importa o quão altas as ondas sejam, não tem problema. A mente é assim. Temos de atingir esse nível de equilíbrio.

Também é muito importante ter um horário regular para meditar. Realmente não tenho tempo para entrar nisso agora. Não estou falando de shamatha do ponto de vista da prática de vocês, porque podem buscar professores para aprender os métodos. Isso é apenas uma visão geral. Entretanto, é importante para todos os praticantes ter um horário regular e um local para praticar. Somos criaturas de hábitos. Se fazemos a mesma coisa todos os dias, desenvolvemos o hábito muito rapidamente. Levantamos, vamos ao banheiro, então fazemos nossa prática. Sentamos, acendemos um incenso ou coisa assim. Em breve a mente começa a lembrar que essa é a hora da meditação. Ela se acomoda rapidamente porque lembra do que fazer, ao passo que, se ficamos trocando de horário, meditando um pouquinho aqui, um pouquinho ali, temos que lembrar a mente constantemente do que se trata, e ela leva mais tempo para se acomodar, pelo menos no começo. Devemos tentar estabelecer um ritmo. É bom fazer até dez minutos em um horário regular, se vocês não conseguem mais que isso.

Se possível, de manhã cedo, logo após levantar, sentem-se por dez minutos, vinte minutos, meia hora, uma hora, o tempo que puderem. É bom começar o dia se centrando. Trazer a mente para o local, para o corpo. Primeiro conectem-se com o corpo, depois conectem-se com a inspiração e a expiração. Não importa qual a sua religião ou se vocês não têm religião, não tem nada a ver com isso. Trata-se de entrar em acordo com a mente. Também é uma ideia muito boa sentar-se um pouco antes de ir dormir à noite e, se tivermos tempo, repassar o dia. O quanto estivemos conscientes durante o dia? O quanto fomos bondosos? O que fizemos que achamos bacana? O que fizemos que achamos que talvez não tenha sido tão maravilhoso? Não julgamos, apenas damos uma olhada. O que realmente fizemos do nosso dia? Então tomamos a decisão de fazer melhor no dia seguinte, ficar mais conscientes, mais cônscios, ser mais bondosos, mais pacientes. E então apenas sentamos por um tempo com nossa respiração. Cinco minutos, dez minutos, apenas ficar na inspiração e na expiração. Esvaziar a mente, soltar tudo. Apenas ficar presente.

Precisamos nos perguntar o que estamos fazendo de nossa vida. O que estamos fazendo de nossos dias. O que estamos fazendo de cada hora. O que estamos fazendo de cada momento. Ninguém está nos impedindo de meditar. Ninguém está nos impedindo de nos tornarmos um buda. Nós estamos nos impedindo. Estamos lidando basicamente com práticas mentais porque, no fim tudo, é a nossa mente. Quer estejamos alegres ou tristes, pacíficos ou agitados, não há nada lá fora. É aqui. Não podemos transformar o mundo, mas podemos transformar nossa atitude em relação ao mundo. Uma vez que tenhamos nos transformado, isso terá ramificações por tudo a nossa volta.

Quando estive na Suíça, passei um tempo com monges e freiras católicos, jesuítas e outros. Eles possuem uma grande instituição em Zurique. O fundador dessa instituição e também as pessoas que trabalham com ele, as freiras e os monges, passaram muitos anos no Japão estudando o budismo Zen. Agora estão em Zurique já faz muitos anos. São muito conhecidos na Suíça. Originalmente, sua área de atuação era nos direitos humanos e no auxílio a viciados em drogas e moradores de rua. Mas agora a atividade principal é ensinar meditação para economistas, políticos, gerentes de banco, muita gente do alto escalão da Organização das Nações Unidas e por aí afora. Eles acreditam que essas pessoas devem aprender como acessar sua própria mente de sabedoria e sua clareza e calma porque são as que controlam a economia e a situação política mundial; portanto, podem fazer um tremendo bem. Perguntei sobre o sucesso desse programa, e disseram que era bem-sucedido além dos sonhos mais loucos. Os monges e freiras estão organizando muitos cursos e programas assistidos por centenas de pessoas. Essas pessoas têm grande entusiasmo para aprender a praticar meditação, mesmo que só para reduzir o nível de estresse, para desenvolver uma mente mais pacífica. Isso não é uma prática egoísta que ajuda apenas o indivíduo. Tem vastos benefícios. Enquanto estamos encalacrados com nossa ignorância, ganância e raiva, tudo que tocamos é poluído. Se queremos salvar o mundo, primeiro temos de nos salvar.

Agora gostaria que todos nós sentássemos em silêncio por uns quinze minutos. Se a mente de vocês se dispersar, tragam-na de volta para esta sala. Aí tragam-na para o corpo. Se houver sensações no corpo, apenas notem. Não comentem se gostam ou não gostam. Apenas saibam que as sensações estão presentes. Tomem conhecimento do corpo. Quando estiverem instalados no conhecimento do corpo, levem a atenção para a inspiração e a expiração. Sejam unos com a respiração que entra e que sai. Não tentem fazer a respiração mais curta ou mais longa. Isso não é realmente se concentrar, pois não estamos olhando a respiração a distância. Estamos apenas nos tornando unos com a respiração, tomando conhecimento dela ao entrar e sair. Não fiquem preocupados quando surgirem pensamentos na mente. É da natureza da mente ter pensamentos. Não deem nenhuma energia a eles. Não se enredem neles. Ignorem. Se as pessoas tentam atrair nossa atenção e nós as ignoramos, elas acabam desistindo e vão embora. Os pensamentos podem ir e vir, mas não estamos interessados neles. Apenas trazemos a atenção de volta, vez após vez, à inspiração e à expiração. Faremos isso por uns quinze minutos. Quando ocorrerem sons, são apenas sons, apenas vibrações deslocando-se através do espaço. Sem problema. Os sons estão aí naturalmente, e é natural o ouvido ouvi-los. Não deem nenhuma energia a eles. Voltem à respiração.

PERGUNTAS

Pergunta: O que a senhora sugere para as pessoas que têm problemas respiratórios?

Tenzin Palmo: Se uma pessoa tem problemas de respiração, alguma outra forma de meditação seria apropriada. Existem muitos métodos. A respiração é muito acessível para a maioria das pessoas. Mas algumas pessoas altamente estressadas experimentam muita agitação ao focar na respiração, mesmo que não estejam doentes ou morrendo. Em tais casos, seria mais apropriado fazer algum outro tipo de visualização ou se concentrar em alguma outra coisa, como numa luz ou algo assim. Os cristãos podem visualizar Jesus, por exemplo.

P: A senhora poderia falar alguma coisa sobre a postura na meditação?

TP: As costas devem ficar retas, os ombros para trás, mas ao mesmo tempo relaxados. Embora a espinha esteja reta, o peso deve estar embaixo, não nos ombros. É muito importante sustentar o peso logo abaixo do umbigo, em vez de encarapitado no pescoço e nos ombros. As costas são mantidas eretas mesmo que você esteja sentado em uma cadeira. É importante os pés estarem apoiados no chão. Não recoste na cadeira. As mãos devem ficar unidas no colo ou então repousar suavemente sobre os joelhos. Quanto aos olhos, existem muitas ideias diferentes. Algumas pessoas acham que tudo bem fechar os olhos delicadamente. Os tibetanos e japoneses insistem em que os olhos devem ficar ligeiramente abertos e focar um pouco à frente. Baixe os olhos ligeiramente e olhe para o nariz. Isso dá a posição em que os olhos repousam. Dizem que fechar os olhos obscurece a mente. No início pode ser mais difícil praticar com os olhos abertos. Mas é claro que não se foca os olhos. No fim vocês vão verificar que é melhor deixar os olhos abertos se conseguirem. Isso também impede a manifestação de muita fantasia interna. No budismo não tentamos nos dissociar dos sentidos, apenas deixamos os sentidos fluirem sem responder a eles. Nosso objetivo é uma meditação que flua sem qualquer fixação. Se vocês ouvem ou veem qualquer coisa, simplesmente deixem que siga. No entanto, não tentem bloquear as coisas.

P: Como se acalma a mente quando se está com raiva?

TP: Existe uma série de maneiras. Tradicionalmente se faz uma meditação sobre bondade amorosa. A ideia é substituir um estado mental pelo seu oposto. Assim, se estamos sentindo raiva de alguém, sentamos e geramos sentimentos de bondade amorosa para ele. Começamos gerando pensamentos de bondade amorosa para nós mesmos. Aí, quando aquela cordialidade, aquela sensação de aceitação até mesmo da raiva surge no coração, vocês podem oferecê-la para os outros. Outra maneira, dependendo do tipo que meditação que se esteja fazendo, é olhar para a raiva em si. Primeiro vocês acalmam a mente. Aí olham para a raiva para ver como ela se manifesta. Onde ela está? Qual é a reação física a ela? O que é raiva? Quando dizemos "estou com raiva", o que isso significa? Que sensação ela me passa? Essa é uma maneira. Outra forma é reprisar o que nos deixou com raiva e observar a distância, do modo como vemos um filme. Então tentar ver se podemos reprisar a cena de um jeito diferente.

A raiva é uma emoção muito interessante porque geralmente queremos nos livrar dela. Nesse sentido é diferente do desejo e da fixação, que a maioria das pessoas ficam felizes por ter, desde que consigam satisfazer o desejo. A raiva nos machuca. Em geral não machuca a pessoa de quem temos raiva, mas nos machuca, e não gostamos. Ela nos deixa desconfortáveis. Por isso queremos nos livrar dela, o que é bom. Não estou dizendo que seja ruim. Mas nossa motivação é não gostarmos dela. Existe uma infinidade de maneiras de lidar com a raiva. Outra maneira é perceber que a paciência é uma das grandes qualidades a se desenvolver no caminho budista. O Buda louvou a paciência repetidamente. É uma das qualidades exigidas para se alcançar o estado de buda. Pois bem, a menos que haja alguma coisa que nos irrite e incomode, jamais poderemos aprender a ter paciência. Se todo mundo é adorável conosco, se tudo o que dizem é simplesmente a coisa certa, isso pode fazer com que nos sintamos maravilhosos, mas não dará a oportunidade de irmos mais longe. Por isso as pessoas que nos incomodam, que fazem coisas contra nós, que nos machucam, longe de ser uma causa de ressentimento, devem ser uma causa de enorme gratidão. Essas pessoas realmente são nossas ajudantes no caminho. São as pessoas que nos permitem desenvolver nossos músculos espirituais. Elas nos dão oportunidade de praticar o entendimento e a paciência. São nossos gurus. Se temos essa atitude para com as pessoas que nos deixam loucas, isso transforma todo o relacionamento. Em vez de serem um obstáculo, elas se tornam nossa grande oportunidade. Vocês conseguem ver? Está tudo na mente. O mundo exterior não mudou em nada, mas nossa mente mudou. Esse é o ponto. Não se trata de mudar as pessoas e as situações, trata-se de mudar a nós mesmos. Claro que isso inclui a raiva de nós mesmos, que é extremamente obstrutiva e inútil. Precisamos ter muita compaixão e paciência em relação a nós mesmos, pois também somos seres sencientes em sofrimento.

P: A senhora acha necessário se livrar do desejo?

TP: Depende do que você quer dizer com desejo. Desejo de iluminação é um desejo bom. Não queremos nos livrar dele. O problema do desejo comum é que ele nos engana o tempo todo. Sempre imaginamos que ficaremos felizes se conseguirmos satisfazer nossos desejos. Mas os desejos mundanos são como água salgada. Quanto mais vocês bebem, com mais sede ficam. O problema não é tanto o desejo em si, mas nossa fixação nele. Vocês podem morar num local, morar numa mansão, ter 99 Rolls Royces. E, se não ligarem para eles, se perderem tudo amanhã e disserem "e daí?", está tudo bem. Mas se isso realmente perturba e vocês passam o tempo todo tentando conseguir coisas, defendendo-as, tentando impedir que os outros peguem-nas, tentando obter mais e mais, isso é um grande problema. O problema não é o que temos e como desfrutamos. O problema é o modo como nos agarramos às coisas e nossa incapacidade de soltar. Isso inclui pessoas.

Claro que podemos desfrutar de relacionamentos. Mas a pessoa com quem nos relacionamos pode nos deixar ou morrer – essa é a natureza das coisas. Todos têm que deixar uns aos outros em algum estágio. O ponto é como reagimos. A questão é se somos capazes de manter nossas experiências e posses com leveza, de modo que sejam uma coisa prazerosa quando vêm e que também fique tudo bem quando se vão. Agora, quando nos agarramos firmemente às coisas e ficamos aflitos quando as perdemos, isso é um problema. O que nos mantém na roda do nascimento e da morte, nesse estado de delusão, é o fato de que nos agarramos às coisas. Não estamos presos na roda. Somos nós que agarramos a roda firmemente com ambas as mãos.

Existe uma história que se conta frequentemente sobre uma forma específica de se capturar macacos na Índia. Pega-se um coco e se faz um buraquinho nele. Dentro do buraco, largo o suficiente apenas para a mão do macaco passar, coloca-se um pedaço de doce de coco pegajoso. Chega o macaco, que coloca a mão no buraco e agarra o doce de coco após sentir o cheiro. Ele cerra o punho para agarrar o doce, mas não consegue tirar a mão com o punho fechado. Aí chegam os caçadores e o capturam. Não há nada prendendo o macaco. Não há uma armadilha. Tudo que ele teria de fazer é abrir a mão e poderia escapar. Ele é mantido ali apenas por seu desejo e apego, que não permitem que ele solte o doce. É assim que a nossa mente funciona. O problema não é o doce de coco. O problema é que não conseguimos soltar. Entendem? O problema não é o que temos ou não temos, mas o quanto nos agarramos às coisas.

Há outra história sobre um rei que viveu na antiga Índia e tinha um grande palácio com um harém cheio de moças bonitas. Ele possuía muitas joias e tecidos de seda. Tinha um enorme tesouro. Ele tinha um guru brâmane, e a única coisa que esse brâmane possuía era uma tigela de esmolar feita de uma cabaça. Certa ocasião o rei e o guru estavam sentados no jardim sob uma árvore, e o guru estava dando ensinamentos ao rei quando chegou um servo correndo e gritando: "Sua Majestade, venha depressa, venha, maharaja. O palácio inteiro está em chamas! O rei replicou: "Não me incomode. Estou aqui recebendo ensinamentos do meu guru. Vá lá e trate do incêndio no palácio". Mas o guru levantou-se um em pulo e gritou: "O que você está dizendo? Deixei minha cabaça no palácio!".

Estão vendo? O problema não é o que vocês possuem. O problema é o quanto são apegados às coisas. O problema não é tanto o desejo, mas a fixação. Se vocês querem segurar água, precisam manter as mãos em concha. Se fecham o punho, ela escorre. Fixação e apego nos trazem grande sofrimento. Pensamos que apego é amor, mas não é.

P: Como podemos desenvolver paciência e compaixão em relação a nós mesmos?

TP: Acho que precisamos realizar a paciência e a compaixão por todos os seres sencientes, e nós também somos seres sencientes. Acontece que nesse momento temos a responsabilidade por nós mesmos. Se não temos compaixão por nós mesmos e paciência conosco por causa de nossa ignorância, das delusões, estupidez, raiva e ganância, na verdade também não seremos capazes de ter compaixão pelos outros.

7. Vipashyana ou insight

Essa palestra dá seguimento ao tema da meditação iniciado na conversa anterior. Agora vamos discutir vipashyana. Como mencionei, shamatha deixa a mente focada e unidirecionada. Vipashyana usa a mente unidirecionada para enfocar a mente em si. Talvez eu deva começar com uma breve anedota. Ao que parece é uma história verídica, contada por um velho iogue tibetano que foi meu professor de meditação quando estive na Índia pela primeira vez. Ele contou que, quando estava no Kham, no Tibete oriental, um de seus discípulos era um mercador tibetano. Esse mercador costumava levar sal para a China e trazer chá de lá. Ele era muito sagaz na meditação de mahamudra, mas gostava especialmente da tranquilidade da prática de shamatha. O iogue dizia para ele: "Agora está na hora de mudar. Você já fez o bastante disso. Você deve seguir para a prática de insight". Claro que a prática de insight exige que pensemos. Temos que analisar e olhar para dentro. Mas o mercador não estava interessado. Ele queria permanecer em seu estado pacífico e extático, por isso apenas continuou com shamatha.

Em certa ocasião o mercador estava viajando para a China com seus amigos. Um dia chegaram a uma grande floresta onde decidiram acampar e tomar um chá. O mercador partiu em busca de madeira. Enquanto vagava por lá catando galhos e gravetos para fazer uma fogueira, decidiu sentar por alguns momentos e fazer um pouco de meditação. Sentou-se e entrou no que se chama de samadhi. Trata-se de um estado muito profundo de absorção, quase como um transe. Nesse ínterim, os companheiros esperavam por ele. Começaram a chamá-lo, mas ele não respondeu. Procuraram-no por toda parte, mas não conseguiram encontrá-lo e, finalmente, desistiram e montaram acampamento para passar a noite. Na manhã seguinte procuraram de novo, mas em vão.

Pensaram que ele pudesse ter sido morto por animais selvagens. De qualquer forma, não podiam permanecer lá para sempre na procura. Pesarosos, seguiram para a China. Lá fizeram seus negócios, compraram chá e tomaram o rumo de volta para casa. Um ano depois, estavam de volta à mesma floresta. Decidiram encontrar ao menos alguma coisa das roupas do homem que pudesse restar. Àquela altura estavam certos de que o amigo fora morto por animais selvagens. Começaram de novo a procurar. Encontraram-no ainda sentado em meditação. Sacudiram-no. O homem abriu os olhos e perguntou: "Oh, o chá já está pronto?". Quando explicaram que havia se passado um ano desde que haviam parado para o chá, o homem ficou chocado. Percebeu que simplesmente perdera um ano de sua vida. Esse tipo de absorção não tem benefícios. Alguns religiosos consideram notável as pessoas permanecerem por meses nessa espécie de transe, mas os tibetanos discordam. Chamam-no de "meditação congelada" e consideram-no inútil. Depois daquela experiência, o mercador ficou ansioso para desenvolver insight e parou de brincar com aqueles estados tranquilos e pesados.

Digamos que já estejamos fazendo shamatha há um tempo. Nossa mente está pacífica e focada. Quando queremos focar na respiração, ficamos na respiração. Quando queremos ficar na visualização, ficamos na visualização. Nossa mente está ficando treinada. Não é o fim, mas é um começo muito importante. Hoje em dia a maioria das pessoas não tem condições para esse tipo de prática, que requer um ambiente muito tranquilo e seguro e enorme quantidade de tempo. Como tais condições são muito raras hoje em dia, existe todo um movimento que enfatiza a meditação vipashyana com a exclusão de shamatha. Isso também é conhecido como "insight desnudo". Em outras palavras, praticamos apenas a meditação de insight desde o princípio, sem aprender shamatha. O problema é que, como nossa mente é mal treinada, é muito difícil atingirmos qualquer nível profundo de insight. Tudo que conseguimos ver são os pensamentos borbulhando. Anteriormente discutimos o exemplo do lago. Tentar fazer vipashyana sem a preparação de shamatha é como tentar olhar dentro de um lago agitado pelas ondas. A superfície é ondulada e irregular, e a água está cheia de lama. É difícil enxergar em qualquer profundidade.

Assim, embora leve um tempo, vale a pena ao menos tentar acalmar as ondas da superfície e desenvolver alguma capacidade de focar.

É assim que sempre foi feito. Existe outro motivo profundo para começarmos primeiro pelo desenvolvimento da permanência serena e depois buscarmos o desenvolvimento de insight. A meditação de insight pretende descascar as camadas do ego. Se começamos tal prática enquanto nossos egos ainda estão em estado frágil, podemos acabar ficando mais neuróticos, mais desajustados ou ainda mais psicóticos. A fim de atingirmos um estado de ser calmo e unidirecionado, todos os fatores psíquicos devem estar em equilíbrio. Se não estiverem, não estamos prontos para entrar em estados mais profundos de meditação. Durante nossa prática de shamatha, os fatores mentais começam a se equilibrar lentamente. Quando atingimos um estado de paz e unidirecionalidade profundas, atingimos o equilíbrio interno. Quando temos equilíbrio interno, o senso de ego também está em equilíbrio. Uma vez estabelecido esse centro interno, é hora de desfazê-lo. Mas não podemos fazer isso até termos alguma coisa lá. Temos que ver através dele, mas não podemos ver através dele até tê-lo.

Inúmeros ocidentais chegam na meditação com a esperança de que ela resolva muitos de seus desequilíbrios e problemas psicológicos. Mas isso não vai acontecer a menos que primeiro se passe por esse período de cultivo, aprendendo a deixar a mente quieta e calma. As pessoas muitas vezes surtam durante cursos longos de vipashyana porque não têm estabilidade emocional para encarar esse nível de insight. Por isso a abordagem tradicional, de primeiro deixar a mente calma, centrada e equilibrada antes de começar a sondá-la e descascar as camadas, faz muito sentido. Não é perda de tempo. É um método seguro e embasado. Não significa que tenhamos de seguir até níveis muito profundos e avançados de shamatha. Mas devemos garantir que a mente esteja mais centrada, quieta e equilibrada antes de voltá-la para dentro de si mesma.

O que é vipashyana, ou meditação de insight? Na tradição tibetana, é olhar para dentro da mente com um grande ponto de interrogação. Quais são as coisas mais próximas de nós? São os nossos pensamentos e emoções. Mas nossos pensamentos e emoções estão tão próximos que nunca sequer olhamos para eles. Nossos sentidos estão orientados para fora, de modo que estamos sempre dando atenção ao que ouvimos, vemos, provamos e assim por diante. Mas raramente fazemos a pergunta: "O que é a mente?". É de surpreender que tão poucas pessoas perguntem isso alguma vez. Todos nós dizemos: "Eu penso isso ou penso aquilo". Mas o que é um pensamento? Já vimos um pensamento alguma vez? Por quanto tempo ele permanece? Para onde vai? Algumas pessoas acreditam em seus pensamentos com tamanha força que morrem por eles. Sempre que pensamos alguma coisa, acreditamos que realmente seja verdade, embora na semana seguinte possamos pensar algo diferente. Todos nós nos identificamos intensamente com nossos pensamentos. Pensamos: "Estou com raiva. Sou uma pessoa raivosa. Sou uma pessoa deprimida. Sou uma pessoa adorável. Sou muito bondosa. Sou muito generosa. Sou isso, sou aquilo". Sequer nos perguntamos.

Vipashyana muda o foco de nossa atenção do que está acontecendo externamente para o nosso universo interior. Existem muitos métodos de praticar vipashyana, assim como existem muitos métodos de praticar shamatha, mas todos envolvem o grande ponto de interrogação, a mente inquiridora. Uma mente que não tem as respostas, mas que tem muitas perguntas. Claro que a grande pergunta é: "Quem sou eu?". Pensamos: eu gosto disso, não gosto daquilo. Sou australiana. Sou chinesa. Sou uma pessoa raivosa. Sou uma pessoa deprimida. Sou uma mulher. Sou um homem. Sou professora. Sou motorista de ônibus. Eu, eu, eu, eu. Mas quem é esse eu? Toda a nossa vida baseia-se nessa noção de "eu" e "meu". Meu país, meu esposo, minha esposa, meus filhos, minha casa, meu carro, minhas ideias, minhas emoções, minha depressão. Quem é esse "eu" que possui tantas coisas? Meditação tem a ver com isso. Não é para fazer com que nos sintamos melhor, embora possa ter esse efeito. Por outro lado, também pode fazer com que nos sintamos pior. Não se trata realmente de ser pacífico, embora possamos ficar pacíficos; mas também podemos não ficar. Com certeza não se trata de cair num êxtase. Vipashyana é olhar para dentro e descobrir quem realmente somos e o que realmente é a mente, descobrir como a mente trabalha, como funciona e aí atingir um nível de consciência que está além do mundano. No budismo isso é conhecido como "não condicionado". Por definição está além dos pensamentos, além das palavras, além dos conceitos. Mas é a camada mais profunda de nosso ser e de todos os seres. É o que nos conecta a todos os seres. Meditação é isso.

Como eu disse antes, existem muitas abordagens. Uma é focar na inspiração e na expiração. Quando praticamos a meditação da tranquilidade ou da permanência serena, ignoramos quaisquer pensamentos, sentimentos ou percepções sensoriais que venham à nossa consciência. Apenas deixamos que se vão. Como estamos tentando deixar a mente calma e unidirecionada, não nos distraímos com pensamentos ou perturbações externas. Mas, quando fazemos vipashyana, temos curiosidade. Em vez de apenas deixar os pensamentos fluírem, trazemos esse ponto de interrogação e perguntamos: "O que é um pensamento? Como se parece? De que cor é? Tem alguma forma? De onde vem? Onde ele fica? Como ele é? O que é a mente? Um pensamento e a mente são a mesma coisa ou são diferentes?".

Quando a mente está em estado de completa tranquilidade, sem conter pensamentos, esse estado é igual a quando os pensamentos estão presentes ou é diferente? A consciência que vê tudo isso, que olha os pensamentos e a mente, é diferente dos pensamentos ou igual a eles? É assim que vocês olham e questionam. Vocês descascam camada após camada à procura da mente. Falamos sobre a mente, mente, mente. Mas o que é a mente? O que é raiva? Que tal é? Digamos que alguém tenha feito algo de ruim para vocês e vocês sintam raiva daquela pessoa. Agora deixem a pessoa de lado. Deixem o objeto da raiva de lado e olhem a raiva em si. O que é? Onde está? Como ela é? Como está o corpo? Apenas experimentem isso. Não julguem. Não pensem a respeito. Apenas tomem conhecimento.

Nosso problema não é o fato de termos pensamentos e emoções. Pensamentos e emoções são naturais à mente, assim como as ondas são naturais ao oceano. O problema começa quando acreditamos neles, nos identificamos com eles e nos prendemos a eles. Se pudéssemos reconhecer os pensamentos e emoções como estados mentais passageiros, de natureza transparente, o jogo da mente de sabedoria, não haveria problema. Eles apenas surgem e desaparecem de novo, como as ondas no oceano. Mas não fazemos isso. Se aparece uma emoção ou pensamento, imediatamente nos atiramos nele. Elaboramos, entramos na coisa, remoemos vezes e mais vezes. Nós nos preocupamos. Nós nos culpamos caso não seja um pensamento bom. Não largamos. Acreditamos naquilo. Fazemos o mesmo com as nossas memórias. Somos extremamente apegados a elas porque acreditamos que definem quem somos. Mesmo que sejam dolorosas não queremos largar. Pensamos: "Isso sou eu". Por mais dolorosas que sejam, as memórias estão no passado. Agora já se foram. Por que precisamos nos agarrar a elas e torná-las nossa identidade? Mas fazemos isso e, porque fazemos isso, sofremos.

A maioria das pessoas sentadas aqui agora está perfeitamente bem. Nada de horrível está acontecendo para nenhum de nós nesse momento. Todavia deve haver muitos aqui perturbados por preocupações e ansiedades, memórias e confusão. Cada um de nós pensa: "Esse é o meu problema". Não conseguimos estar renovados no momento. Contudo, cada respiração que fazemos é uma respiração nova. Não estamos respirando velhas respirações. Do mesmo modo, todo pensamento deveria ser um pensamento novo. Aí não haveria problema. Uma das metas da meditação vipashyana, pelo menos no sistema tibetano, é começar a entender a natureza de nossos pensamentos e emoções. Como a mente realmente funciona e como podemos obter acesso a níveis mais e mais sutis de nossa psique? Isso requer tempo. A meditação não é instantânea. Não existe uma pílula que possamos tomar para ter insight. Podemos tomar pílulas para ter experiências psicodélicas, mas não existe pílula para nos mostrar a verdadeira natureza da mente. As pílulas podem abrir nossa mente para nos deixar interessados, mas não vão fazer o trabalho por nós. Existem máquinas que ajudam a acalmar e nos levam para as ondas alfa ou o que for. Mas máquina alguma pode nos dar realização interna. Isso vem apenas de se sentar pacientemente.

Meditação é trabalho duro, mas também é a coisa mais compensadora que podemos fazer com o nosso tempo. Ao começar a ver os mecanismos que anteriormente não questionávamos e começar a entendê-los, os nós dentro de nossa mente começam a afrouxar. Sentimos uma tremenda sensação de liberdade, espaço e liberação dentro de nós. Ao começarmos a entender nossos padrões distorcidos de pensamento e nossas neuroses, os enxergamos diretamente. Começamos a desenvolver compaixão por nós mesmos, por nossa dor e confusão. Agora que começamos a olhar com clareza, podemos ver a dor e a confusão nos olhos das outras pessoas e, naturalmente, desenvolvemos compaixão por elas. Não importa o quanto as pessoas possam parecer bem-sucedidas externamente, podemos ver a dor quando olhamos dentro de seus olhos. É muito raro deparar com pessoas cujos olhos cintilam verdadeiramente de alegria.

Não penso que seja necessário sentar e desenvolver todas as complicadas meditações tibetanas sobre compaixão. O que realmente precisamos fazer é começar a olhar dentro de nossa confusão. Aí podemos ver a confusão nos outros. À medida que níveis mais e mais profundos de nossa psique se abrem, isso naturalmente libera nossa compaixão inata. Temos clareza e compaixão dentro de nós, essa é a natureza de nossa mente. Tudo que precisamos fazer é descobri-la. É como uma fonte de água oculta por pedras e lama. Temos que descobri-la tirando o entulho. Quando removermos a lama e as pedras, a fonte vai jorrar na superfície, límpida e pura. Existem vastos reservatórios de amor e compaixão congelados dentro de nosso coração. Temos que acessá-los e começar a aquecê-los, de modo que possam fluir. Fazemos isso olhando dentro de nosso próprio coração e vendo a dor, a confusão e a falsa identificação. Podemos usar essa descoberta para perceber que todo mundo está no mesmo dilema. Por isso as pessoas são tão terríveis. São terríveis porque estão sofrendo, porque estão confusas. Uma pessoa que tem paz, amor e compaixão no coração não será terrível. Não vai machucar as outras ou ser ofensiva, preconceituosa ou violenta. Vai ser aberta.

Ao praticarmos primeiro a meditação da permanência serena e depois a de insight, uma certa qualidade de mente torna-se altamente desenvolvida. Ela é chamada de *she shin* em tibetano. Significa uma espécie de consciência alerta que observa. Quando estamos meditando, mesmo quando fazemos a meditação da permanência serena, existe uma parte da mente que recua e observa. Ela é capaz de ver quando estamos caindo num extremo ou noutro; em outras palavras, se estamos ficando agitados ou afundando em um estado sonolento. Essa parte da mente sabe. Ela pode reparar o desequilíbrio. Essa qualidade da mente é muito interessante. Quando começamos a olhar dentro da mente em si, isso é tradicionalmente comparado a alguém sentar-se na margem de um rio e observar a água passar. Outra analogia tradicional é a do pastor observando as ovelhas. Existe uma sensação de recuar e observar ao mesmo tempo.

Quando eu estava em Lahoul, certa vez o pastor habitual ficou doente, e mandaram um jovem no lugar do homem experiente e mais velho. O jovem obviamente nunca havia feito o trabalho antes e estava muito nervoso. Ele subiu com as cerca de cem ovelhas que reuniu nas aldeias e, provavelmente, percebeu que levaria a maior surra se perdesse alguma delas. Ele estava extremamente preocupado com que elas não se extraviassem. Manteve todas juntas em um só grande grupo, e as deslocou continuamente de um lugar para outro. Correu com as ovelhas o dia inteiro, até finalmente cair a noite e ele voltar totalmente exausto. As ovelhas também estavam exaustas. Haviam comido muito pouco porque ele as mantivera num bando muito compacto e também porque haviam ficado muito agitadas. Elas estavam péssimas, o pastor estava péssimo, e ninguém teve um bom dia!

No dia seguinte, o pastor experiente voltou. Ele conduziu as ovelhas até o pasto, subiu um pequeno monte, pegou sua garrafa de chang e se deitou para observá-las. Não dormiu, mas manteve uma vigilância sossegada. As ovelhas perambularam, pastaram e, com o passar do dia, sentaram-se. No final do dia o pastor reuniu todas elas e as levou de volta. Todos tiveram um dia calmo e pacífico. As ovelhas comeram o bastante, e todo mundo fico feliz. Esse é um exemplo perfeito da maneira certa e errada de olhar para dentro da mente. Lembre-se disso quando tentar. Como disse certa vez o mestre Zen Suzuki Roshi: "O melhor jeito de controlar sua vaca e dar a ela uma ampla pastagem". Quando olhamos para a mente, não devemos ser como alguém prestes a pular em cima de alguma coisa. Não devemos sentar lá e tentar pegar todo e qualquer pensamento. Se tentamos fazer isso, deixamos a mente tensa e rígida e a impedimos totalmente de vaguear. Nós nos esgotamos e, se alguma coisa dá errado, ficamos loucos.

Às vezes vocês podem ver isso acontecendo com meditantes. Eles sentam-se taciturnos, com uma expressão que diz: "Estado de buda ou nada!". Essa atitude é contraproducente. Devemos aprender a olhar para a mente permanecendo bem sagazes e, ao mesmo tempo, totalmente relaxados. Deixar a mente simplesmente seguir o caminho dela. Não importa o que ela pense. Podem ser pensamentos incrivelmente brilhantes ou incrivelmente estúpidos. Não importa. São apenas pensamentos, o jogo da mente. O importante é não ficar fascinado pelo jogo da mante. Vocês pensam: "Uau, esse é um pensamento realmente interessante" e, de repente, são sugados para dentro dele. Então percebem que foram completamente capturados por uma memória ou fantasia e que a consciência desapareceu.

Se tornamos nossa consciência rígida demais, nossos pensamentos ficam desajeitados. É como alguém que sabe que está sendo observado e fica tão sem graça que não consegue nem beber uma xícara de chá direito. Os pensamentos perdem sua qualidade natural, e o corpo e a psique ficam excessivamente tensionados. No outro extremo, se estamos soltos demais, perdemos a consciência continuamente. O que precisamos é estar interessados e observar, mas não interferir ou sermos capturados pelo que pensamos. Não pensar no passado, não antecipar o futuro, não ficar fascinado pelo presente. Ver as coisas como elas são. Apenas ficar ali com elas. Um pensamento é apenas um pensamento. Uma emoção é apenas uma emoção. É como uma bolha. Vai estourar, e virá outra.

Quando começamos a colocar isso em prática, a mente parece se partir. Desenvolvemos o que é chamado de observadora, testemunha, conhecedora. Isso é um aspecto da mente. Ainda é apenas a mente, a mente conceitual, mas é uma mente que recua e olha para o que está acontecendo como se a distância. Não é a realidade última porque ainda é uma mente dualista. Mas é um vasto avanço em relação a como pensamos normalmente, pois nos dá espaço para ver um pensamento como um pensamento e uma emoção como uma emoção. Aí podemos decidir se é um pensamento ou emoção útil ou não. Nós os conhecemos pelo que são, em vez de sermos absorvidos por eles. Não mais nos identificamos com eles.

Se desenvolvemos essa consciência interior, que é como um espaço interno, podemos surfar as ondas da vida. As pessoas imaginam que para ser um meditante você sempre tem de viver em situações muito tranquilas e que é provável que seja inundado caso surja uma situação turbulenta. Isso é verdade para os iniciantes, assim como para alguém que esteja aprendendo a surfar. No início, precisam ficar nas ondinhas ou serão derrubados. Mas um surfista experiente procura as ondas grandes. Quanto maiores as ondas, maior a diversão, uma vez que vocês tenham equilíbrio. O segredo é estar equilibrado, estabilizado. Para ser um bom surfista vocês precisam ser simplesmente equilibrados, nem tensos demais nem relaxados demais. É disso que precisamos em nossa prática também.

Quando desenvolvemos esse espaço interno, tudo assume uma qualidade quase que de sonho. Não de sonho no sentido de estar adormecido, mas de que não é mais tão sólido, tão real, tão urgente. Tem uma qualidade quase que de ilusão. Vocês não querem mais ser levados tão a sério porque não estão totalmente envolvidos naquilo. Quando temos essa noção de recuar e ver a vida com um grau de clareza, temos condições de reagir às situações que surgem com frescor e espontaneidade em vez de nossa resposta automática usual, que é como apertar um botão numa máquina. Começamos a reagir naturalmente e da maneira apropriada. Enchemos nossa mente de lixo desde que éramos criancinhas. O lixo vem pela televisão, por livros, filmes e conversas vazias, e nunca limpamos. Somos tão cuidadosos em manter nossa casa limpa. Ficamos alarmados até mesmo com um pozinho. Mas não fazemos nada com a nossa mente, que é nossa verdadeira casa. Nunca a limpamos.

Meditação também significa limpar a mente para abrir espaço para coisas melhores, mais limpas, mais puras. Todos nós podemos começar reservando algum momento todos os dias para apenas olhar para dentro calmamente. É melhor se conseguirmos encontrar um professor que dê instrução pessoal, e também existem livros. Devemos ser determinados. As ajudantes gêmeas de qualquer meditante são a paciência e a perseverança. Não é uma coisa da noite para o dia, mas as recompensas são infinitas. Nada é tão compensador quanto ter a mente em ordem e adquirir entendimento sobre a natureza da mente. Isso beneficia não só a nós mesmos, mas a todos, em toda parte. Por fim, quando nossa mente está simultaneamente consciente, relaxada e aberta, pode acontecer. Talvez por um microssegundo a coisa toda se desfaz e temos um vislumbre do não condicionado.

Como os tibetanos adoram dizer, nossa mente é como o vasto e profundo céu azul. Normalmente está coberta de nuvens que é tudo o que podemos ver. Por isso nos identificamos com as nuvens. Mas pode haver um intervalo entre as nuvens por um momento, e podemos enxergar o céu. Vemos que lá existe um céu. Está sempre lá. Por mais escuras que sejam as nuvens, o céu em si não fica maculado. Por mais brancas e fofas que sejam as nuvens, elas não embelezam o céu. O céu é apenas o céu. É essa grande mente de céu que nos conecta a todos os outros seres. Essa grande mente de céu não é apenas um conceito bonitinho, é algo que de fato podemos realizar. No momento da realização sabemos que somos aquele conhecimento, pois a realização é não dual. Não existe "eu" e não existe nada para ser visto. Naquele momento existe apenas o ver. E naquele momento despertamos.

A verdadeira meta da prática é obter acesso à mente não condicionada, ser capaz de recriar isso com frequência cada vez maior e prolongar mais e mais, até estarmos continuamente naquele estado de consciência absoluta não dual. Aí somos budas. Ser um buda é isso.

PERGUNTAS

PERGUNTA: Quando medito, às vezes vejo esse vazio e fico com medo. O que posso fazer a respeito disso?

TENZIN PALMO: Não acho que seja ruim experimentar o medo. É bastante comum sentir medo quando meditamos. É o ego que está com medo de morrer. E ele está certo por ter medo porque ele vai morrer. O ego teme que seus jogos sejam descobertos por isso entra em pânico. Quando estamos na crista de algum novo entendimento, ele sempre entra em pânico. Mas esse pânico não é algo ruim. Em vez de seguir o pânico, tendo um chilique ou o que seja, podemos tentar ficar presentes no momento com aquele pânico, com uma mente muito compassiva e gentil, permitindo que o medo surja, reconhecendo, aceitando e ficando com ele. O importante é não tentar nos distrairmos dele. É natural querermos fazer alguma coisa para distrair nossa mente do medo. Mas, sempre que fazemos isso, estamos nos configurando para passar por experiências semelhantes mais vezes. É melhor apenas sentar em silêncio e tentar encarar o medo. Pergunte de onde ele vem e quem está com medo. Essa é uma grande pergunta a fazer se você tem medo.

P: Sempre fui uma pessoa bastante plácida e não violenta, mas hoje em dia enfrento sonhos recorrentes com situações violentas. De onde eles vêm?

TP: De sua psique. Talvez seja bom. Não sei, não sou psiquiatra. Mas sei que, às vezes, quando pensamos que somos pessoas pacíficas, plácidas, é só por causa da camada de nuvens. Nunca fomos realmente desafiados. Por baixo tem toda aquela outra coisa esperando para aparecer. Às vezes, quando fazemos certas práticas – e a meditação é uma delas –, tudo isso é revolvido. Uma das primeiras reações das pessoas quando começam a meditar é: "Oh, mas eu pensava que era alguém tão bacana". Isso é porque estamos revolvendo as profundezas de nossa psique, e é como mexer numa poça estagnada. Fazemos toda a sujeira vir à tona. Claro que é necessário que a sujeira venha à tona. O importante é não se identificar com ela. Tudo que precisamos fazer é ver a sujeira como sujeira e repousar a mente no meio disso. Precisamos lembrar que são apenas pensamentos, apenas emoções. Bons pensamentos, maus pensamentos, são todos apenas pensamentos. Não são eu, não são meus. Talvez não seja algo ruim. Talvez seja um novo estágio que você precise atravessar. Não resista, apenas seja curioso.

P: A senhora disse antes que o ego tem de morrer. O que acontece com a psique?

TP: O que chamamos de ego na linguagem budista é aquela noçãozinha estreita de solidez no centro de nosso ser que é o "eu" e que, portanto, torna todo o resto "não eu". Todos nós fazemos isso o tempo todo. *Eu* penso, *eu* sinto, essas são as *minhas* memórias etc. Essa consciência estreita, fechada, sólida está sempre identificada com o passado. Estamos sempre identificados com nossas respostas habituais – o modo como sempre fizemos as coisas, esse sou eu, eu sempre gostei disso, não gosto daquilo, quero isso, não quero aquilo etc. É muito rançoso. Isso significa que, quando deparamos com qualquer coisa nova, é difícil ter uma resposta natural e aberta. Por isso a vida fica tão chata para as pessoas. A vida, na verdade, é fascinante, mas nos chateamos porque nossa mente fica muito condicionada e, portanto, rançosa. Estamos tentando enxergar através do condicionamento.

Por que o condicionamento é um problema? Porque obscurece a natureza da mente. Quando vemos algo bonito pela primeira vez, pensamos: "Oh, que bonito". Da próxima vez pensamos: "Oh, bacana". Na terceira ou quarta vez nem reparamos mais. Ficamos totalmente enredados nessas reações condicionadas a tudo. Quando começamos a examinar nossos pensamentos, percebemos o quanto a mente é completamente tediosa. Os mesmos pensamentos ficam aparecendo vez após vez. Isso é o ego. Trazer esses pensamentos constantemente dá uma sensação de segurança, de que, de algum modo, somos uma unidade – algo único. Esse é o meu pequeno conjunto de reações condicionadas. Mas isso nos cega completamente para o que de fato está acontecendo no momento. Esse é o problema. Todas as religiões tentam ir além desse pequeno ego, desse pequeno "eu" e obter acesso a um nível de ser mais elevado. Os cristãos dizem que não sou eu que me movimento, mas o Cristo que se movimenta em mim. Os muçulmanos e judeus também tentam desviar desse pequeno "eu" e acessar um nível de consciência mais elevado onde as coisas se manifestem perfeita e espontaneamente.

Nesse estado temos acesso a uma enorme fonte de energia que flui, pois não estamos presos em todo o atrito de nosso pensamento condicionado. Após atingirmos esse nível de consciência, que chamamos de não condicionado, natureza da mente, Dharmakaya ou o que seja, voltamos à fundação de nosso ser. Claro que podemos manter nosso ego. Mas agora sabemos que é apenas um jogo. Quando falei "psique" antes, me referi a fatores mentais internos. Uso o termo livremente. Uma vez que nos tornamos realizados, ainda usamos nossos fatores mentais, mas não somos mais enganados por pensamentos e emoções.

Existe uma grande diferença entre ter pensamentos e emoções e ser absorvido por eles e se identificar com eles. Ainda podemos ter pensamentos e emoções enquanto vemos sua qualidade de arco-íris. Em outras palavras, embora não acreditemos neles de todo coração, podemos brincar com eles. Quando vemos um arco-íris, não pensamos que seja real. Arco-íris surgem a partir de certas causas e condições, como a umidade do ar entrando em contato com a luz do sol sob certo ângulo. Se todas as causas e condições se juntam, temos algo que é muito bonito e de aparência muito sólida que chamamos de arco-íris. Ele não existe realmente, mas ainda assim existe. Todos nós podemos enxergá-lo, todavia não podemos chegar até ele e tocá-lo. Isso é muito parecido com nossa realidade externa e nossas emoções. Estão ali, mas não exatamente do modo como percebemos. Quando compreendemos isso, obtemos uma tremenda liberdade. Podemos desfrutar do arco-íris sem tentar agarrá-lo. Não é o meu arco-íris. Ninguém pode comprar um arco-íris e colocá-lo no jardim como seu arco-íris particular. Precisamos ficar livres dessa escravidão tirânica do ego. Se procurarmos esse ego, nunca iremos encontrá-lo. Nesse sentido podemos desconstruir essa ficção.

P: As crianças parecem aceitar seus pensamentos, sentimentos e emoções como eles aparecem. Existe uma espécie de leveza; todavia, seria horrível ter de ser uma criança para sempre! É necessário recapturarmos essa natureza infantil?

TP: Creio que seja um erro confundir a natureza ingênua da mente infantil com uma mente iluminada. As crianças não são iluminadas, embora tenham certas qualidades que precisemos desenvolver. Elas não são julgadoras, possuem abertura e leveza, como você mencionou. Mas, ao mesmo tempo, uma criança é extraordinariamente capturada pelas garras de suas emoções. Quando olhamos para um bebê faminto, vemos que está convulsionado pela ganância. Fica furioso se não é alimentado na hora. Quando se vê crianças a brincar, pode-se observar o ego operando da forma mais brutal. Quando a criança pega o que quer, é toda alegria e sorrisos, mas, se é frustrada, rapidamente fica furiosa. Isso provém de tempos sem princípio, desde que nossa consciência não dual se partiu em "eu" e "outro", "minha própria pessoa" e "outro que não a minha própria pessoa". É a nossa ignorância primordial. Essa crença em uma identidade separada é o nosso problema. Precisamos desenvolver certas qualidades infantis, como frescor, abertura e curiosidade. Criancinhas são cheias de perguntas, perguntas até sobre pequenos detalhes que não notamos. Nesse sentido, são muito conscientes e curiosas. Ainda não adquiriram uma resposta condicionada a tudo que acontece. Essa qualidade espontânea e fresca da mente é algo de que certamente precisamos. Mas não precisamos voltar à escravidão de nossa ganância e raiva.

Ninguém é mais egotista do que uma criança pequena. No que lhe diz respeito, o mundo inteiro existe para atender seus desejos. Ela não tem um senso de consideração pelos outros. Não devemos ser excessivamente sentimentais em relação às crianças. Elas também estão presas, como todos nós, nesse reino de nascimento e morte. Podemos ver muito claramente a condição humana nas crianças. Elas estão bem desnudas. Ainda não desenvolveram a elegância social para encobrir a ganância e a raiva nuas. Está tudo à vista. Verifiquei que viver com amigos que têm filhos pequenos é uma lição e tanto. Vi crianças criadas nas melhores circunstâncias, com pais amorosos, uma bela casa, brinquedos, sendo muito acarinhadas e bem cuidadas. Ainda assim se pode ver o quanto a vida delas é traumática. Se são minimamente frustradas, há emoções de uma intensidade tremenda.

P: Quais são as qualidades positivas de uma mente semelhante à infantil?

TP: Um exemplo de qualidade infantil é quando as crianças estão em meio à tristeza intensa e alguém dá um pirulito. As lágrimas desaparecem e elas dão risadas e sorriem. Esquecem por completo que minutos atrás estavam tomadas pela tristeza. Uma qualidade de mente infantil refere-se a uma mente fresca, que vê as coisas como que pela primeira vez.

Certa vez fizeram um teste deveras interessante com meditantes. Daqueles em que fixam eletrodos e todas aquelas coisas na cabeça das pessoas para medir suas ondas cerebrais, sabem? Testaram uma pessoa que fazia uma meditação formal no estilo hindu e um mestre Zen. Foi para descobrir qual era a diferença, pois ambos diziam meditar, mas cada um fazia um tipo muito diferente de meditação. Também testaram um não meditante. A cada três minutos faziam um ruído súbito e alto. O primeiro testado foi o que não sabia meditar. Na primeira vez que ouviu o barulho ele ficou muito agitado. Na segunda vez ficou menos agitado. Na terceira vez houve alguma agitação e, na quarta vez, ele mais ou menos ignorou. A pessoa que fazia a meditação hindu não reagiu ao ruído em absoluto. Não ouviu. Quando a pessoa que fazia a meditação Zen ouviu o barulho, a mente voltou-se para fora, notou o ruído e então retornou para dentro. Na vez seguinte, a mente notou o barulho e retornou para dentro. Na terceira, notou o barulho e retornou para dentro. A reação não mudou. A mente notou o barulho todas as vezes e retornou para dentro.

Isso revela muito sobre a qualidade de mente de que estamos falando. É uma mente que reage a algo com atenção e então retorna ao seu estado natural. Não elabora a respeito, não fica presa, não fica excitada. Apenas nota o que está acontecendo. Nota a cada vez que acontece. Não fica blasé. Não fica condicionada. Nesse sentido é como a mente de uma criança. Quando algo interessante acontece, ela nota, solta e vai adiante para a próxima coisa. É a isso que se refere como mente de uma criança. Vê tudo como se pela primeira vez. Não tem todo aquele acúmulo de ideias pré-condicionadas sobre as coisas. Vocês veem um copo e veem como ele é, em vez de verem todos os outros copos que viram na vida, junto com suas ideias e teorias sobre copos, a preferência por copos desse ou daquele formato ou o tipo de copo em que beberam ontem. Estamos falando de uma mente que vê a coisa com frescor no momento. Essa é a qualidade que almejamos. Perdemos isso ao nos tornarmos adultos. Estamos tentando reproduzir a mente fresca, que vê as coisas sem todo esse condicionamento. Mas não queremos uma mente que seja levada de roldão pelas emoções.

P: É por isso que a vida fica mais curta à medida que envelhecemos?

TP: Sim, porque ficamos mais e mais robóticos. Quando somos crianças pequenas, tudo é tão fascinante que a vida parece durar para sempre. Todo dia é enorme, pois existem muitas coisas fascinantes acontecendo e estamos muito interessados. Por isso a infância parece um período muito longo. Mas, à medida que ficamos embotados, que nossa mente fica cada vez menos curiosa, que cada vez mais entramos no piloto automático em nossos relacionamentos, nossa vida social, nosso trabalho, até mesmo em nossas relações íntimas, ficamos cada vez mais sonâmbulos. Portanto, a vida perde a vivacidade e parece mais curta. Alguém já leu o livro chamado *A montanha mágica*, do Thomas Mann? É sobre um homem que tem tuberculose e vive em um sanatório na Suíça. É um livro grande. Quando leu um terço dele, você percebe que nada vai acontecer. Mann utiliza um capítulo inteiro para falar apenas da temperatura de alguém. Ele lida com a qualidade do tempo e nossa percepção subjetiva do tempo. Porque basicamente nada acontece no sanatório. Assim, por volta dos primeiros dois meses, enquanto você está entrando na rotina, parece uma duração de tempo normal. Mas, à medida que as semanas e meses se passam e é tudo igual, as mesmas refeições com as mesmas pessoas, as mesmas caminhadas, as mesmas conversas sem graça, dia após dia, toda a percepção do tempo fecha-se em si mesmo, e dois anos e dois meses começam a parecer a mesma coisa.

Isso é um exemplo extremo. Quando me tornei budista, aos dezoito anos de idade, minha vida virou do avesso. Todo o meu modo de pensar foi reavaliado. Foi um período intenso. Quando olho para trás, foi um período enorme. Eu penso: oh sim, o tempo em que fui theravadin durou anos e anos, até que enfim cheguei ao Mahayana. De fato, foram apenas alguns meses. Mas, como foi um período tão intenso e tantas coisas estavam acontecendo internamente, o tempo estendeu-se. Porém, quando não está acontecendo muita coisa, é o mesmo emprego, são os mesmos relacionamentos, o mesmo isso, o mesmo aquilo, ficamos mais e mais condicionados em nossas respostas, e o tempo parece ficar cada vez mais curto. Isso é muito triste, não? Porque na verdade é o mesmo tempo. Ele parece acelerar. Isso é uma indicação do quanto estamos cada vez mais robóticos em nossas reações. De certo modo é um sinal de advertência para acordarmos e restabelecermos a curiosidade infantil original e a qualidade de frescor da mente.

8. Consciência

Como já discutimos, precisamos desenvolver a mente se realmente quisermos praticar o Dharma. Isso significa desenvolver a clareza e o insight para ver as coisas como realmente são. Falamos em considerável detalhe sobre a necessidade da prática de meditação diária para ajudar a desenvolver clareza e insight. O grande benefício de manter uma prática diária de sentar é que isso ajuda a estabilizar a mente e nos dá espaço para soltar, ficar em silêncio e, gradualmente, começar a entender o que está acontecendo do lado de dentro. Mas existem limites para a quantidade de tempo que a maioria de nós pode passar em meditação formal. Felizmente a meditação é apenas uma das várias ferramentas disponíveis. Somada a ela, precisamos aprender a praticar a consciência durante a maior parte do dia, quanto estamos fora do tapete de meditação, ou seja, em todas as circunstâncias da nossa vida cotidiana. Essa palestra vai enfocar as técnicas que ajudam a manter a consciência durante o dia.

Primeiro precisamos ficar mais conscientes. Em geral dedicamos apenas metade de nossa atenção às coisas que fazemos. Muitas vezes pensamos que estamos fazendo as coisas com total comprometimento, quando, na verdade, provavelmente estamos pensando em cem coisas diferentes ao mesmo tempo. Normalmente não estamos cientes disso. Somos um pouco como a pessoa que pensa que está levando o cachorro para passear, mas que acaba seguindo o cachorro por onde ele a conduz. A pessoa está tão ocupada tentando acompanhar que não repara se o cachorro está indo em linha reta ou não. Uma das primeiras coisas a perceber é que nossa mente é totalmente indomada. O Buda comparou a mente comum com um elefante selvagem no cio. Não um daqueles elefantes bonzinhos e domados que vemos no zoo ou no circo, mas um elefante selvagem. Às vezes chegamos ao ponto de dizer um elefante selvagem bêbado! Hoje em dia ouvimos notícias até mesmo sobre os mais importantes estadistas comportando-se de maneira totalmente descontrolada, causando problemas terríveis para toda uma nação, para não mencionar o dano que causam a suas famílias e a si mesmos. É assustador pensar que, apesar de haver tanta coisa em jogo, muitas pessoas em cargos públicos aparentemente sejam incapazes de controlar seu comportamento. Quando as pessoas não conseguem controlar o seu comportamento é porque não conseguem controlar a própria mente. Todos nós temos esse problema em alguma medida. Com que frequência fazemos coisas de modo impulsivo, sem pensar nas consequências? Queremos fazer, então simplesmente nos atiramos. Tampouco sabemos como nos controlar. Nossa mente é obscurecida pela raiva, desejo, ciúme e confusão. Não conseguimos ver as implicações mais amplas; consequentemente, muitas vezes não temos senso de responsabilidade pelo que fazemos.

Como podemos começar a assumir a responsabilidade pelas nossas ações? Uma boa maneira de começar é aprendendo a entender os nossos estados mentais. Um dos jeitos mais fáceis de treinar nisso é pegar uma ação cotidiana simples, como pentear o cabelo, escovar os dentes, fazer a barba ou tomar o café da manhã e levar a atenção inteiramente ao que estamos fazendo. Simplesmente ficar com a ação. Saber o que estamos fazendo. Só isso. Veremos quanto tempo a mente consegue permanecer em estado de conhecimento sem palavras antes de nos precipitarmos com todos os nossos comentários, justificativas e interpretações. "Oh céus, isso é realmente estúpido. O que estou fazendo ao escovar os dentes e tendo que pensar a respeito disso? Ou: "Uau, agora minha vida vai ficar realmente boa, é fácil ficar atento à escovação dos dentes".

Quando nos precipitamos nessa tagarelice mental não estamos mais sendo atentos. Estamos apenas pensando a respeito de ser atento. Atenção plena não é pensar a respeito, é estar presente e realmente ciente no momento, sem qualquer comentário mental. Se o comentário começa, simplesmente ignoramos e voltamos a ficar presentes no momento. Pensem nisso. Acontecem muitas coisas em nossa vida que realmente nunca experimentamos. Experimentamos apenas ideias, interpretações e comparações. Ruminamos coisas que aconteceram no passado ou antecipamos eventos futuros. Mas quase nunca experimentamos o momento em si. É por isso que muitas vezes consideramos nossa vida chata e sem sentido. O que precisamos realizar é que essa sensação de falta de sentido não vem de nossa vida, mas da qualidade de consciência com que vivemos nossa vida.

Existe um mestre Zen vietnamita chamado Thich Nhat Hahn que escreve sobre os benefícios de lavar pratos para lavar pratos. Isso é um ponto muito importante, porque normalmente lavamos pratos a fim de ter pratos limpos. Sempre que fazemos alguma coisa, fazemos para ter um resultado. Escrevemos uma carta para produzir uma carta que então podemos enviar; lavamos pratos não para lavar pratos, mas para que possamos ter pratos limpos e então seguir para a próxima tarefa. Enquanto lavamos os pratos, pensamos sobre o que faremos a seguir, tomar um café, no que alguém nos disse de manhã, no programa de TV que assistimos na noite passada, no que nosso filho está fazendo ou no que nosso marido falou antes de ir para o trabalho. A última coisa em nossa mente são os pratos. Quando vamos tomar o café, pensamos que depois disso temos que fazer compras, no que vamos comprar e coisas do tipo. Estamos tomando o café agora, mas não estamos realmente tomando porque nossa mente foi adiante em alguma outra coisa. Nossa vida inteira se passa desse jeito. Mesmo quando estamos fazendo alguma coisa boa, como comer uma refeição deliciosa, estamos pensando na sobremesa. Nunca sequer desfrutamos das coisas boas. Experimentamos o sabor por alguns segundos e então saímos fora de novo.

Thich Nhat Hahn pergunta: "Por que não lavamos os pratos apenas para lavar os pratos?". Teremos pratos limpos de qualquer forma! Mas isso significa que, enquanto lavamos os pratos, estamos completamente nisso. No momento não existe ação mais importante no mundo do que lavar os pratos porque é o que estamos fazendo. Tudo o mais são apenas os nossos pensamentos. Mas aquilo que está acontecendo no momento é a verdadeira realidade e, portanto, a coisa mais importante. Se perdemos isso agora, perdemos para sempre, pois nunca podemos ter o "agora" de volta uma vez que tenha passado. Assim, vamos tentar lavar os pratos e simplesmente saber que estamos lavando os pratos. Não é nada de grandioso.

Estamos conscientes de que estamos diante da pia. Agora a mão está pegando um prato. Podemos sentir a água. Podemos sentir a espuma do sabão. Estamos conscientes do que estamos lavando. Estamos completamente atentos ao que está acontecendo naquele momento. Assim ficamos centrados no momento. E esse momento é tudo o que realmente temos. Nossa vida inteira é composta de momento após momento após momento. Se perdemos esses momentos pensando em outra coisa, eles se vão para sempre. Se trazemos nossa consciência para a tarefa em mãos, seja qual for, a mente em si é lavada e limpa. Não há estresse atrelado a fazer isso. A mente, na verdade, acha a experiência bastante agradável.

A tradição Zen coloca muita ênfase em estar presente no momento. Ela ensina que cada ação executada com consciência é uma atividade profunda, mas até mesmo a atividade aparentemente mais elevada é insignificante se a fazemos de modo desatento. Poderíamos ser um abade sentado no trono de ensinamento; se estivéssemos ensinando sem estar conscientes, seria uma atividade sem sentido. Ou poderíamos estar do lado de fora do templo varrendo folhas, esfregando o chão ou picando legumes. Contanto que façamos com consciência e presença, até a atividade mais mundana se torna uma meditação profunda.

Algumas pessoas pensam: "Estou bem consciente, sei o que estou fazendo". Tentem pegar uma ação simples, como beber, pentear o cabelo, escovar os dentes ou fazer a barba – qualquer ação que fazemos normalmente de modo bastante automático, enquanto pensamos em outras coisas, tragam toda a atenção para a tarefa. Enquanto estiverem penteando o cabelo, apenas penteiem o cabelo. Saibam o que está acontecendo. Saibam o que o corpo está fazendo. Saibam o que a mente está fazendo. Fiquem nisso. Não é tão fácil quanto parece! Quase que invariavelmente começamos a pensar em outras coisas e trazer outros comentários, mas também pensando: "Oh, é fácil. Estou muito atento". Assim que pensamos: "Estou atento", não estamos mais atentos. Estamos apenas pensando sobre estar atento. A verdadeira consciência é não verbal.

Trazer o máximo possível a presença para as nossas tarefas ajudará a transformar nosso dia em um nível muito profundo. É fácil. O principal problema é que a mente está tão aprofundada em sua inércia, tão aprofundada no desejo de permanecer adormecida que esquecemos continuamente de ficar atentos. Na verdade, o significado da palavra atenção plena em sânscrito e tibetano é "lembrar". É parecido com a ideia cristã de rememoração e o conceito de lembrança de si de Gurdjieff. Trata-se de lembrar de onde estamos, quem somos e do que está acontecendo no momento. Como a atenção plena é parecida com a rememoração, seu inimigo direto é o esquecimento. Muitas vezes falo para as pessoas sobre essa qualidade da atenção plena, e elas dizem: "Sim, parece bom. Vou tentar". No dia seguinte tentam arduamente ficar mais conscientes no trabalho e com a família. Isso imediatamente acrescenta uma nova dimensão especial a suas vidas. As pessoas começam a notar e a comentar. "Uau, você está muito mais bacana. O que aconteceu?" Elas voltam e relatam o quanto a atenção plena é sensacional e o efeito maravilhoso que está tendo em todos os aspectos de suas vidas. Eu digo: "Ok, me fale sobre isso daqui a alguns meses". Então, encontro com elas dali a uns seis meses e pergunto como vai a atenção plena. Em geral respondem; "Oh, esqueci totalmente disso!".

Esse é o principal problema. Estamos tão acostumados a estar adormecidos que o esforço para acordar é muito árduo. No mais não há problema. Não requer tempo nem qualquer talento específico. Não requer que sejamos grandes gênios ou iogues ou que façamos anos e anos de treinamento avançado. No instante em que digo para vocês apenas ficarem presentes, apenas terem conhecimento do corpo nesse momento, vocês podem tomar conhecimento! A mente recua e, subitamente, vocês sabem o que o corpo está fazendo. Certo? É muito fácil. O maior desafio é lembrar. Se vocês estão aprendendo a tocar um instrumento musical, por exemplo, não começam o aprendizado tocando sonatas de Beethoven. No começo fazem exercícios bem simples, como escalas. Mas continuam praticando até a técnica finalmente se impor. Se seguem praticando, chegam a um ponto em que nem estão mais cientes da técnica. A música simplesmente flui de seus dedos para o instrumento.

Com a mente é a mesma coisa. Nossa mente está cheia de maus hábitos e precisamos reprogramá-la desenvolvendo bons hábitos. No começo é muito difícil e há grande resistência. Mas, se formos pacientes e perseverarmos, a consciência ficará cada vez mais forte. A mente gradualmente começa a entender o que significa estar ciente.

Então, os momentos de consciência começam a se prolongar. Logo, um dia, quando nem estamos pensando nisso, no meio da confusão total, de repente ficamos totalmente presentes. Vemos tudo com clareza, ainda que internamente a mente esteja em silêncio. Porém, os comentários e julgamentos voltam a nos inundar e perdemos aquilo. Mas, com o passar do tempo, existem mais e mais desses momentos de clareza e silêncio interior em que realmente vemos as coisas e tudo fica muito vívido. É realmente um processo de despertar. Como estamos dormindo, normalmente temos muitos sonhos. Alguns são agradáveis, alguns são pesadelos. É tudo muito fascinante e envolvente. Mas, quando acordamos, vemos que, na verdade, era um nível inferior de consciência, por mais fascinante que parecesse e por mais que acreditássemos naquilo. Agora sabemos que estamos despertos e que aquela outra consciência era apenas um sonho. Ninguém mais pode nos despertar. Nós mesmos temos que fazer isso por nós. Mas, se decidimos que preferimos dormir, que seja.

Às vezes as pessoas me perguntam a diferença entre consciência e concentração. Consciência não é a mesma coisa que concentração. Para dar um exemplo, suponham que estejam lendo um livro fascinante e estejam completamente absortos. Não veem mais nada, não ouvem nada. Isso é concentração. Mas saber que vocês estão absortos no livro é consciência. Entendem a diferença? Estar consciente não significa pensar em estar consciente. Quando estamos pensando em estar consciente, não estamos realmente conscientes, mas apenas pensando em estar consciente. De início, teremos condições de ficar conscientes por apenas alguns segundos no máximo. Então nossa mente conceitual começa a trazer todo tipo de pensamento, ideias, comparações e comentários, e caímos fora de novo. Quando isso acontece, é importante não se sentir desencorajado. Com prática e perseverança inevitavelmente iremos melhorar. Devemos aprender a ser pacientes não só com os outros, mas com nós mesmos!

O Buda ensinou quatro níveis básicos de atenção plena, começando do muito grosseiro para níveis cada vez mais sutis. O primeiro é a atenção plena no corpo, incluindo a respiração. O segundo é a atenção plena às sensações. Isso não se refere às emoções, mas a sensações puras. Quando qualquer estímulo é recebido pelos órgãos dos sentidos – olhos, ouvidos, nariz, boca, pele ou mente – e processado pelo sentido da consciência, existe uma sensação. Essa sensação é agradável, desagradável ou neutra. Entraremos nisso mais adiante. O terceiro é a consciência da mente em si. O quarto é a consciência do ambiente externo quando vem a nosso encontro por meio dos órgãos dos sentidos. Isso é o que nos conecta a essa consciência muito panorâmica.

Quando comecei a treinar com um velho iogue em minha comunidade, disse a ele: "Parece que sei o que fazer em situações formais, mas não sei o que fazer no restante do dia". Ele disse: "É fácil. Você apenas percebe que todos os pensamentos e emoções que surgem são dharmakaya". Dharmakaya significa realidade última. Eu disse: "Não, isso é difícil demais. Não consigo". Ele respondeu: "Sim, consegue, você é apenas preguiçosa!". Mas, na verdade, é bem difícil. Não é fácil olhar diretamente para a mente em si, e é especialmente difícil realizá-la como o jogo da sabedoria, especialmente se você não sabe o que é sabedoria! Mas o Buda foi mais bondoso conosco. Ele começou enfocando o físico, porque o físico é muito óbvio para nós. Ele disse: "Quando estamos sentados, sabemos que estamos sentados. Quando estamos de pé, sabemos que estamos de pé. Quando estamos caminhando, sabemos que estamos caminhando. Quando estamos deitados, sabemos que estamos deitados". Pensem nisso. Muito frequentemente, quando estamos sentados, caminhando ou deitados, estamos totalmente inconscientes do nosso corpo. Nem mesmo sabemos o que estamos fazendo. Tentem ficar conscientes do corpo, da postura, do que o corpo está fazendo neste momento. Não pensar a respeito, nem comparar, nem comentar de forma nenhuma, apenas saber o que o corpo está fazendo, o que está sentindo. Se conseguimos fazer apenas isso, estamos presentes. É um meio muito hábil de nos trazer para o momento.

Outra maneira de usar o corpo para nos trazer para o momento é levar a atenção para a inspiração e a expiração ao longo do dia, como fazemos em nossa prática de meditação. Não podemos respirar no passado ou no futuro. Só podemos respirar agora. A respiração está sempre conosco. É uma prática hábil para trazer a mente de volta para o presente, porque respirar está intimamente relacionado a nosso estado mental. Dependendo de como estamos – raivosos, temerosos, apaixonados, pacíficos, felizes ou deprimidos –, nossa respiração muda. A respiração reflete nosso estado mental do momento. Trazer nossa atenção à entrada e à saída da respiração, na verdade, ajuda a mente a se acomodar. Mesmo na linguagem cotidiana, quando alguém está transtornado dizemos para fazer algumas respirações profundas e contar até dez. Podemos fazer isso muito facilmente durante o dia sempre que pensamos a respeito ou que sentimos a necessidade de acalmar a mente. Mesmo na vida mais ocupada há momentos em que é preciso ficar quieto.

Quando os faróis do trânsito estão vermelhos em Nova Délhi, exibem a palavra "relaxe". Toda vez que depararem com um sinal vermelho, em vez de ficarem sentados rangendo os dentes, tentem ver como uma oportunidade de praticar. Conectem-se com a entrada e a saída da respiração. Sejam unos com a respiração. Então, algo que normalmente causa estresse, na verdade, ajudará a relaxar, sem que nada ao nosso redor precise mudar. O sinal vermelho ainda está ali, mas nossa resposta mudou. Esse princípio se aplica a todo o dia. Tentem ver as coisas que normalmente ativam o estresse como sinais de advertência. Imaginem um aviso, uma luz vermelha de trânsito com a palavra "relaxe" escrita nela! Apenas soltem tudo. Fiquem simplesmente presentes no momento. Todos nós podemos fazer isso.

O segundo nível de consciência é a consciência das sensações. Por "sensações" queremos dizer o processo que ocorre quando recebemos estímulos através dos cinco órgãos dos sentidos ou do sexto sentido, que é a mente. O estímulo é imediatamente interpretado pela mente e sentido como agradável, desagradável ou neutro. Tudo o que percebemos, quer venha de dentro ou de fora, baseia-se no princípio de dor/prazer. Nossa reação normal é ser atraído pelo que é prazeroso e tentar evitar o que é desagradável. Fazemos isso constantemente. Mesmo quando sentados, permanecemos numa certa posição por um tempo e então começamos a nos sentir um pouquinho desconfortáveis. Começamos a sentir sensações desagradáveis, então nos mexemos até ficarmos confortáveis outra vez. Assim fica bom de novo, mas só por um tempo.

Tudo o que fazemos de um momento para o seguinte baseia-se nesse processo de tentar causar e manter sensações agradáveis e rechaçar e evitar as desagradáveis. Somos atraídos por sons, visões, sabores, odores e contatos que consideramos agradáveis e por pensamentos agradáveis. Por outro lado, tentamos evitar coisas consideradas desagradáveis. Por conseguinte, estamos presos na oscilação contínua desse pêndulo entre atração e rejeição. Parecemos acreditar que, se nos movermos rápido o bastante, obteremos mais das coisas agradáveis e evitaremos as desagradáveis. Fazemos isso quase que inconscientemente porque se tornou automático. Somos regidos por esse processo. Isso se aplica a pessoas, coisas, situações, estados emocionais, pensamentos, o que for. Enquanto permanecemos inconscientes disso, enquanto falhamos em ver que essa é a estrutura subjacente de nossos medos, interpretações, julgamentos e preconceitos, não somos diferentes dos cães de Pavlov. Somos totalmente condicionados.

Desenvolver uma consciência das sensações ajuda a nos tornar conscientes do primeiro tremor, aquele tremor psíquico inicial de prazer e desprazer antes da mente assumir o controle, elaborar e inflar a coisa fora de proporção. Uma vez ocorrido o tremor, nos tornamos presas do "gosto, quero, tenho que ter, não quero, não gosto, tenho que me livrar, tenho que sair". Toda essa reação é construída sobre o primeiro tremor minúsculo de prazer ou desprazer. Se conseguimos pegá-lo naquele instante e ver o que realmente está acontecendo, nos damos espaço para escolher como agir. Se é algo agradável, podemos reagir dizendo: "Sim, gosto disso, vou pegar". Não há nada de errado em fazer essa escolha. Se algo é desagradável, podemos dizer: "Não, não quero isso", e evitá-lo. Não estamos tentando virar masoquistas. Estamos tentando criar espaço para enxergar a situação de forma precisa. Dessa forma, podemos ter uma reação clara em vez de condicionada.

Nossos gostos e desgostos parecem tão reais, tão verdadeiros e tão permanentes que esquecemos que, com frequência, são bastante arbitrários. Por exemplo, numa semana podemos decidir que roxo é a cor mais linda do mundo. Amamos o roxo e pensamos que tudo que é roxo é bonito. Não podemos entender como alguém possa suportar usar verde! Então, uns anos depois, o verde entra na moda, e não conseguimos imaginar por que alguém gostaria de usar qualquer outra coisa. Esquecemos que há pouco tempo detestávamos verde. A questão não é se gostamos de verde ou de roxo. A questão é que nosso gostar e desgostar flutuam continuamente. Muitas vezes são ditados pela sociedade em que vivemos. Mesmo na arte, coisas que são consideradas o auge da beleza e da perfeição estética num século são consideradas bregas no seguinte. Não dá para saber como os gostos vão mudar. Temos que olhar para o que está acontecendo conosco e ficar conscientes daquele "tom de sensação" sutil. Aí podemos decidir o que fazer a respeito.

Isso nos leva ao próximo nível, que se refere a trazer consciência à mente. Pessoalmente, penso que o único jeito de trazer a atenção para a mente, para os pensamentos, é estabelecer uma prática regular de sentar. É quase impossível durante as atividades agitadas do dia ter espaço para ver o que está acontecendo do lado de dentro. A prática de sentar é indispensável para levar a nossa atenção para o interior da mente. Uma ou duas horas por dia seria o ideal, mas, se não temos todo esse tempo, penso que meia hora ou vinte minutos está bom. Menos do que isso seria insuficiente, porque leva cerca de dez minutos para a mente se acalmar. Se vocês levantam da meditação nesse momento, não têm tempo de experimentar o estado sossegado.

O início da manhã geralmente é considerado o melhor horário para se meditar. Todos nós podemos levantar meia hora mais cedo se tentarmos. Outro bom horário é logo antes de ir para a cama. Pelo menos por dez minutos antes de ir dormir é muito benéfico para esvaziar a mente e soltar tudo – todas as nossas preocupações, interesses e estresses. Simplesmente largar e deixar a mente ficar quieta, espaçosa e vazia. Se dormimos nesse estado, descansamos mais profundamente. Por outro lado, se dormimos com a mente revolvendo nossas preocupações sobre o que aconteceu durante o dia, é provável acordarmos de manhã sentindo como se não tivéssemos dormido nada. Mesmo enquanto dormimos os pensamentos estão a se revolver. Por isso antes de dormir é bom ter um período sentado, em que a mente possa apenas relaxar e ficar quieta e, então, dormir nesse estado.

Uma das coisas engraçadas de aprender a olhar para dentro da mente é que normalmente é o último lugar que olhamos! Considerando-se o modo como normalmente pensamos, travamos um diálogo infindável com nós mesmos, cheio de memórias, justificativas, antecipações, comentários, fantasias, devaneios e por aí afora. Apenas seguimos pensando, comparando e analisando. E acreditamos no que pensamos. Tenho minhas crenças, elas são verdade porque são aquilo em que acredito! O que eu gosto deve ser bom porque eu gosto! E o que eu não gosto deve ser ruim porque eu não gosto! Quando temos emoções, acreditamos nelas também. Acreditamos em nossa raiva, acreditamos em nossa depressão, acreditamos em nossas memórias, acreditamos em nossos medos e pensamos que isso seja "quem eu sou". As pessoas que tiveram uma infância muito traumática, com frequência, acreditam em suas memórias muito categoricamente. Nunca soltam. Agarram-se a elas, embora sejam dolorosas. É isso que lhes dá uma noção de identidade: "Sou um indivíduo que sofreu abuso".

A meta de várias práticas de meditação é primeiro ensinar como aquietar a mente e então olhar para dentro da mente em si. Ensinam como nos distanciarmos de nossos pensamentos e emoções e enxergá-los simplesmente como pensamentos e emoções. São apenas estados mentais. Surgem por um curto período, daí desaparecem e, então, surge outro estado. São como bolhas. Nosso problema não é o fato de termos pensamentos e emoções, mas nos identificarmos com eles. Pensamos: "Esses são meus pensamentos, minhas emoções, minhas memórias". Não temos espaço. É como estar no meio do oceano, engolfado por ondas gigantes que passam por cima de nós e colidem contra nós sem cessar. A consciência nos dá um espaço pacífico de onde observar tudo isso sem ser engolfado.

Quando estive na Malásia, vi uma camiseta com uma prancha de surfe em cima de ondas enormes. Sentada na prancha, de pernas cruzadas, uma figura meditando. O slogan era: "Surfando nas ondas da vida, fique atento, seja feliz". É isso. Consciência. Estar presente. Conhecer os pensamentos como pensamentos, as emoções como emoções. É como deslizar numa prancha de surfe. Você, gradualmente, desenvolve o equilíbrio para cruzar os mares mais turbulentos, não mais imerso na água, mas andando na crista. Claro que você tem de começar com ondas pequenas até conseguir ter equilíbrio. Depois, quanto maior a onda melhor! Do mesmo modo, quando começamos a treinar a consciência, é melhor se tivermos um clima pacífico e não ameaçador. Por isso as pessoas fazem retiros. Por isso também reservam períodos regulares para sentar. Mas, uma vez que tenhamos aprendido a ficar equilibrados, somos como um surfista para quem, quanto maior a onda, maior a diversão.

Ao começarmos a desenvolver a consciência da mente, a mente em si parece se dividir em duas. Surge um novo aspecto da mente. Isso é referido como a testemunha, a vidente, a conhecedora ou a observadora. Ela testemunha sem julgamento e sem comentário. Junto com a chegada da testemunha, aparece um espaço dentro da mente. Isso nos permite ver pensamentos e emoções como meros pensamentos e emoções, em vez de "eu" e "meu". Quando os pensamentos e emoções não são mais vistos como "eu" e "meu", começamos a ter escolhas. Certos pensamentos e emoções são úteis por isso os encorajamos. Outros não são úteis, por isso simplesmente deixamos que passem. Todos os pensamentos e emoções são reconhecidos e aceitos. Nada é suprimido. Mas agora temos uma escolha a respeito de como reagir. Podemos dar energia aos que são úteis e habilidosos e retirar a energia dos que não são.

Tudo isso é muito liberador, não acham? A questão é que todos nós podemos fazer isso. Não é impossível. Não é sequer especialmente difícil. Faz parte da natureza dos fatores psicológicos ser capaz de fazer essa divisão. Não é algo que tenhamos de manufaturar ou trazer de fora. Já faz parte de nossa constituição mental. Se aprendermos como ficar mais e mais consciente dos pensamentos, a mente muito naturalmente vai criar esse espaço interno. Quanto mais forte se torna a consciência, mais óbvia a separação, até estar ali o tempo todo. Mesmo quando surgirem problemas emocionais, sempre haverá esse espaço interno. Todos nós somos capazes disso porque é a forma como a mente trabalha uma vez que tenhamos desenvolvido a capacidade de recuar e olhar para ela.

Thich Nhat Hahn tinha o que ele chamava de "sino da consciência". Durante seus retiros, ele designava alguém para andar por lá e, de vez em quando, sempre que tivesse vontade, tocar o sino. Assim que os alunos ouviam o sino, tinham que parar o que estivessem fazendo. Parar, exatamente naquele segundo. Naquele momento era para ficarem conscientes não só do que o corpo estava fazendo, mas do que a mente e as emoções estavam fazendo. Tinham que ficar cientes de tudo que estava acontecendo naquele momento. Precisamos fazer o nosso próprio sino interior da atenção plena para nos acordar. Mesmo durante os dias mais ocupados, podemos tirar dez segundos para ficar cientes do que a mente está fazendo. Então, à medida que nossa habilidade se desenvolve, a mente aprende o que tem de fazer. Os momentos de clareza tornam-se mais e mais longos espontaneamente; quando não estamos pensando a respeito, a mente encaixa nisso. É como ter uma câmera fora de foco. Você gira e gira até que de repente entra em foco. Tudo fica muito claro e, pela primeira vez, você percebe o quanto estava borrado antes. Então perdemos o foco de novo porque começamos a pensar a respeito e somos capturados mais uma vez! Tudo bem. Mas, sempre que lembrarmos, podemos apenas trazer de volta. Com o tempo estabeleceremos o hábito de ficar conscientes. É muito fácil formar maus hábitos e extremamente difícil criar bons. Assim, o começo requer grande dedicação e comprometimento. Mas, quando começamos a provar os benefícios, somos encorajados a ir em frente.

A maioria de nós sente que a vida deixa algo a desejar. A solução está em conseguir o parceiro perfeito, a casa perfeita, o carro perfeito ou o país perfeito. Nada nunca é perfeito. Sempre haverá insatisfação, sempre haverá alguma coisa errada. Se estamos sempre tentando mudar tudo lá fora, mudar todo mundo à nossa volta, mudar a sociedade, mudar a cultura, pensando que as coisas vão ser maravilhosas e perfeitas, estamos sofrendo de uma enorme delusão. No passado, acreditava-se que a educação universal, a assistência de saúde universal e a provisão de comida e moradia adequadas produziriam a utopia no mundo. Todavia, vejam o que aconteceu. Quase todo mundo no Ocidente tem educação e algum tipo de assistência de saúde. Vocês vivem em lugares lindos. Têm tudo o que querem. Têm toda roupa de que precisam, toda comida que podem comer. Têm casas boas. Mas as pessoas estão realmente felizes? Acordam todos os dias pensando: "Oh, como a vida é maravilhosa! Que bênção!". Os jovens nunca tiveram tantos bens materiais, tanta educação e tanto poder, no entanto nunca reclamaram tanto como reclamam hoje em dia e nunca se sentiram tão destituídos, tão frustrados e tão raivosos. Isso deve ser um forte indício de que a resposta talvez não esteja só do lado de fora. Talvez parte dela esteja dentro.

Por mais arduamente que possamos tentar fazer desse o melhor dos mundos possíveis, não está acontecendo, não é? Talvez cada um de nós devesse tentar mudar a qualidade de sua consciência. Os resultados são incríveis! Tudo se transforma! Ao encontrarmos mais clareza em nossa vida, nosso coração também começa a se abrir. Somos capazes de lidar facilmente com circunstâncias estressantes que hoje consideramos muito difíceis. Experimentamos tudo por meio da mente. Percebem isso? Nada do que conhecemos pode ser experimentado a não ser pela mente. Tudo do lado de fora é transmitido para nós através dos sentidos, do senso da consciência e da mente. Sem mente estaríamos mortos. Seríamos como cepos cortados na base. Poder-se-ia dizer que, na verdade, vivemos dentro de nossa mente em vez de nesse país, nessa casa, nesse corpo.

Prestamos muita atenção ao nosso corpo. Limpamos, adornamos, alimentamos e exercitamos. Mas quanta atenção damos ao nosso verdadeiro lar? Com que frequência limpamos a nossa mente? O quanto a exercitamos? O quanto a adornamos? Quanta nutrição damos a ela? Pensem nisso seriamente. Todas as experiências vêm pelo filtro da nossa mente. Se a nossa mente está um caos, não importa onde estejamos, nossa vida estará um caos. Se a nossa mente está em paz, não importa onde estejamos, nossa vida estará em paz.

Gostaria de dar um exemplo bem simples. Certa vez fiquei com minha mãe em Londres. Ela era empregada de um canadense muito rico que morava num flat de luxo diante do Hyde Park. Todos saíram por um tempo, e fiquei com o flat só para mim. Lá estava eu em Londres, morando nesse flat de luxo, com dois enormes aparelhos de TV em cores e toda a comida que eu pudesse comer! Tinha dinheiro suficiente para o que quer que eu quisesse, muitos discos, muito de tudo. Mas eu estava tão entediada! Disse a mim mesma: "Por favor, lembre-se disso. Se um dia ficar tentada a pensar que conforto físico traz felicidade, lembre-se disso". Mas, em outra ocasião, fiquei em uma caverna, não a minha, uma outra caverna que era muito pequena. Era tão pequena que não dava para ficar em pé dentro dela, com uma caixinha na qual dava apenas para sentar e que também era a cama. A caverna estava cheia de pulgas, de modo que fiquei coberta de picadas de pulga. Não havia água. Você tinha que descer oitocentos metros por uma trilha muito íngreme para buscar água. Quase não havia comida, e estava quente. Mas eu estava em êxtase. Estava muito feliz. Era um lugar muito sagrado e as pessoas lá eram maravilhosas. Embora a situação fosse difícil do ponto de vista físico, grande coisa! A mente estava feliz. Lembro do lugar banhado em luz dourada. Entendem o que quero dizer?

Uma das grandes mentiras propagadas por nossa cultura é a de que mais e mais prosperidade física e material levará à felicidade cada vez maior. Simplesmente não é verdade. A felicidade genuína reside em não querer. Se pensarmos a respeito, provavelmente haveremos de concordar que nossos momentos de maior felicidade foram aqueles nos quais tudo estava ótimo do jeito que estava. O querer sem fim é um grande fardo para a mente. Por isso, se realmente desejamos ser felizes e criar felicidade para aqueles à nossa volta, nossa tarefa é limpar, aerar e organizar a mente. Se todos nós tivéssemos um alto-falante acoplado à mente e todo mundo pudesse ouvir o que todos os outros estão pensando, as pessoas realmente iam querer aprender a meditar – e depressa! Podemos começar a organizar a mente jogando o lixo fora. Pegar cada coisa e perguntar: "Isso é útil ou não? Por que tenho carregado essa coisa por aí há tanto tempo?". Livrar-se delas. Fazer uma grande limpeza de primavera. A mente vai se sentir muito mais límpida e espaçosa. Limpar as janelas para poder enxergar nitidamente. Essa deve ser nossa prioridade número um. Por que tratamos a mente como se fosse algo sem importância?

O quarto objeto é conhecido como consciência dos dharmas, o que, pelo menos na escola Mahayana, refere-se aos fenômenos externos conforme percebidos pelos sentidos. Como falei, só podemos conhecer alguma coisa à medida que ela é interpretada por nossos sentidos. Percebemos as coisas do modo como percebemos apenas por causa dos sentidos que temos. Se possuíssemos sentidos diferentes, perceberíamos as coisas de modo diferente, mas elas seriam igualmente reais para nós. Nunca percebemos realmente o que está ali, apenas o que nos é relatado por meio de nossos sentidos. A realidade percebida por uma mosca, com seus olhos e antenas estruturados de forma diferente, é muito diferente da realidade que percebemos, mas é igualmente válida do ponto de vista da mosca. Não vemos as coisas melhor do que a mosca, apenas vemos a nossa própria versão. Peguem esse copo, por exemplo. É muito sólido. Se batêssemos em alguém com ele, a pessoa sentiria. Mas a física moderna diz que esse copo é composto basicamente de espaço, com uns poucos prótons, nêutrons e elétrons zunindo ao redor. Apesar disso, não é assim que percebemos. E, se fôssemos uma formiga, um elefante ou um golfinho, também percebêssemos outra coisa. Cada uma dessas percepções é válida. Nossa versão não é melhor que a de ninguém.

O problema é que nos agarramos aos estímulos que recebemos dos fenômenos externos. Como isso nos dá a reação de prazer/dor, vamos adiante, elaborando e interpretando. Não vemos apenas como uma série de estímulos. Existe uma história dos tempos do Buda sobre um *sadhu*, ou homem sagrado indiano, que vivia em algum lugar no sul da

Índia. Ele teve uma experiência em sua meditação e achou que tivesse atingido a iluminação. Mas o espírito da árvore sob a qual ele estava meditando disse: "Não, você não está iluminado". Ele indagou: "Não estou?". E o espírito da árvore disse: "Definitivamente não". Ele então perguntou ao espírito: "Quem é iluminado?". O espírito da árvore respondeu: "Bem, existe um cara chamado o Buda, que vive lá no norte da Índia. Você pode ver com ele. Ele é iluminado". Aí o sadhu pensou: "Ok. Se isso não é iluminação, tenho que achar alguém que seja iluminado e saber realmente o que é a iluminação".

Ele partiu e viajou por semanas, se não meses, pelo norte da Índia, perguntando às pessoas onde poderia encontrar o Buda. Por fim, certo dia de manhã cedo, chegou à cidade onde o Buda estava. Mas o Buda estava em sua ronda de esmolas. O sadhu encontrou o Buda, correu até ele, prostrou-se a seus pés e pediu: "Por favor, me diga como ficar iluminado. Me dê ensinamentos". O Buda disse: "Não é o momento apropriado. Estou fazendo minha ronda de esmolas. Volte mais tarde". Mas o sadhu insistiu: "Você tem de me dizer agora. Me dê alguns ensinamentos". O Buda replicou: "Realmente, agora não é apropriado. Saia dos meus pés". "Não, não", retrucou o sadhu, "você tem de me dar um ensinamento". Então o Buda falou: "Ótimo. No ouvir existe apenas o ouvir, no ver existe apenas a visão, no sentir existe apenas a sensação e no pensar existe apenas o pensamento". No momento em que o Buda terminou de falar, o sadhu entendeu. Tornou-se um arhat. Então ergueu-se no ar, curvou-se para o Buda e entrou em autocombustão. O ensinamento foi esse. Entenderam?

PERGUNTAS

Pergunta: Ele realizou *shunyata*?

Tenzin Palmo: Em certo sentido foi shunyata, em outro sentido seria dizer...

P: Não tem ninguém em casa?

TP: Exatamente. É como estar em uma casa vazia com todas as portas e janelas abertas e a brisa soprando por ali. No ver existe apenas a visão. No pensar existe apenas o pensamento. Tudo o mais é nossa interpretação. Quando eu era mais jovem, antes de me tornar budista, comecei a entrar nesses estados espontaneamente. Havia um clique súbito e eu ficava consciente de que estava vendo e de que isso era apenas input visual chegando pela consciência do olho e sendo recebido, e que a audição era apenas sons, e que o pensar era apenas pensamentos chegando à mente, sobe, desce, próximo pensamento, sobe, desce.

Quando a mente entrava nesse tipo de consciência, eu olhava todas as pessoas ao redor – na época eu trabalhava em uma biblioteca – e via o quanto todas estavam inacreditavelmente envolvidas com suas ideias, emoções, com as notícias do dia, com seus relacionamentos e o que quer que estivesse acontecendo. Não havia espaço; estavam completamente envolvidas. Era como se estivessem sufocando. Percebi que eu também era assim normalmente. Surgiu uma enorme compaixão. Vi quanta dor e sofrimento criamos para nós mesmos e aqueles à nossa volta. Todavia não queremos isso. Queremos ser felizes. Queremos ser pacíficos. Queremos fazer as pessoas ao redor felizes. Mas tudo que fazemos é criar o efeito oposto. Quando vi isso, senti um amor e compaixão insuportáveis. Estou contando isso porque não quero que vocês pensem que o foco na consciência nos deixa frios. Às vezes, quando falo sobre tópicos como apego, desapego, ser consciente, ver os pensamentos e emoções como pensamentos e emoções, não ficar envolvido e esse tipo de coisa, as pessoas pensam que soa como frieza. Mas na verdade não é assim. As verdadeiras emoções, como amor, compaixão e empatia ficam livres para surgir porque fazem parte de nossa natureza inata e não há mais nada obstruindo. Mais cedo estávamos falando sobre abrir o coração. Aprender a ficar mais presente e mais consciente dessa maneira é, na verdade, outra forma de abrir o coração.

P: Tenho uma pergunta sobre os pensamentos. Somos todos bons em experimentar nossos pensamentos ou em agir baseados neles em vários momentos. Parece muito atraente ir fazer alguma coisa a respeito de um pensamento. Então, minha

pergunta é: de onde surgem os pensamentos? Ficaria horrorizada de pensar que alguns pensamentos que me surgem na verdade provêm de mim mesma.

TP: De onde você pensa que eles vêm?

P: Bem, essa é a minha pergunta. Existe um número finito de pensamentos circulando pelo universo, esperando para entrar na tela da minha consciência ou são como sementes que brotam de um campo?

TP: Manufaturamos os nossos próprios pensamentos. Eles não vêm de fora. Vêm de dentro. E somos capazes de todo tipo de pensamento. Temos todo o espectro dentro de nós, do infravermelho ao ultravioleta. Temos o potencial para tudo – para ser demoníacos ou para virar budas. Está tudo aí. Se vamos pairar mais perto do infravermelho do que do ultravioleta depende de nós. Mas precisamos reconhecer que temos tudo dentro de nós. Isso não significa que tenhamos de agir a partir de todos os nossos pensamentos. Entretanto, precisamos reconhecer que somos perfeitamente capazes de ser demônios bem como anjos. Enquanto não estivermos iluminados, enquanto as raízes da delusão, aversão, ganância e desejo ainda estiverem em nosso coração, somos capazes de qualquer coisa porque somos mundanos. Mundanos são assim. Quando os pensamentos aparecem, precisamos reconhecê-los, aceitá-los, mas não dar energia a eles. Com certeza não temos de pensar que existe uma força externa implantando pensamentos dentro de nós. O Príncipe das Mentiras reside em nosso coração. Por isso precisamos purificar o coração.

P: Quanto ao exemplo de lavar pratos e estar na lavagem dos pratos, a senhora não acha que às vezes fazer uma atividade sobre a qual não se tem de pensar, na verdade, é uma chance de pensar em coisas sobre as quais é preciso pensar? Você está desatenta mas, na verdade, está aproveitando a oportunidade para pensar em alguma outra coisa.

TP: Às vezes num dia ocupado isso é necessário. Mas deve-se estar ciente de que se está fazendo isso. Se fazemos isso o tempo todo e aplicamos em todas as nossas ações, nunca estamos presentes. À medida que nossa consciência fica mais clara com a prática, temos condições de fazer uma atividade, saber que estamos fazendo e ao mesmo tempo planejar alguma outra coisa. Às vezes precisamos entrar no piloto automático. Mas, se estamos sempre no piloto automático, nossa vida inteira simplesmente nos escapa!

P: Um pouco na mesma linha seria a inspiração criativa. Participei de uma comunidade teatral. Eu queria estar presente, mas ao mesmo tempo queria liberar minha mente para ser criativa.

TP: Aí você sabe que está liberando sua mente para ser criativa. Estar consciente não significa que você não pense. Estar consciente do pensamento é um dos aspectos de estar consciente. Por exemplo, após a iluminação, o Buda passou 45 anos organizando uma comunidade e uma doutrina que permaneceu mais ou menos inalterada por 2,5 mil anos. Ele, com certeza, estava pensando, mas sabia o que estava fazendo. Estava pensando com uma mente que era sempre muito clara. No Zen, muito criativos em poesia, arte e teatro. Mas fazem isso com uma mente que é como um lago imóvel, não um oceano turbulento. Quando a mente está centrada, ciente e clara, surge grande criatividade. Ela não é turva. É pura porque vem de um nível muito mais profundo. Todos os grandes artistas e músicos são capazes de acessar esse nível mais profundo. Não é a mente da superfície, mas um fluxo muito profundo e puro de criatividade interior sem ego.

P: A senhora falou sobre a mente e a consciência serem como o espaço. Ouvi falar disso antes como a mente semelhante ao espaço. Existimos assim o tempo todo?

TP: Sim, mas não reconhecemos porque sempre nos identificamos com as nuvens. Não vemos essa natureza de espaço da mente. É isso que temos que buscar. É isso que temos que reconhecer.

P: Quando a senhora está falando, a senhora está nesse estado?

TP: Em um nível absoluto nunca podemos sair dele, pois está na raiz de nosso ser. Se reconhecemos ou não é outra questão.

Reconhecer realmente a natureza de espaço da mente é considerado um importante avanço. A ideia é aprender como desenvolver a verdadeira consciência não dual cada vez mais seguidamente e em mais e mais atividades. Quando ela está presente o tempo todo, sem interrupção, o indivíduo é um Buda. A maioria das pessoas absolutamente não acessa isso. As pessoas que consideramos realizadas vão e vêm. Elas conseguem ver quando querem. Na maior parte do tempo elas estão em estados de consciência comuns. Essa consciência subjacente é a energia que alimenta o computador. Está sempre ali. Se a desligássemos, estaríamos mortos e a consciência iria embora.

P: Às vezes tenho tantos pensamentos que acho difícil sentar e meditar, acho difícil entrar naquela consciência.

TP: Porque você é agitada?

P: Sim, porque tenho ondas de pensamentos.

TP: Todo mundo tem ondas de pensamentos. Se for esperar até não ter pensamentos antes de sentar e meditar, você nunca irá meditar. O grande lance da meditação é reconhecer a mente caótica e trabalhar com ela. Mas, se você estiver especialmente agitada em algum momento, uma boa ideia é sair para dar uma caminhada, olhar o céu, as flores e as árvores até a mente acomodar-se um pouco.

P: É melhor tentar sentar um pouco?

TP: Apenas traga a mente calmamente para a entrada e saída do ar. Basicamente isso é tudo que está acontecendo no momento. O que quer que tenha acontecido antes para que estejamos tão preocupados e agitados, o que quer que possa acontecer no futuro que esteja nos preocupando e agitando, soltamos. Nesse momento apenas estamos aqui. É isso que está acontecendo. O resto são nossos comentários e interpretações mentais. Apenas tragam a mente de volta para o presente. Soltem todo o resto. Não deem nenhuma energia para nada. Apenas fiquem presentes no momento. Isso acalma a mente. E, se a mente não se acalma, não se acalma. Está bem também.

P: Aprendi muitas meditações com a respiração, não sei qual fazer.

TP: É bom ficar com a que você mais gosta. Existem muitas maneiras diferentes de fazer. Você pode levar a consciência para o sobe e desce do abdômen. Pode ficar ciente de toda a inspiração e de toda a expiração. Alguns tibetanos falam em luzes acendendo e apagando. Não importa. Apenas encontre aquela com que você fique mais confortável e permaneça com ela. Todas levam à mesma coisa. Vejam, nada vai nos impedir de ficar conscientes. Nada vai nos impedir de ficar cientes. Em certo nível estamos sempre conscientes, do contrário estaríamos inconscientes. Mas não estamos conscientes de estar conscientes. Esquecemos que estamos conscientes. Então não é algo que tenhamos de desenvolver. Já temos. Temos apenas que reconhecer.

A inércia de nossa mente é muito grande. Ficamos presos em hábitos e é muito difícil quebrá-los. Um dos hábitos mais arraigados é essa inércia mental. Podemos pensar que somos muito ativos mentalmente, podemos pensar que somos muito inteligentes, extrovertidos e sagazes, sempre pensando sobre as coisas. Mas, basicamente, estamos escapando de ficar presentes no momento, de realmente despertar. Estamos todos adormecidos. Somos sonâmbulos e estamos sonhando esse sonho. Para alguns é um pesadelo, para outros é um sonho maravilhoso. Mas estamos todos apenas sonhando. E o impulso para despertar é coberto por essa pesada inércia. Despertar dá muito trabalho, então continuamos a ressonar. Esse é o problema. É por isso que sugiro começar com pequenas coisas para tentar superar nosso padrão habitual de desatenção. Devemos tentar desenvolver a prática de dedicar atenção plena a tudo o que fazemos. Aquilo que estamos fazendo no momento é a coisa mais importante que poderíamos estar fazendo, pois é o que estamos fazendo. Tudo o mais é apenas pensar "sobre". Apenas memória ou antecipação. A única realidade que temos é o que estamos fazendo neste exato instante. E, se perdemos isso, perdemos, porque se foi. Entendem? Cada pessoa que encontramos é a pessoa mais importante do mundo para nós naquele momento, pois é a pessoa diante de nós.

P: Isso é a realidade última de que você falou antes?

TP: Não, não é a realidade última porque ainda está dentro do reino da dualidade. Ainda existe sujeito e objeto. A realidade última é não dual. Está além de sujeito e objeto. Vivemos nessa dicotomia sujeito-objeto, nesse "eu" e "não eu". Mas esse é o caminho que leva ao reino onde não existe sujeito nem objeto, o caminho para atingir a consciência não dual e ser capaz de mantê-la. Quando atingimos esse estado, grande amor e compaixão não condicionados surgem naturalmente.

Algum de vocês já esteve com o Dalai Lama? Seja você o papa, o presidente dos Estados Unidos ou um operário de estrada do Nepal, não importa. Ele vai pegar sua mão e olhar nos seus olhos. Naquele momento você vai saber que só você existe para ele. Naquele momento, você é a pessoa mais fascinante e importante na vida dele. É assim com todo mundo, inclusive repórteres, políticos e clérigos importantes. Eles não estão acostumados a ser tratados como uma outra pessoa. Estão acostumados a ser tratados como repórter ou político ou o que seja. Mas ele transpassa tudo isso. Ele se relaciona de coração para coração. Por isso as pessoas acham tão comovente porque ele é totalmente genuíno. Ele não se encontra com elas como o Dalai Lama. Ele se apresenta como um simples monge, como ele diz. E fala com as pessoas, não com as várias máscaras que elas usam para o mundo. É esse tipo de atenção pura que realmente alimenta o amor não condicionado. Esse não julgamento total. Quando encontramos pessoas, nosso primeiro pensamento deve ser: "Que você possa ficar bem e ser feliz". Não se gostamos da pessoa ou não, se achamos que ela tem boa aparência ou não, ou se gostamos do que ela está vestindo.

Isso é especialmente importante com as pessoas de quem somos próximos. Precisamos tentar nos relacionar com elas como se nunca as tivéssemos encontrado antes – vê-las com frescor em seu potencial genuíno, em vez de ver aquele molde rijo em que socamos todo mundo que conhecemos. Estamos sempre mudando, de um momento para o outro. Temos muitos potenciais diferentes. Jamais podemos ver a mesma pessoa duas vezes, nem somos a mesma pessoa que não vê a mesma pessoa duas vezes! Não só não podemos pisar no mesmo rio duas vezes, como a mesma pessoa nunca pode pisar no rio duas vezes. Tudo está mudando constantemente de um momento para o outro. Mas carimbamos nossos preconceitos e nossas interpretações em todo mundo até não os vermos mais. Quando estava na minha caverna, embora ela fosse pequena, eu, às vezes, ia para outra parte dela ou sentava no degrau. Fechava os olhos e tentava esvaziar meus pensamentos e, então, abrir os olhos e ver a caverna como se nunca tivesse visto antes – e realmente vê-la.

Ficamos embotados pela força do hábito. Não enxergamos mais e pensamos que tudo é chato. As crianças pequenas ficam fascinadas por tudo ao redor porque para elas tudo é interessante. Devemos ter a mente como a de uma criança num templo olhando os afrescos. Ela não pensa: "Humm, não são tão belos como os afrescos que vi no ano passado – o artista não é tão bom", "acho que ele usou azul demais", "prefiro outro tipo de verde". Ela só olha, fascinada. Crianças não têm quaisquer conceitos prévios, não fazem comparações ou interpretações. Apenas olham todas aquelas imagens com uma mente fresca. É isso que estamos tentando alcançar.

P: Alguns dias podem ser bastante rotineiros, e tarefas como os pratos não parecem muito importantes ou merecedoras da minha atenção, são só pratos, tem todos os dias. Devo tentar pensar: "Certo, quando trato dos pratos devo realmente me concentrar e fazer um bom serviço"?

TP: Não é "tenho que prestar atenção e fazer um bom serviço". Não é agressivo desse jeito. É apenas perceber e saber que você está lavando os pratos. Todo prato que você lava é um novo prato. Toda vez que lava os pratos é uma nova experiência. Mas, como embotamos tanto a nossa mente, parece que não é importante. Parece mundano e nossa vida parece sem graça. Nossa vida não é sem graça. Nós a deixamos sem graça porque nossa mente está embotada. Entendem?

Estamos tentando fazer tudo com todo o nosso ser, a partir do cerne, apenas tendo conhecimento – muito à vontade, muito relaxados, sem tentar concentrar – apenas sabendo, apenas sendo. O que estou fazendo nesse exato instante? Nesse exato instante estou lavando os pratos. Certo, vou lavar pratos. Se você leva essa qualidade a tudo, deixa a mente muito leve, relaxada e sem estresse. De fato, existe alegria em lavar os pratos!

P: Sim, posso ver que não exige tanto das emoções nem nada do tipo, comparado a outras coisas.

TP: A questão não é essa. A questão é: não importa o que esteja fazendo, mesmo que seja algo que exija muito de suas emoções e do seu intelecto, você faz em estado de consciência. Não estamos falando de estar voltado para resultados ou ter metas. Os resultados virão por si. Nossa sociedade é muito voltada para resultados por isso somos tão competitivos. Por isso estamos sempre estressados, porque estamos sempre olhando algo a distância. Se vocês estão sempre olhando para o topo da montanha que estão escalando, não podem ficar cientes da grama e das flores crescendo a seus pés. Estamos sempre olhando à frente, não é? E a coisa real, a vida real, passa por nós. Estamos trancados dentro de nosso cérebro, isolados do momento presente, sempre centrados em algo além do alcance. Estamos imaginando uma miragem de felicidade, satisfação e realização que vai aparecer magicamente assim que isso e aquilo aconteça. Mas o que está acontecendo nesse instante é "isso", e é o único "isso" que temos. O resto é apenas fabricação. Se perdemos esse momento porque estamos pensando em outra coisa, perdemos para sempre. Apenas saibam o que está acontecendo nesse momento. É o bastante. Esse momento vai se tornar o momento seguinte, que vai se transformar no próximo. Não é espetacular. Não são luzes, música e êxtase. Mas vai transformar sua vida.

P: No caso da mente julgadora, é melhor lidar com ela do que soltar?

TP: A pessoa reconhece o que a mente está fazendo, mas também reconhece que é apenas a mente. Nosso problema é que acreditamos em nossa mente e nos identificamos com ela.

P: A senhora falou antes sobre inércia, apatia e ver as nuvens em vez do céu. O medo parece ter muito a ver com isso. A senhora sabe do que as pessoas têm medo e por que elas têm medo?

TP: Medo é um assunto muito profundo. Mas de onde vem o medo? O medo vem basicamente da nossa identificação errada, nossa identificação com algo que pensamos que seja "eu" e "meu". O ego. E, porque pensamos no ego como sendo "eu" e "meu", ele cria toda essa rede para se proteger. E uma das principais maneiras com que faz isso é o medo. Quando temos medo, o importante não é perguntar "Do que estou com medo?", mas "O que é o medo?". Como se manifesta, como se parece, de onde vem? E então, além disso, quem está com medo? Se dizemos: "Eu estou com medo", então quem é esse eu? Muito do que fazemos é motivado por esperança e medo. Não é algo que eu possa explicar em dois minutos. É um tópico vasto.

P: Parece que muita gente tem medo da espiritualidade, de si mesma.

TP: Sim, tem, porque o ego não quer ser descoberto como inexistente. Ele tem muito medo disso. Ele vê um caminho espiritual genuíno como sua morte, e ele está certo. Claro que para começar ele nunca existiu realmente, mas as forças psicológicas movem-se muito rapidamente para dar a impressão de que existe alguma coisa por trás de tudo. Ele tem medo de ser revelado como o charlatão que é. Então é claro que muita gente tem medo de meditar por causa do que poderiam encontrar. Mas essa é a questão, lidar com esses medos. O único jeito de superá-los é confrontando. Do contrário, seremos conduzidos pelo medo o resto da vida.

P: Sou fascinada pela noção de onipresença. Sabe os bodhisattvas com braços, eles estão presentes por toda parte?

TP: A mente do Buda é onipresente.

P: Como os bodhisattvas trabalham?

TP: Os bodhisattvas trabalham no que quer que seja mais apropriado. Podem se manifestar como muitos diferentes tipos de seres. Ao que parece, podem se manifestar como objetos inanimados, como pontes e barcos para pessoas necessitadas, dependendo das condições que surjam. O bodhisattva Chenrezig tem mil braços. É o alcance dele em todas as situações. Em cada uma das mãos há um olho. Isso significa que ele não apenas dá ajuda, como enxerga a situação com clareza e, por isso, dá a ajuda apropriada. Essa ajuda apropriada é dada de acordo com o carma dos seres. Somos muito míopes. Peguem o exemplo da engenharia genética. Hoje podemos ver se um bebê tem má-formação dentro do ventre da mãe. Se ele é malformado, nossa atual compaixão míope diz que é melhor que a criança não nasça. Vamos abortá-la. Isso parece muito compassivo para com a mãe e o bebê.

Quando eu era criança, tive uma doença que ninguém conseguia diagnosticar. Com muita frequência eu ficava internada num hospital. No hospital havia muitas crianças com todo tipo de doença. Algumas tinham hidrocefalia, algumas eram convulsivas, algumas tinham outras coisas realmente horríveis. Mesmo quando criança, e eu era a únicamais ou menos normal, o que me impressionava eram a sabedoria e a maturidade daquelas crianças. Elas eram tão meigas. Seus olhos tinham tanta compreensão, tanta compaixão. E como os pais amavam-nas! Havia uma relação incrível entre aquelas crianças doentes e os pais.

Quem sabe o quanto eles estavam aprendendo com aquilo! Seria melhor ter rompido o relacionamento abortando a criança "imperfeita" de antemão? O que estou dizendo é que um bodhisattva não necessariamente corre para interromper algo que pareça terrível. Talvez seja necessário para aqueles seres experimentarem isso. Não estamos aqui só para nos divertir. Estamos aqui para aprender, crescer, despertar. Um dos motivos para um nascimento celestial não ser considerado uma boa coisa na teologia budista é não haver desafio envolvido. Tudo é tão bom nos céus que você nunca aprende nada lá. Um renascimento humano é considerado o melhor porque existe um equilíbrio entre prazer e dor. Portanto, podemos fazer escolhas, podemos crescer, podemos nos desenvolver. Um bodhisattva teria a sabedoria para ver qual seria a resposta adequada. Mas poderia não ser o que nós, com nossa compaixão não desenvolvida, consideraríamos apropriado.

P: Sua abordagem é viver com a dor só para estar com a dor?

TP: Bem, se você tem dor de cabeça e toma uma aspirina, tudo bem. Mas, se você tem uma dor que é inevitável, então sim. A dor, em si, pode ser uma meditação maravilhosa. Lembro que certa vez estava em minha caverna cortando lenha. O machado escorregou e quase decepou meu dedo. Amarrei-o com um lenço tibetano branco. Foi bastante doloroso. Não era como um câncer, mas era doloroso o bastante. A reação inicial foi aversão: "Como posso me livrar dessa dor?". Mas, em vez disso, podemos levar a atenção para a dor em si. Antes de tudo, é muito atrativa, então é fácil de enfocar. Mas aí o que é a dor? Não é um bloco sólido. Quando entramos nela, a dor parece ondular. E existem muitos fios. Uma vez tive uma infecção ocular que se estendeu por meses. Era extraordinariamente doloroso e eu não conseguia enxergar. Tinha que ficar no escuro. A dor era interessante. Era como uma sinfonia. Havia violinos e percussão. Não era só um tipo de dor. Havia dores apunhalantes, dores angustiantes, dores furiosas. Quando eu entrava naquilo, não havia mais a visão de "eu estou sentindo dor". Não era mais dor. Eu ficava completamente absorta naquelas sensações. Se você entra cada vez mais fundo, por trás da cacofonia, do ruído da dor, existe o silêncio subjacente. Então pode ser uma grande prática na verdade.

P: E se a pessoa bloqueou a dor por muito tempo? Como traz de volta a consciência dela?

TP: Você se refere à dor emocional?

P: Não. Me refiro à dor física, espiritual ou emocional. Qualquer tipo de dor.

TP: Pode-se ficar consciente outra vez. Pode-se dar espaço para que a dor reapareça, aceitá-la e ser compassivo a respeito. Dar espaço só para que ela diga o que quer dizer. Passamos a vida nessa dicotomia de prazer/dor – tentando evitar a dor e atrair o prazer.

P: Quanto a transformar as emoções, Jetsunma, como transformar emoções dolorosas em combustível útil para o caminho espiritual?

TP: De certa forma, pode-se dizer que todo o caminho budista trata de transformar emoções negativas em positivas, e existem muitos níveis em que podemos fazer isso. Então é uma grande pergunta. Para resumir, primeiro temos que reconhecer o que está acontecendo. Depois temos que aceitar. Não significa que tenhamos que aprovar ou desaprovar. Se temos sentimentos de raiva, primeiro temos que aceitar que temos esses sentimentos. Se não aceitamos e em vez disso rejeitamos o sentimento, cortamos qualquer diálogo posterior.

Daí em diante depende. Usando a raiva como exemplo, existem muitas formas diferentes de lidar com ela. Poderíamos substituir a emoção negativa por uma positiva. Dizem que isso é como remover uma cunha de madeira inserindo uma mais fina. A outra cai fora. Se temos muita raiva, faz sentido praticar a bondade amorosa. Existem muitos livros e ensinamentos de meditação sobre bondade amorosa. Na meditação sobre bondade amorosa, a primeira pessoa a quem dirigimos esse amor é nós mesmos. Penso que isso é muito relevante no Ocidente porque, conforme Sua Santidade o Dalai Lama comentou, uma das principais diferenças entre ocidentais e tibetanos é que, no todo, os tibetanos se sentem bastante bem consigo mesmos, ao passo que os ocidentais que ele encontrou não gostavam realmente de si mesmos. Às vezes se odiavam e eram muito implacáveis consigo. Ele achou isso estranho. Assim, quando estamos tentando erradicar a raiva, a primeira coisa a fazer é ficar em paz conosco.

Afinal de contas, se nutrimos raiva contra nós mesmos, não adianta imaginar que essa raiva não vá se traduzir em raiva em relação aos outros. Não adianta apenas decidir amar nosso inimigo se nos agarramos à causa fundamental da raiva, que é o nosso conflito interno – nosso ódio de nós mesmos, culpa ou acusação. Primeiro temos que trabalhar na aceitação e nos sentirmos realmente amistosos para conosco e termos compaixão por nós mesmos. Devemos ter amor e compaixão por todos os seres, e também somos seres. O primeiro ser para com quem temos responsabilidade é nós mesmos. Devemos ser bondosos conosco. No Ocidente, não sei por que, as pessoas são muito ríspidas consigo mesmas. Enxergam todos os seus defeitos, mas não querem reconhecer a bondade dentro de si. Ficam felizes em dizer aos outros: "Sou uma pessoa raivosa". Mas mesmo para si mesmas não dizem: "Sou raivosa, mas também sou generosa".

Assim, ao lidar com uma emoção negativa como a raiva, primeiro temos que fazer as pazes conosco. Existem meditações para isso. Geramos um senso de amizade genuíno por nós mesmos, depois geramos de novo e enviamos para fora, primeiro para alguém de quem gostamos. Não devemos focar em alguém por quem tenhamos atração sexual porque, enquanto o inimigo distante da bondade amorosa é a raiva e o ódio, o inimigo próximo, na verdade, é o desejo. Bondade amorosa não tem nada a ver com fixação e apego. Tem a ver com o amor incondicional, que apenas deseja que os outros sejam felizes. Assim, quando praticamos algo como dar bondade amorosa, devemos começar com alguém de quem gostemos. Em termos clássicos, essa pessoa é chamada de "benfeitora". É qualquer uma que tenha sido bondosa conosco em alguma ocasião e por quem tenhamos cordialidade. Com essa pessoa em mente, pensamos: "Que você possa ficar bem e ser feliz". Desejem que ela fique livre de problemas. Tentem realmente sentir isso pela pessoa.

Uma vez que tenhamos conseguido gerar esses sentimentos, o próximo passo é aplicá-los a alguém que seja neutro – alguém que vemos de tempos em tempos, mas por quem não temos muito sentimento de nenhum tipo. Então tentamos o mesmo exercício com alguém que consideramos difícil de lidar, alguém que desperta muita raiva em nós. Apenas tentamos gerar o sentimento de bondade amorosa para com tal pessoa. Se o sentimento não vier, tudo bem. Voltamos a trabalhar com alguém de quem gostamos, depois alguém neutro, etc. até funcionar para nós.

Esse remédio para a raiva tem 2,5 mil anos. O Buda disse: "O ódio não cessa com ódio. O ódio só cessa com amor. Essa é uma lei eterna". Mas temos que trabalhar nisso. Esse é o modo tradicional de lidar com a raiva. Também existem meios tradicionais de lidar com outras emoções. Cada uma tem o seu antídoto. Cada uma tem sua emoção oposta para contrabalançar. Por exemplo, as pessoas perturbadas por desejo sexual excessivo podem ser aconselhadas a contemplar os aspectos desagradáveis do corpo, visualizando-o dos cabelos às solas dos pés com toda a pele removida. Vemos o cérebro, o coração e as vísceras. Nada disso é bonito ou desejável. Pensem em tudo que emerge de nosso corpo, como suor, muco, fezes e urina. Nenhuma dessas substâncias é agradável, mesmo que provenha da pessoa que amamos. Começamos a ver que o corpo é muito menos atraente do que nosso desejo faz parecer. Esse é o antídoto para o apego ao corpo ou ao desejo sexual excessivo por outras pessoas.

Outra maneira de lidar com as emoções negativas, uma vez que tenhamos desenvolvido uma atenção plena firme, é ver os pensamentos e emoções em sua natureza essencial quando surgem, em vez de nos atirar e ficarmos presos a eles. Quando olhamos para dentro deles, vemos que não são sólidos. São transparentes e fluidos. Sua natureza é vazia. Se conseguimos ver isso no momento em que os pensamentos e emoções surgem, então naquele exato momento os transformamos em uma fonte de tremenda energia límpida. Tais momentos nos proporcionam insight extremamente penetrante. Em sua origem, todas as emoções negativas são uma forma de energia de sabedoria. São energia de sabedoria que ficou distorcida. Por esse motivo, essas emoções negativas não são extirpadas no Mahayana e, especialmente, no Vajrayana. São entendidas em sua natureza. Isso nos dá acesso a níveis muito profundos de energia límpida. Mas pressupõe um forte grau de consciência. Se temos esse nível de consciência, o que quer que apareça é naturalmente liberado no momento. Não há problema.

P: A senhora falou sobre o quanto é importante estar com pessoas próximas, como a família, para praticar a bondade amorosa. Mas, se existe muito conflito, a senhora, de fato, pensa que é melhor estar com essas pessoas em vez de ficar afastado até desenvolver a bondade amorosa?

TP: Se você está numa situação que é difícil de lidar e está se sentindo vulnerável ou frágil, talvez ajude ficar afastada por um tempo a fim de desenvolver essas habilidades. Claro que, se isso não for possível, você, então, tem que praticar em meio aos leões. Mas no início seria mais fácil estar em uma atmosfera mais pacífica, onde não se sinta tão ameaçada.

P: A senhora está dizendo que no fim das contas é melhor encarar essas situações?

TP: Sim. O fato é que no fim das contas vocês terão condições de lidar com o que quer que apareça. Não estou dizendo que precisamos procurar pessoas que sejam especialmente irritantes e difíceis. Elas virão. Mas, se vocês estão numa situação onde elas já estejam, sim. A questão é desenvolver força e clareza internas suficientes para ter condições de lidar com a situação. Quando aprendemos a lidar com as situações de forma habilidosa, elas não parecem mais tão difíceis.

P: Então não é preciso procurar gente difícil?

TP: De forma alguma. Elas virão. O Buda louvou as boas companhias. Foi uma das coisas que ele enfatizou repetidamente. Ele disse que devemos buscar a companhia de bons amigos. Bons amigos referem-se a pessoas que sejam moral e espiritualmente superiores ou pelo menos iguais a nós. Devemos ter amigos que nos inspirem a desenvolver o bem em nós e, tanto quanto possível, devemos evitar os maus amigos – pessoas que nos influenciam de forma negativa.

P: Pensei que a questão fosse ser capaz de lidar com qualquer pessoa, por mais difícil que seja.

TP: Quando somos espiritualmente fortes o bastante, podemos. Mas, enquanto não somos, enquanto somos facilmente influenciados por pessoas ao nosso redor e temos opção, faz sentido escolher estar com pessoas que nos auxiliem espiritualmente. Claro que, uma vez que tenhamos atingido um estado de força interior, podemos beneficiar os outros. Aí podemos estar com quem quer que seja. Mas, enquanto somos fracos e facilmente influenciáveis, não beneficiamos as outras pessoas e tampouco nos beneficiamos.

P: Então tudo bem se afastar de certas pessoas se elas estão nos perturbando?

TP: Sim. Até atingir um ponto em que vocês possam genuinamente beneficiar os outros sem se envolver, por que se envolver? É melhor optar por ficar com pessoas que nos deixam inspirados, felizes e harmoniosos e que alimentam o desenvolvimento dessas qualidades em nós.

P: Como podemos saber se nossas ações vão ou não beneficiar os outros? Antes a senhora falou que a percepção é diferente para todo mundo.

TP: Temos de examinar nossos motivos. Claro que podemos tentar justificar quase qualquer coisa. Até mesmo Pol Pot alegou inocência. Ele sustentou que não havia feito nada de errado e indagava por que todo mundo estava tão zangado, e isso depois de ter causado a morte de dois milhões de pessoas! Mas, se queremos ser honestos, devemos checar se nossas ações – ações de mente, bem como de fala e corpo – são motivadas por delusão, confusão, ganância, fixação, aversão, raiva, ciúme ou orgulho. Ou se, por outro lado, são motivadas por entendimento, amor, generosidade e outras. Temos que nos perguntar o que realmente está por trás da ação. Se a motivação é positiva, a ação provavelmente será positiva. Se a motivação é negativa, mesmo que pareçamos bons para os outros, os resultados provavelmente serão negativos. Além disso, temos de assumir uma visão de longo prazo. É como atirar uma pedra num lago. Se há marolas, qual é o resultado provável? Como vai afetar as pessoas? Devemos olhar o cenário mais amplo. Devemos estar conscientes de que nossas palavras e ações afetam outras pessoas. Não basta dizer: "Tudo bem, eu assumo a responsabilidade".

P: Imagino que em algumas situações tenha que se aprender a ser muito hábil para saber se algumas pessoas poderiam ser magoadas por uma ação, mas outras não. Se você quer cuidar de alguém, por exemplo, alguém poderia ficar magoado com isso, mas você não sabe.

TP: Precisamos tentar desenvolver uma espécie de clareza para ver a situação e julgar se nossa intenção é realmente ajudar ou não. Claro que todos nós estamos aprendendo, todos nós cometemos erros. Mas a questão é desenvolver a capacidade de ver a situação com clareza e enfrentar com a reação adequada. Claro que precisamos assumir a responsabilidade pelo que fazemos e não culpar outrem. Haverá muitas vezes em que será difícil fazer uma escolha. Mas não devemos nos apressar impulsivamente. Devemos examinar as opções e tentar fazer a coisa mais sábia.

P: Existem níveis de percepção não dual? E, se existem níveis, quais são? Há ocasiões em que se pode sentir a não unicidade. Existem níveis de percepção ou consciência não dual?

TP: Consciência não dual é consciência não dual, assim como o céu azul é o céu azul. Mas algumas pessoas conseguem um vislumbre. Por um momento as nuvens se abrem mas, então, se formam de novo. Para algumas pessoas as nuvens se abrem e ficam apartadas por um tempo bem longo. Para muito poucas elas se abrem e não se juntam de novo.

P: Como elas fazem isso?

TP: Presume-se que tenham tido experiências muito profundas em vidas passadas. Nessa vida estão apenas restabelecendo as realizações anteriores. Penso que só possa ser esse o motivo, porque acontece espontânea e naturalmente, e a mente nunca volta ao estado de ignorância. Elas permanecem com aquela consciência. Como Ramana Maharshi no século dele. Quando tinha cerca de dezesseis anos ele teve uma experiência que o alterou de modo permanente. A maioria de nós tem apenas um vislumbre. Vemos com grande clareza por um curto período, não existe o que é visto nem quem vê, e há uma consciência panorâmica. Mas ela então se desvanece.

P: Por que se desvanece?

TP: Porque o condicionamento da mente é muito forte. Nosso estado de ignorância, de não saber, de estar adormecido é muito profundo.

P: A senhora quer dizer que se volta aos velhos padrões de pensamento?

TP: Sim. A questão é tentar entender o máximo possível e reproduzir os vislumbres até gradualmente prolongá-los. Existem muitos livros tibetanos sobre essas técnicas de meditação. Pode ser um livro muito grosso. As primeiras páginas tratam do que você faz antes de ter um vislumbre da natureza da mente, e o resto é o que você faz depois. Você precisa aprender como entender, como prolongar, como integrar ao seu pensamento e à sua vida cotidiana.

P: A senhora sabe, com esses vislumbres, se há tanto antes de chegar a eles e tanto depois, isso sugere que estejam mesmo ao alcance das pessoas?

TP: Uma vez me contaram a história de uma monja norte-americana que morou em Lahoul. Parece que ela estava sentada num telhado com alguns monges num vale do Himalaia, e os monges perguntaram em tom informal: "Quando você realizou a natureza da mente pela primeira vez?". E ela respondeu: "Nunca realizei a natureza da mente". Aí eles disseram: "Tudo bem, você pode contar para nós. Somos irmãos no

Dharma, qual é". E ela disse: "Não, nunca realizei". Eles só ficaram olhando para ela como se dissessem: "Mas como?".

P: Ela realmente tivera a realização?

TP: Não, não havia tido. Mas os monges não acreditaram. Pensaram que ela estava apenas sendo modesta. Não dá para saber apenas olhando para uma pessoa. Eles não eram budas. Eram apenas monges comuns, mas eram monges comuns que haviam feito muita prática. Para eles não era nada de especial. Por isso não podiam acreditar que ela não havia realizado. Nossa mente é tão complicada que tornamos até a coisa mais simples extremamente intrincada. Analisamos, desmembramos e por aí vai. Para nós é extremamente difícil encontrar um espaço para ver a natureza da mente porque temos nuvens em cima de nuvens, em cima de mais nuvens. Ao passo que, no caso dos monges, não havia televisão, rádio, romances, revistas, e eles quase nunca liam jornal. A mente deles era realmente bastante simples e vazia de forma positiva. Se alguém diz para eles: "Façam isso", eles simplesmente fazem. Não têm que analisar ou entender ou entrar em todo tipo de relacionamento emocional com a coisa. Mas os ocidentais também podem fazer isso. A natureza da mente é a natureza da mente. A questão não é de tibetanos versus ocidentais. O céu é o céu, seja sobre a Austrália ou sobre o Tibete.

P: No passado lutei com a ideia de não haver ninguém em casa nas meditações. Cheguei a um ponto em que só posso chamar de vazio. Quer dizer, era perfeitamente calmo e sem desejos. Mas o vazio parecia frio e um pouco impiedoso. E, quando a senhora disse que as verdadeiras emoções de bondade amorosa e compaixão surgem daquela vacuidade, fiquei indagando se, de fato, não abracei aquela vacuidade porque estava com medo de perder minha personalidade ou algo assim. Mas o vazio que encarei na meditação não era algo agradável para mim.

TP: Talvez seja verdade. Talvez o ego tenha colocado essa barreira de medo. É como ficar parado à beira de um abismo e ter medo de pular.

P: Senti que, se entrasse mais naquilo, acabaria afundando e não voltaria.

TP: Bem, provavelmente o ego continuaria afundando e não voltaria.

P: Mas então o que é que experimenta isso?

TP: Outra coisa que não o ego. Quando experimenta o não condicionado, o indivíduo não deixa de existir, nem se transforma numa gosma cósmica. Em certos aspectos, ele fica realmente vívido pela primeira vez. Como eu disse, é como despertar do sono. Mas é um despertar que não está conectado com essa associação comum de "eu" e "mim". Transcende tudo isso totalmente. É muito maior e mais vívido. Em vez do "eu" e "mim" que nos separam de todos os seres, isso nos conecta com todos os seres. O ego entende que isso é sua morte, por isso gera grande medo.

P: Todo mundo que entra no caminho sente esse medo?

TP: A maioria sim. O medo é a última barreira do ego. Por isso, quando meditamos no contexto budista, sempre começamos tomando refúgio no Buda, no Dharma e na comunidade iluminada e fazemos o voto de atingir a iluminação não para nós, mas para o bem de todos os seres sencientes. Então fazemos uma ioga do guru na qual visualizamos os professores e a linhagem retrocedendo ao Buda primordial e nos absorvemos nisso. Isso nos dá proteção. É como estar nas palmas dos budas. Nada pode nos causar mal. Com esse tipo de certeza interior adquirimos coragem para saltar.

P: O que leva emoções como o choro e outros tipos de energia assomarem durante a meditação?

TP: Estamos criando espaço para que todas essas energias, todos esses nozinhos escondidos se deslindem. São emoções, medos, ansiedades e alegrias que, de algum modo, empurramos para baixo e, devido à nossa tagarelice mental superficial, conseguimos ignorar. Quando se medita, a mente fica quieta. Isso dá espaço e permissão para que as coisas comecem a vir à superfície. Então aparecem todos os tipos de emoção. Algumas pessoas começam a rir. Algumas começam a chorar. Algumas sentem medo. Algumas sentem exaltação. Pode aparecer todo tipo de coisa. Vocês apenas deixam que apareçam, reconhecem, aceitam e deixam que desapareçam.

P: E quanto às energias que surgem do corpo? É tudo parte da mesma coisa?

TP: Sim, faz parte da mesma coisa. Enquanto vocês estão meditando, a mente e o *prana* ou *chi* – em outras palavras, as energias internas do corpo – estão muito intimamente conectados. À medida que a mente fica mais concentrada, isso também afeta o chi ou prana do corpo, que começa a se aglutinar e ativar. Na tradição tibetana existe uma maneira dupla de fazer isso. Primeiro, manipulando conscientemente essas energias a fim de afetar a mente; segundo, usando a mente para afetar as energias. As duas andam juntas.

P: E se a pessoa tem uma experiência fora da mente e uma experiência fora do corpo enquanto medita?

TP: Se você teve sensações desse tipo e se sentiu ameaçada, eu diria que seria uma boa ideia manter a consciência muito firmemente dentro do corpo. Por exemplo, concentrar-se na inspiração e na expiração. Enquanto estiver concentrada na inspiração e na expiração, você não irá a lugar algum.

P: A senhora acha que é uma boa ideia sentar e tentar meditar numa crise?

TP: Acho que é uma boa ideia sentar, conectar-se com a inspiração e a expiração e simplesmente tentar deixar a mente se soltar. Se o budismo tivesse um slogan, seria: "Solte".

P: De que forma a raiva e o ego estão relacionados?

TP: É um dos grandes intensificadores do ego. Faz o ego sentir-se grande e terrível ao mesmo tempo. Quando a raiva surge na mente, devemos ficar conscientes dela. Devemos reconhecê-la. Mas reconhecê-la apenas pelo que é, um estado mental. Então, se possível, soltar. Se vemos com grande clareza, naquele momento de visão real a raiva se transformará ao natural. Isso requer um grau de insight muito aguçado. Outra coisa importante a entender sobre a raiva é que existem vários métodos para lidar com ela. Uma forma de lidar com a raiva em relação a uma certa pessoa é lembrarmos que a pessoa está agindo daquela maneira devido a suas próprias causas e condições. Podemos avaliar por que as pessoas se comportam do jeito que o fazem se levamos em conta seu passado, sua criação, suas ideias e o que as motiva. Aí começamos a entender mais claramente o espaço de onde elas vêm. Começamos a entender que a raiva não é uma reação adequada. Talvez haja uma reação mais adequada, uma reação mais útil que a raiva.

P: Como a senhora ajudaria alguém que está com muito medo de morrer?

TP: Sabe, desde a vinda para a Austrália, visitei seis ou sete pessoas que estão à beira da morte. As pessoas que encontrei eram todas incrivelmente maravilhosas. Uma delas tinha um tipo de doença neural e só podia se comunicar digitando muito lentamente com um dedo, e as letras apareciam numa tela de computador. Conheci outras com câncer e outras doenças. Todas eram pessoas com famílias e muito ativas. Uma era professora de ioga. E, de repente, um dia descobriram que tinham uma doença mortal e apenas um tempo de vida muito limitado.

Há poucos dias, conheci uma mulher que estava morrendo de câncer. Ela me disse que só lhe restavam mais umas três semanas. Eu disse: "Bem, você sabe, você é muito afortunada, pois todos nós vamos morrer. A única certeza da vida é a morte. Quem sabe se vamos respirar mais uma vez ou não? Mas vamos morrer. Isso é certo". A maioria de nós nunca pensa na morte até ser subitamente encarada por ela. E as pessoas não sabem o que fazer. Nunca pensaram a respeito. Têm todos aqueles relacionamentos desalinhados com os quais nunca lidaram de fato porque pensam que vão viver para sempre.

Se você tem a chance, a grande oportunidade de saber, de repente, que vai morrer, é uma oportunidade maravilhosa de decidir de uma vez por todas e para sempre o que é importante e o que não é importante. No que é importante pensar e no que não é importante pensar. A quais emoções é necessário se agarrar e a quais não é necessário se agarrar. É uma oportunidade maravilhosa de ficar cara a cara com o que importa e o que não importa. A morte não é uma coisa ruim; todos nós temos que ir. Mas devemos usar essa oportunidade para crescer e esclarecer os relacionamentos. Não se agarrar, apenas amar sem apego. Realmente encarar quem somos. Morrer sem arrependimentos. Sentir que vivemos nossa vida de tal maneira que está bem ir embora agora. E, se formos confrontados com o fato de que vamos morrer em pouco tempo, lembrarmos que, de qualquer modo, todos nós vamos morrer em pouco tempo, mas apenas não percebemos. Se somos forçados a encarar esse fato, é uma grande oportunidade para uma enorme transformação interna. Todas aquelas pessoas fizeram isso. Começaram em pânico cego, progrediram para um grande remorso, depois raiva e amargura porque estavam deixando filhos e parceiros para trás. A maioria sentia que não tinha vivido muito tempo. A maioria estava na faixa dos quarenta anos e sentia que ainda tinha muito o que fazer. Mas trabalharam tudo isso e chegaram ao ponto de dizer: "Agora estou pronto para ir. Choro um pouquinho todos os dias, mas tudo bem".

P: Como abordamos o medo quando alguém tem muito medo de morrer? Algumas pessoas podem ter terminado tudo o que precisavam terminar mas, ainda assim, podem sentir medo da morte.

TP: Pessoalmente, eu diria às pessoas que têm medo da morte que, para ser honesta, elas não têm nada a temer. É uma grande aventura. Vivemos e morremos muitas vezes. É simplesmente natural; como as árvores e plantas, somos reciclados constantemente. É um fato até mesmo em termos ecológicos. Se você viveu uma vida basicamente decente, uma vida em que não causou mal deliberadamente às pessoas, se você foi um tipo basicamente bondoso, honesto, decente, você não tem nada a temer quando morrer. O que recebemos após a morte é uma projeção do que conservamos em nossa mente. Os seres que vamos encontrar serão seres do mesmo nível que o nosso.

Não é nada demais. A consciência não morre. É só o corpo que morre. E nós não somos o corpo. Temos medo apenas porque nos identificamos com o corpo. Uma vez que percebemos que não somos o corpo, aquilo com que nos identificamos de fato segue adiante. Então o que há para temer? Todas as pessoas que tiveram experiências de quase morte ou experiências de clarividência concordam que não há nada de horrível. Isto é, a menos que você tenha sido uma pessoa realmente terrível. Se você viveu a vida cheio de ódio e raiva, deleitando-se em ferir os outros, então tem motivos para temer. Mas pessoas comuns não têm nada a temer.

Penso que, quando estamos com pessoas que têm medo da morte, é importante falar sobre a morte porque elas podem estar em estado de negação. Mas, quando você começa a falar com elas, também as libera para falar, e elas geralmente ficam aliviadas por poderem fazer isso, pois todo mundo ao redor delas também está em estado de negação. A morte é um grande tabu. No geral as pessoas não querem falar dela. Vão contar dos seus orgasmos múltiplos e todo tipo de coisa, mas não vão falar sobre a morte. Ficam desconcertadas de mencioná-la. Mencionar o não mencionável é um alívio enorme, especialmente para alguém que o esteja encarando.

P: O suicídio e a eutanásia são o atalho de um processo que deveríamos enfrentar?

TP: Tanto o suicídio como a eutanásia podem negar às pessoas o tempo para se transformar. Certo, é medonho ter uma doença terrível, e claro que existe o pânico, a dor e coisas assim. Tive uma amiga que era enfermeira, e ela trabalhava num hospital de câncer. Ela disse que, por um lado, era extremamente deprimente, pois via crianças lindas chegando com câncer. Era de cortar o coração. Por outro lado, também via muita gente chegar com câncer em estado de negação, raiva ou amargura. Mas, com o passar do tempo, podia-se ver mais e mais a transformação interna. E ela disse que no fim a maioria das pessoas estava radiante. Se você abrevia isso quando ainda está no estado de pânico ou negação, não se dá a chance de fazer a transformação.

P: Também existe a ideia de que se pode transformar muitas sentenças de morte em vida outra vez.
TP: Isso é maravilhoso. Aí você leva a vida realmente a sério. Ela se torna muito preciosa. Você não a desperdiça mais. Quando voltei para a Inglaterra, depois da primeira viagem para a Índia, encontrei meu primo pela primeira vez. Ele tinha oito anos de idade. Havia nascido depois de eu ter ido para a Índia. Ele tinha fibrose cística, o que significa que todos os dias ele tinha que ficar de cabeça para baixo por cerca de duas horas e meia, com minha tia batendo nas costas dele para soltar o muco que surgia – os pulmões dele enchiam-se de muco, de modo que ele não conseguia respirar. Ele não podia comer a maioria das coisas porque criava muco. Com frequência, ele sentia muita dor, com frequência sufocava e levava tapas nas costas todos os dias. Mas era um garotinho tão alegre! Era tão radiante, tão inteligente, tão afetuoso.

Quando encontrei com ele pela primeira vez, ele estava fazendo pequenos moldes plásticos de insetos. Perguntou qual eu queria. E eu, olhando os escorpiões e aranhas, disse: "Acho que vou querer um sapo". Ele perguntou: "De que cor?". Eu respondi: "Verde". Então ele fez um belo sapo verde para mim. Ele era tão querido, tão feliz, tão alegre. Pouco depois ficou muito doente, foi para o hospital e morreu. Mas a questão é: como ele era doente e sabia que tinha muito pouco tempo, não podia desperdiçar esse tempo sendo negativo, gemendo e resmungando. Ele não tinha tempo para ser negativo.

Ele só tinha tempo para se divertir, fazer amigos e descobrir o máximo possível antes de partir. Ele também foi uma grande experiência para minha tia. Ela aprendeu muito.

P: Somos todos condicionados por nossa criação e nosso ambiente. São essas coisas que nos tornam singulares?

TP: De uma perspectiva budista, somos únicos devido ao enorme acúmulo de nascimentos passados que temos. Um bebê não chega a esse mundo totalmente em branco. Quando você olha nos olhos de um bebê, ele já é uma pessoa. Todos nós temos padrões de condicionamento e hábitos de vidas passadas, mais os padrões de condicionamento e hábitos desta vida. Mas a questão é ver que isso é apenas condicionamento e não pensar que seja "eu".

P: Então, quando chegou àquele estado, isso significa que alcançou algo universal? Ou ainda se é um indivíduo?

TP: É universal e individual ao mesmo tempo quando atinge a natureza não condicionada da mente. O Buda disse: "Eu também uso a conceitualização, mas não sou mais enganado por ela". Em outras palavras, ainda podemos usar nossa personalidade, mas não somos usados por ela. Vou dar um exemplo. Digamos que estejamos todos olhando para uma grande tela branca. Nessa tela está passando um filme. Estamos assistindo ao filme. A ação se desenrola rapidamente. Temos todos os personagens – o herói, a heroína e o vilão. Vocês pensam: "Oh deus, a heroína vai ficar com o herói?". Não, ele sai. Depois volta. Há lágrimas e riso, depois um final feliz, e todo mundo sai sorrindo. Estamos totalmente absortos no filme, no qual acreditamos enquanto está passando.

Mas se, em vez de olhar para o filme, vocês dessem a volta e olhassem a luz saindo do projetor, saberiam que, na verdade, a luz é lançada sobre quadros transparentes. Os quadros se movem tão depressa que parecem pessoas se movendo, e somos enganados, embora seja apenas uma imagem bidimensional numa tela. A meditação tira o nosso foco da projeção na tela e faz a volta para observar os quadros. Quando começamos a olhar para os quadros, eles começam a desacelerar. À medida que nossa atenção fica mais perspicaz e mais clara, os quadros por fim se separam.

Os quadros são nossos momentos mentais, que são encadeados como uma corrente. A corrente se desmancha e, então, vemos a luz do projetor lá atrás. Quando percebemos que somos a luz cintilando a partir do projetor, ainda podemos assistir ao filme. Mas agora não acreditamos mais nele. Sabemos que é apenas um filme exibido na tela por meio daquelas transparências. Entendem?

P: Existem seres espirituais que nos guiam ao longo da vida e da morte para uma nova vida? Temos anjos conosco?

TP: Oh, você está falando com uma ex-espírita aqui! Pessoalmente acredito – e não é apenas minha crença, os budistas em geral também acreditam – que existem muitos níveis de seres que não são vistos por nós com a nossa percepção comum. Poderíamos dizer que vivem em níveis vibracionais variados. Alguns são profundamente iluminados e, a esses, chamamos de budas. Os budas e bodhisattvas estão aí para nos ajudar. Não estão nos julgando. Não estão manipulando a nossa vida. Estão aí só para ajudar. Se nos abrimos e chamamos por eles pedindo ajuda, eles nos ajudam, desde que esteja dentro de nossas possibilidades cármicas. Depois existem seres inferiores, não tão iluminados, todavia com boa vontade, que também estão tentando ajudar. Os budas e bodhisattvas proporcionam ajuda espiritual. Vocês pedem bênçãos espirituais para eles. Para os outros seres inferiores podem ser pedidas bênçãos mais mundanas.

Também existem seres no universo que são bastante malignos e querem causar dano. Mas, se vocês tomam refúgio sincero nos budas e bodhisattvas, como as bênçãos deles são tão grandes, esses seres nocivos não podem prejudicar vocês, independentemente do caminho espiritual que vocês sigam. Isso porque a luz destrói as trevas instantaneamente. Algumas pessoas acreditam que existam seres desencarnados bastante comuns que, a fim de treinar em amor e compaixão, voluntariam-se para ajudar as pessoas aqui na Terra. Mais uma vez, se vocês estiverem abertos, eles têm mais condições de ajudar. Penso que, de fato, estamos cercados por esses seres. Não estamos sozinhos. Temos apenas que pedir. Se for possível e útil – porque às vezes o que queremos não é o que precisamos –, eles ajudarão.

P: Qual a senhora acha que seja a maior lição que os cristãos podem aprender com os budistas?

TP: A maior lição que os cristãos parecem querer aprender com o budismo é como meditar.

P: É o que a senhora também pensa?

TP: Sim. Os budistas possuem técnicas muito boas. Têm um profundo entendimento de psicologia, especialmente psicologia espiritual. Isso não pressupõe nenhum sistema de crença. Pode ser usado por pessoas de todos os tipos de crença e beneficia todo mundo. Quando eu vivia na Itália, conheci muitos monges e monjas cristãos que praticavam meditação budista com muita alegria e a ensinavam.

P: Por que a senhora diz que é uma ex-espírita?

TP: Fui criada como espírita. Costumávamos fazer sessões em nossa casa todas as semanas. Agora não estou envolvida com isso. Mas algumas visões espíritas sobre a morte e o pós-vida ainda se conservam e combinam com minhas ideias budistas. Assim, vocês estão avisados. Elas são um pouquinho não ortodoxas, mas não muito não ortodoxas. Os budistas também acreditam que, quando morremos, vamos para um estado intermediário. De novo, ali vocês encontram seres da mesma vibração. Portanto, é importante cultivar a mente e elevar o nosso nível espiritual nesta vida, de modo que, ao morrer, projetemos algo que realmente gostaríamos de encontrar outra vez.

Tudo é projeção da nossa mente. Assim como no reino físico, estamos todos projetando. Cada um de nós está vivendo as próprias projeções. Existe alguma base física. Não é completamente arbitrário. Mas todo mundo vê as coisas conforme as próprias interpretações. Todos nós estamos projetando nossos próprios filmes. Quando não tivermos mais uma base física, depois da morte do corpo, a nossa mente criará manifestações aparentemente externas. Portanto, é importante escrever um bom roteiro enquanto temos chance, pois depois ficaremos plenamente envolvidos no filme!

9. Pontos difíceis para os ocidentais

Essa palestra é sobre áreas que apresentam algumas dificuldades para os ocidentais quando chegam ao Dharma e que continuam a ser problemáticas para eles ao longo da prática. Gostaria de começar falando sobre a dúvida. Talvez por causa de nossa base judaico-cristã, temos a tendência de considerar a dúvida como algo vergonhoso, quase uma inimiga. Achamos que, se temos dúvida, significa que estamos negando os ensinamentos e que devemos ter fé realmente inquestionável. Em certas religiões, fé inquestionável é considerada uma qualidade desejável. No Buddhadharma, não é necessariamente esse o caso. O Buda descreveu o Dharma como *ehi passiko*, o que significa "venha e veja" ou "veja e investigue", não "venha e acredite". Uma mente aberta e questionadora não é considerada um revés para os seguidores do Buddhadharma. Entretanto, a mente que diz: "Isso não faz parte da minha estrutura mental; portanto, não acredito", é uma mente fechada, e tal atitude é uma grande desvantagem para aqueles que aspiram seguir qualquer caminho espiritual. Mas uma mente aberta, que questiona e não aceita as coisas simplesmente porque são ditas, não é absolutamente um problema.

Existe um famoso sutra que se refere a um grupo de aldeões que foi visitar o Buda. Eles disseram: "Muitos professores passam por aqui. Cada um com doutrina própria. Cada um afirma que sua filosofia e prática particulares são a verdade, mas todos contradizem uns aos outros. Agora estamos totalmente confusos. O que fazer?". Essa história não soa moderna? No entanto, aconteceu há 2,5 mil anos. Os mesmos problemas. O Buda replicou: "Vocês têm o direito de estar confusos. É uma situação confusa. Não aceitem na confiança, só porque foi transmitido pela tradição, ou porque seus professores dizem, ou porque os anciãos ensinaram, ou porque consta em alguma escritura famosa. Quando tiverem visto e experimentado, por si mesmos, que é certo e verdadeiro, aí podem aceitar".

Foi uma declaração bastante revolucionária, porque o Buda sem dúvida estava falando de sua própria doutrina também. De fato, ao longo de todas as eras ficou entendido que a doutrina está aí para ser investigada e experimentada, "cada um por si". Então não se deve ter medo de duvidar. Stephen Batchelor escreveu um livro do Dharma intitulado *The Faith to Doubt* (A fé em duvidar). Para nós é certo questionar. Mas precisamos questionar com um coração aberto e uma mente aberta, não com a ideia de que tudo que se encaixa em nossas noções preconcebidas está certo e tudo que não se encaixa automaticamente está errado. Essa última atitude é como a cama de Procusto. Vocês estabelecem um padrão, e tudo com que deparam tem que ser esticado ou cortado para caber nele. Isso simplesmente distorce tudo e impede o aprendizado.

Se deparamos com certas coisas que consideramos difíceis de acreditar mesmo depois de investigação cuidadosa, isso não significa que todo o Dharma tenha que ser jogado fora. Mesmo hoje, depois de todos esses anos, ainda encontro certas coisas no Dharma tibetano sobre as quais não tenho absolutamente nenhuma certeza. Costumava ir ao meu lama e perguntar sobre tais coisas, e ele dizia: "Está muito bem. É óbvio que você realmente não tem uma conexão com essa doutrina específica. Não importa. Deixe de lado. Não diga: 'Não, não é verdade'. Apenas diga: 'A essa altura, minha mente não acolhe isso'. Talvez mais tarde você aprecie, talvez não. Não é importante'."

Quando deparamos com um conceito que achamos difícil de aceitar, a primeira coisa que devemos fazer, especialmente se é algo que integra o Dharma, é olhar com uma mente sem preconceitos. Devemos ler tudo o que pudermos sobre o assunto, não só do ponto de vista do Buddhadharma – se houver outras abordagens, precisamos ler também. Precisamos nos perguntar como aquilo se conecta com outras partes da doutrina. Temos que levar a nossa inteligência ao assunto. Ao mesmo tempo, devemos perceber que, neste momento, o nosso nível de inteligência é deveras mundano. Ainda não temos uma mente que abranja tudo. Temos uma visão muito limitada. Então, definitivamente, vai haver coisas que a nossa consciência mundana comum não consegue experimentar de maneira direta. Mas isso não significa que essas coisas não existam.

Aqui, de novo, é importante manter uma mente aberta. Se outras pessoas com experiências mais profundas e mentes mais vastas dizem que experimentaram uma coisa, devemos pelo menos ser capazes de dizer: "Talvez possa ser verdade". Não devemos tomar nossa mente limitada e ignorante como norma. Mas devemos lembrar de que essa nossa mente limitada e ignorante pode ser transformada. O caminho tem a ver com isso. Nossa mente fica mais aberta e cada vez mais vasta à medida que progredimos. Começamos a ver as coisas com mais clareza e, como resultado, elas começam lentamente a se encaixar. Precisamos ser pacientes. Não devemos esperar entender as exposições profundas de uma mente iluminada em nosso primeiro contato com elas. Estou certa de que todos nós conhecemos certos livros de sabedoria que podemos ler e reler ao longo dos anos, e, cada vez, parece que estamos lendo pela primeira vez. Isso porque a nossa mente se abre, começamos a descobrir camadas cada vez mais profundas de significado que não conseguimos enxergar na ocasião anterior. É assim com um caminho espiritual verdadeiro. Ele apresenta camada em cima de camada em cima de camada de significado, e só podemos entender os conceitos que são acessíveis ao nosso nível mental daquele momento.

Acho que as pessoas têm diferentes pontos de impasse. Sei que algumas coisas que as pessoas consideram muito difíceis de captar foram extremamente simples para mim. Eu já acreditava em muitos ensinamentos antes de vir para o Buddhadharma. Por outro lado, algumas coisas que foram difíceis para mim, outros acharam simples de entender e aceitar. Todos nós temos diferentes histórias pregressas e, por isso, cada um tem problemas especiais. Mas o importante é perceber que isso não é nada tão importante. Nossas dúvidas e questionamentos nos instigam e nos mantêm intelectualmente alertas.

Houve tempos em que toda a minha vida espiritual era um grande ponto de interrogação. Mas, em vez de reprimir as perguntas, trouxe as coisas à tona e examinei uma por uma. Quando transpus tudo, percebi que simplesmente não importava. Podemos ficar bem felizes com um ponto de interrogação. Na verdade, não é nenhum problema, contanto que não o tornemos sólido e que a nossa vida não se baseie em nos sentirmos ameaçados por ele. Precisamos desenvolver confiança em nossas qualidades inatas e acreditar que possam frutificar. Todos nós temos a natureza de buda. Temos todas as qualidades necessárias para o caminho. Se não acreditarmos nisso, será muito difícil embarcar, pois não teremos uma base de onde avançar. É realmente muito simples. O Buddhadharma não se baseia em dogmas.

Mas por que é tão difícil para nós? Basicamente por causa de nosso estado mental, porque nos falta o conhecimento de quem somos e de nosso papel nesta vida. Por não sabermos quem somos, nos sentimos separados de todos os outros. Existe uma sensação de "eu" que cria todos os nossos medos, raivas, apegos, ciúmes e incertezas. Mas o Buda disse que não tem de ser assim. Nossa natureza inerente é pura. Tudo que temos de fazer é redescobrir quem realmente somos, e é para isso que serve o caminho. É muito simples. Não se baseia em fé, mas sim em experimento e experiência levando à realização. Não é uma questão de aprender o que esse lama diz ou o que aquela tradição diz e daí acreditar que isso vai nos salvar. Não vai nos salvar. Claro que precisamos saber o que o Buda disse. Precisamos saber o que os grandes professores do passado disseram porque estiveram lá antes de nós e expuseram mapas para seguirmos. Mas é um pouco como ler um livro de viagem. Você pode ler um livro de viagem e sentir que já esteve no local mas, na realidade, não esteve. São as experiências de viagem de outrem. E, quando você for lá, terá suas experiências únicas. Seguir o caminho é experimentar por si. Não é assumir o que outras pessoas descreveram. Não se baseia em fé cega. Claro que se precisa de uma certa dose de confiança para comprar um bilhete e começar a viagem. Vocês têm que acreditar que o país existe e que vale a pena ir lá. Mas, além disso, o importante é simplesmente ir. E, enquanto vão, podem dizer para si mesmos: "Sim, é bem como descreveram. Está certo. Parece ser assim mesmo".

Uma área de dificuldade para algumas pessoas é a noção de carma e renascimento. Não é fácil para mim falar sobre isso porque não imagino não acreditar em carma e renascimento. Lembro que quando era criança perguntei para a minha mãe se ela acreditava em reencarnação e ela disse que lhe parecia perfeitamente lógico, e por que não? E eu pensei: "Certo. É o que eu penso também". Assim, nem lembro de um tempo em que não acreditasse nisso. Vejam, para mim a alegria de acreditar no renascimento é que isso proporciona um enorme panorama para trás e para frente e, de certa forma, de lado a lado. Existe um espaço de tempo imenso. Esta vida é apenas um fio minúsculo no todo da tapeçaria. Isso significa que fazemos o melhor possível nesta vida, mas não temos que fazer tudo. Provavelmente já fizemos tudo de qualquer forma. Tivemos tantos papéis diferentes em tantas vidas diferentes. Experimentamos de tudo. Não temos que experimentar tudo de novo nesta vida. Nesta vida, precisamos experimentar as coisas que realmente importam. Algumas pessoas que acreditam que só existe uma vida sentem que devem acumular todo tipo de experiência antes de morrer. Vocês podem relaxar. Não precisam ter medo de que vão perder alguma coisa porque não experimentaram dessa vez. Podem fazer alguma outra coisa dessa vez. De qualquer forma é só um jogo.

O problema é que nos identificamos completamente com o papel em que estamos no momento – "sou uma mulher", ou "sou um homem", ou "sou uma mãe", ou "sou uma esposa", ou "sou uma monja" e assim por diante. Identificar-se como algo tão efêmero como nosso papel atual é o nosso grande erro. Quando entendemos isso, não precisamos nos agarrar ao pensamento de nosso papel atual – "esse sou eu" – porque o papel em si não é importante. As pessoas ficam muito exaltadas com o feminismo e os direitos das mulheres. Mas, em nossas últimas vidas, provavelmente fomos homens e, muitos dos que hoje são homens, foram mulheres. É muito fluido. Às vezes atuamos como mulher, às vezes atuamos como homem. O que tem de mais? Podemos atuar como qualquer coisa. É como o que Shakespeare escreveu sobre ser ator num palco. Você vai, encena o seu papel e é totalmente convincente. Mas você sai e, na noite seguinte, está desempenhando outro papel. Um ator habilidoso se identifica com o papel apenas o bastante para desempenhá-lo, mas está ciente de que está apenas desempenhando um papel. Entender o renascimento nos dá poder sobre o futuro porque podemos dirigir as coisas nesta vida do jeito que queremos que sejam no futuro. Essa consciência seguirá em frente. Os votos que fazemos nesta vida continuarão a render frutos em vidas futuras. Claro que do ponto de vista budista podemos questionar quem é o ator. Mas, neste momento, estamos falando sobre o plano relativo. É melhor se identificar com o ator do que se identificar com o papel. E, então, chegamos à pergunta: de qualquer forma, quem é o ator?

Aceitar o renascimento também nos dá espaço para ver as condições da vida atual como simples estados passageiros. Não sabemos quem fomos nas vidas passadas. Nós nos identificávamos totalmente com quem quer que fôssemos naquela ocasião. Da próxima vez seremos outrem com quem vamos nos identificar fortemente de novo. Nosso problema básico não é o papel, é a nossa identificação com ele. Assim, mesmo que o renascimento não seja verdade, é uma visão de mundo muito útil porque nos permite encontrar equilíbrio e espaço em meio às preocupações cotidianas. Sem a crença no renascimento, o budismo não faz sentido, porque o caminho é baseado no conceito de que estamos presos na ignorância. Não sabemos o que realmente somos. Devido a nossas ações de corpo, fala e mente e a nosso apego a essas ações, ficamos presos na dualidade sujeito-objeto que nos impele de renascimento em renascimento. O caminho budista nos ensina a perceber que nunca houve nenhuma pessoa executando essas ações. Ajuda-nos a quebrar a conexão, ver a qualidade vasta e espaçosa da mente em vez dessa identificação muito estreita e centrada no ego.

Uma vez que vemos que todos os outros seres estão igualmente presos na armadilha, desenvolvemos uma profunda compaixão que nos deixa determinados a ser de benefício para os seres através do tempo e do espaço. Você não pode fazer isso se tem apenas uma vida. Não pode fazer o voto de salvar todos os seres se tem apenas o aqui e agora, pode? Como podemos responder as perguntas: "Por que estamos aqui? Por que estamos experimentando as coisas que experimentamos?". Se temos apenas uma vida, qualquer coisa que aconteça é apenas coincidência ou acidente. Se pensamos assim, a vida é sem objetivo e não tem significado real. Poderíamos muito bem nos acomodar, ficar confortáveis e simplesmente tentar não prejudicar as pessoas. Queremos ser boas pessoas. Queremos ficar confortáveis e ser gentis com os vizinhos. Mas passar por disciplina e prática espiritual rigorosa para atingir o estado de buda pelo bem de todos os seres sencientes pareceria insano. Não faria nenhum sentido. Por que nos daríamos a esse trabalho? Por que ir a um grupo de Dharma? Vá para casa. Deite-se ao sol. Leia os jornais de domingo.

O caminho do Dharma não é fácil. Só quando vemos o cenário mais amplo, estendendo-se ao longo de infindáveis renascimentos, ficamos verdadeiramente motivados para nos transformar. Se vemos as coisas dentro da estrutura da eternidade, tudo faz sentido. Essa perspectiva também ajuda a entender o que está acontecendo conosco neste momento, e como este momento é resultado de causas estabelecidas no passado. Uma vez que percebemos que tudo o que experimentamos agora é resultado de causas passadas, podemos entender que o que acontece agora não é tão importante. O importante é como reagimos ao que quer que aconteça porque isso vai moldar o nosso futuro. Com esse conhecimento, podemos nos tornar responsáveis pela nossa vida em vez de sermos vítimas desamparadas. Não é uma boa notícia? Isso nos afasta do hábito de culpar todos os outros seres, o nosso ambiente, nossos pais ou o governo por tudo que dá errado em nossa vida. Podemos assumir a responsabilidade porque entendemos que o que temos nesta vida é resultado de causas que criamos no passado. Sabemos que não adianta sentar por aí e lamentar nossa sina. A questão passa a ser: "Como, vamos lidar com isso?".

Existe um filme chamado *Feitiço do tempo* que, de fato, é um filme budista, pois o enredo é exatamente sobre isso. Para aqueles de vocês que não assistiram, é sobre um homem que tem de reviver o mesmo dia vez após vez até fazer certo. Ele começa com uma atitude extremamente negativa e assim cria muitas causas negativas no primeiro dia. As pessoas reagem a partir daquele nível de negatividade e, por isso, ele tem um dia muito ruim. Então, no dia seguinte ele tem de experimentar o mesmo dia outra vez. Depois de novo, e de novo. Ele fica desesperado para encontrar uma saída. Tenta o suicídio várias vezes mas, na manhã seguinte, lá está ele de novo no mesmo quarto e na mesma cama. A data não havia mudado e a mesma canção tocava no rádio. A atitude dele sofre muitas, muitas mudanças até que, no final, ele passa a maior parte do tempo tentando ajudar as pessoas. Ele impede muitas tragédias que sabia que aconteceriam porque viveu o dia muitas vezes, e toda a sua atitude muda gradualmente para planejar formas de ajudar os outros. À medida que a atitude interna se transforma, o dia gradualmente fica cada vez melhor. Ele, enfim, consegue avançar para um novo dia.

O importante é como reagimos à nossa situação. Podemos transformar tudo se reagimos de maneira hábil. O carma se refere precisamente a isso. Se acolhemos as situações com uma atitude positiva, eventualmente criamos retornos positivos. Se reagimos com uma atitude negativa, coisas negativas eventualmente virão para nós. Ao contrário do cenário do filme, nem sempre acontece de imediato. Podemos ser pessoas muito bacanas e ainda assim ter montes de problemas. Por outro lado, podemos ser pessoas medonhas e ter uma vida ótima. Mas, pela perspectiva budista, é tudo uma questão de tempo até recebermos os resultados de nossa conduta. É geralmente verdade que pessoas com uma atitude positiva encontram circunstâncias positivas. Mesmo que as circunstâncias não pareçam positivas, podem ser transformadas por uma visão positiva. Por outro lado, pessoas com mente negativa reclamam mesmo quando as coisas vão bem. Elas também transformam as circunstâncias, mas transformam as positivas em negativas!

Tanto nosso presente como nosso futuro dependem de nós. Estamos criando nosso futuro a cada momento. Não somos uma bolota de poeira jogada por aí pelos ventos do destino. Temos plena responsabilidade pela nossa vida. Quanto mais conscientes nos tornamos, mais capazes somos de fazer escolhas hábeis. Ao fazermos escolhas cada vez mais hábeis, nossa vida fica cada vez mais suave e fácil. Consciência e clareza mental são muito importantes porque produzimos muitos de nossos problemas a partir de nossos estados mentais confusos. Assumir a responsabilidade por nossa vida não significa que tenhamos de nos culpar por tudo. É inútil entregar-se a sentimentos de culpa e autoflagelação. Muitas vezes as pessoas dizem para si mesmas: "Isso só aconteceu porque sou uma pessoa muito estúpida e sem valor". Isso é apenas perda de tempo. Precisamos usar nossa clareza mental crescente para fazer escolhas positivas quanto ao presente e ao futuro em vez de focar o passado e chafurdar na culpa. Todos nós temos inteligência inata. Temos apenas de desenvolvê-la e nos desafixarmos gradualmente da nossa confusão.

O carma tem a ver com escolha. Como humanos, temos escolha. Por isso o renascimento humano é tão incrivelmente importante. Vejam, no geral, os animais não têm muita escolha porque são basicamente criaturas de instinto. Para eles é difícil desenvolver uma visão mais ampla. Nós humanos também somos impelidos por nossos instintos em certa medida. Algumas pessoas são muito instintivas e basicamente não são mais conscientes do que um animal. Quero dizer, qualquer pessoa que passa a vida pensando apenas em comida, conforto, sexo e diversão não é diferente de um gato ou de um cachorro. O que cria nosso potencial humano é nossa inteligência e nosso consequente potencial para descobrir nossa consciência inata. É isso que nos permite fazer escolhas hábeis. Se alguém nos golpeia, não precisamos golpear de volta. Podemos revidar se quisermos, é claro. É nosso instinto. Mas também podemos ver de outro ponto de vista. Em vez de atacar a outra pessoa, podemos tentar acalmá-la. Podemos tentar entender por que ela está nos atacando. Podemos agir de muitas maneiras. Não somos computadores. Podemos aprender a nos reprogramar.

Carma não é a mesma coisa que destino. Não é sina. Embora a maior parte do que nos aconteça seja criada por causas do passado, é a forma como reagimos que vai criar o que entra em nosso caminho cármico no futuro. Somos mestres de nosso próprio destino. Em vez de nos deixar despreocupados, isso nos enche de senso de responsabilidade individual. Isso é muito importante. O Buda disse que devemos usar nosso discernimento em tudo o que fazemos. Precisamos sempre olhar nossa intenção. De acordo com o Buddhadharma, o componente mais importante de qualquer ação de corpo, fala ou mente é a intenção. Precisamos examinar nossa motivação continuamente. Nossas ações baseiam-se em ignorância, aversão, raiva, ganância, desejos, ou em entendimento, em um coração aberto e generoso e em bondade amorosa? Precisamos ser muito vigilantes e honestos conosco, porque a verdadeira intenção nem sempre é aquela que atribuímos. Claro que sempre podemos afirmar ter motivos maravilhosos, ótimos e sólidos para tudo o que fazemos. Mas a verdadeira intenção subjacente por trás de qualquer ação é o que determina a natureza dos resultados. Por isso temos de ser muito perspicazes e muito cuidadosos.

Se levamos nossa vida assim, assumindo responsabilidade por nosso corpo, fala e mente, usando de discernimento e consciência, nossa vida adquire um novo senso de significado e direção. E acho que vocês vão verificar que a mente fica mais clara e que a vida começa a se simplificar. Isso é muito importante, não só nesta vida, mas nas vidas futuras. Essa consciência vai adiante, interagindo com todos à nossa volta. Não estamos separados. Estamos todos, cada um de nós, interconectados com tudo o mais neste planeta. Isso nos confere responsabilidades muito amplas. Algumas pessoas imaginam que o budismo é uma religião passiva. Pelo contrário, temos que ficar cada vez mais cônscios, cada vez mais conscientes e cada vez mais responsáveis por nossa vida e pela vida daqueles ao redor, especialmente daqueles com quem estamos intimamente conectados.

Eu poderia continuar falando sobre isso porque acredito no renascimento. Mas, a essa altura, vocês veem ou não veem. Acho que o aspecto mais significativo do renascimento é que nos dá uma perspectiva totalmente diferente desta vida e do porquê de estarmos aqui. Penso que aqueles aqui que têm dúvidas devem ler a respeito. Existem muitos livros excelentes de pesquisadores sobre o tema da reencarnação. O assunto foi estudado por parapsicólogos e outros. Algumas pessoas podem ficar convencidas com as descobertas. Penso que, se vocês tivessem contato com algum dos jovens lamas encarnados, a ideia do renascimento seria bastante atraente. Vocês não teriam dúvida de estar na presença de um grande ser. Muitos desses jovens lamas não apenas reconhecem pessoas de suas vidas passadas como as reconhecem pelo nome. Eu poderia relatar inúmeros casos, mas não vou. Pessoalmente, acho que o mais importante é ver as vantagens de estudar o Dharma nesta vida. Isso transforma nossa existência cotidiana de uma cadeia de ocorrências sem sentido e arbitrárias em elemento integrante de um vasto padrão significativo.

O conhecimento do Buddhadharma nos permite ver nossa ignorância e sofrimento e, por meio desses, a ignorância e sofrimento daqueles ao nosso redor. E isso é insuportável porque não estamos separados desses seres. O sofrimento deles é o nosso sofrimento. Então entendemos pela primeira vez o que estamos fazendo aqui. Estamos aqui para descobrir quem realmente somos e usar esse conhecimento para beneficiar os seres através do tempo e do espaço. Esse é o verdadeiro significado da nossa vida. Não existe salvação instantânea. Temos de trabalhar nisso.

Como não sei quais poderiam ser as dúvidas e dificuldades de vocês, acho que seria uma boa ideia passarmos às perguntas agora.

PERGUNTAS

Pergunta: Enquanto a senhora falava sobre o carma, não vi nada a que eu pudesse me opor. Mas não considero alguns dos ensinamentos tradicionais sobre carma muito úteis. Considero opressivos e deprimentes. Especialmente em algumas práticas de purificação, a perspectiva geral é de que tivemos um número infinito de vidas, então tivemos tempo aos montes para acumular imensas quantidades de carma negativo, tão vastas quanto o Monte Meru. E as sementinhas jamais somem. E não ficam apenas paradas ali, ficam cada vez maiores e maiores e maiores. É com esse tipo de perspectiva que tenho problemas.

Tenzin Palmo: Sim, entendo o que você diz. Bem, serei deveras herética. Uma vez estava lendo o *Shikshasamuccaya*, de Shantideva, que lista todas as coisas que se pode ter feito na vida e comenta que existe um inferno especial para cada uma delas. Fiquei totalmente deprimida. Pareceu que não havia escapatória. Fui ao meu lama e falei: "Bem, parece que existe um inferno especial para cada coisa que eu fizer". E ele apenas riu e disse: "Oh, bem, falamos daquele jeito para assustar as pessoas, para que elas sejam boas. Na verdade, é muito difícil renascer no inferno. Você tem de ser especialmente mau e particularmente muito cruel. A maioria dos seres não vai para o inferno. Mas falamos desse jeito, fazendo soar muito simples e tornando todas essas coisas muito pesadas a fim de amedrontar as pessoas".

É uma abordagem muito medieval. Não é que eu pessoalmente não acredite no inferno. Acredito. Penso que existem estados mentais distorcidos que podem decididamente projetar um inferno. E, quando morremos, somos vítimas de nossas projeções. Assim, se você tem uma estrutura mental muito distorcida, de fato encontrar-se-á em alguns lugares muito desagradáveis. Não penso que sejam necessariamente infernos quentes e gelados, mas definitivamente existem alguns nascimentos horríveis. Em nossas vidas passadas fizemos coisas infinitamente medonhas. Também fizemos coisas infinitamente boas. É óbvio que devemos ter feito alguma coisa certa para estar aqui agora.

Não temos que nos afligir pelos erros que cometemos no passado. Podemos fazer práticas de purificação. Como sabem, existem "quatro poderes" que podemos invocar. Primeiro, devemos lamentar por quaisquer coisas ruins que tenhamos feito, não só nesta vida, mas em vidas passadas. E, o mais importante, tentar não fazer de novo. A seguir realizamos a prática de purificação e tomamos refúgio sincero das tempestades e atribulações do samsara. O Buda, o Dharma e a Sangha são o nosso refúgio. Se tomamos refúgio de coração, as coisas terríveis que fizemos no passado podem ser purificadas. Mesmo que venham alguns dos resultados, podemos lidar com eles. Vejam, não é tanto o caso de precisarmos de uma vida que seja toda de felicidade, alegria e paz. O que precisamos é de espaço interno para lidar com as coisas que surgem. Portanto, não devemos nos preocupar. Certo, você fez coisas horríveis no passado. Eu fiz coisas horríveis no passado. Todos nós fizemos coisas horríveis. Ainda estamos presos no samsara. Mas o importante é não se preocupar. Fazemos alguma purificação. Nos arrependemos. Fazemos o máximo para não mais fazer coisas horríveis nesta vida. O Buda descreveu seus ensinamentos como a jangada, o barco para nos levar através do oceano do samsara. Estamos no barco agora, não somos mais como uma garrafa atirada para cima e para baixo nas ondas, às vezes em cima, às vezes embaixo. Agora temos algo com que podemos contar para nos levar até a praia mais distante.

Meu lama disse uma vez: "Nem tudo que você lê nos sutras é verdade. Você não tem de acreditar em tudo que lê". É preciso exercitar a discriminação. O Dharma é vasto. Os tibetanos tiraram umas gotas disso e daquilo desse enorme oceano e juntaram numa mistura que foi útil para os tibetanos. Muito disso também é relevante para o resto de nós. O modo como eles apresentam o Dharma é maravilhoso. Mas não há dúvida de que alguns aspectos, embora úteis para eles, não são muito úteis para nós. Podemos deixar de lado. O propósito do Dharma é ajudar a nossa mente a se expandir, crescer, se esclarecer. Ele deve nos sustentar e criar uma sensação interna de paz, alegria e clareza. Se está apenas nos fazendo sentir mais paranoicos, mais indignos, mais amedrontados, tensos e fechados, há alguma coisa errada. Também temos que ser perspicazes. Algumas coisas não são úteis para certas pessoas. Existem muitos níveis de ensinamento. E os ensinamentos mais elevados, com frequência, parecem contradizer os ensinamentos menos elevados. Isso porque, ao atingirmos níveis mais sutis de intelecto e de entendimento espiritual, o que era relevante no nível menos elevado não é mais relevante num nível superior. Assim, alguns ensinamentos fundamentais não são úteis quando somos intelectualmente mais sutis.

Uma vez que se tenha realizado a vacuidade, vê-se que toda a ideia de bom e mau é irrelevante. O importante é não se agarrar à noção de que "eu" fiz tal coisa. Um mestre birmanês certa vez disse que nosso carma é como as contas de um rosário. Está todo conectado. Se puxamos uma conta, todas as outras acompanham. Entretanto, se você corta o fio, todas as contas se espalham, e, mesmo que você puxe uma delas, as outras não acompanharão. O fio é a crença no "eu" que executa as ações. Uma vez que se tenha visto a verdade de *shunyata*, da vacuidade, da existência não inerente do agente, tudo se desfaz. Essa é a purificação definitiva. O importante nesta vida é ter cuidado com o que fazemos, entender por que estamos fazendo o que fazemos e estarmos conscientes de nosso corpo, fala e mente momento a momento. É isso. É o bastante. Se a intenção nesta vida é boa, vocês não devem se preocupar.

P: Por favor, a senhora pode explicar o significado de "meio de vida correto"?

TP: Sim, meio de vida é um tópico interessante. É óbvio que o Buda achou importante porque incluiu como uma categoria separada no Nobre Caminho Óctuplo. Vocês conhecem o Nobre Caminho Óctuplo? Visão correta, intenção correta, ação correta, fala correta, meio de vida correto, esforço correto, atenção correta, concentração correta. Ele já havia coberto todas as ações mas, então, fez a do meio de vida correto uma categoria separada. Não é interessante? Ele poderia ter colocado alguma outra coisa, como "emoções corretas". É óbvio que ele fez uma distinção entre "ação correta" e "meio de vida correto" porque considerava o meio de vida muito importante. E isso porque passamos grande parte de nosso dia ganhando a vida, claro. A forma como ganhamos nosso sustento afeta enormemente a nossa qualidade de vida. Basicamente, um meio de vida correto não causa danos a quaisquer outros seres sencientes. Vender armas, veneno ou álcool seria considerado um "meio de vida errado". E qualquer meio de vida que envolva enganar as pessoas seria considerado ruim, é claro.

O Buda não se opunha aos negócios. De fato, muitos de seus maiores patrocinadores eram negociantes bem-sucedidos. Anathapindika, por exemplo, que era um dos discípulos leigos do Buda, era um negociante, um milionário. O Buda estipulou apenas que se deve ter um lucro justo, mas não a ponto de se enganar as pessoas ou explorá-las. Essa é uma questão hoje em dia, com corporações que muitas vezes exploram ao extremo e também com as tomadas de controle, demissões e coisas do tipo, que criam muitas dificuldades para os seres. Mas penso que, se a pessoa não faz parte da definição de políticas, se o trabalho dentro da organização não é particularmente nocivo, provavelmente está tudo bem. Isso, claro, desde que não se esteja trabalhando para um fabricante de armas ou qualquer firma que, por sua própria natureza, vai prejudicar os seres.

P: Trabalho num hospital e fico muito perturbada com as condições de lá e o tratamento dos pacientes. Se permanecer, me preocupo por ser conivente. Mas também me preocupo com os resultados de sair de lá. O que devo fazer?

TP: Acho que é importante você permanecer e levar um elemento de compaixão para a situação. Quer dizer, se pessoas como você forem embora, que esperança existe? Você não tem que aprovar o que está acontecendo. E não deve aprovar o que está acontecendo. Mas, por favor, fique e ajude no que puder. É extremamente importante levar alguma sanidade e cuidado para uma situação como essa.

P: E o que a senhora pensa de se dedicar ao Dharma como leigo?

TP: O Buda disse que o problema da vida leiga é ser cheia de poeira. É verdade. Mesmo com a motivação mais pura, a pessoa tem um local de trabalho, um ambiente no qual tem que participar, e haverá coisas que criarão problemas para outros seres. Essa é a natureza do samsara. Por que a pessoa faz essas coisas? Se a motivação é basicamente ajudar e criar algo melhor, o fato de outros seres sofrerem é simplesmente o modo como as coisas são. Não há como evitar.

É como ser um agricultor. Um agricultor cultiva alimentos. Junto com o cultivo de alimentos, ele mata insetos. Não só pulverizando, mas arando. Ele arranca os insetos de debaixo da terra e os traz para cima. Os que ficam em cima são revolvidos para baixo. É muito triste. Mas isso não significa que a lavoura em si seja um meio de vida ruim. A pessoa tenta ser o mais cuidadosa possível, e a motivação não é causar problemas para os insetos. A motivação é cultivar alimentos para alimentar os seres. Assim, de certa forma, uma motivação mais elevada sobrepuja o fato de que animais estão sendo prejudicados. E é claro que a pessoa tenta o máximo possível ferir o menor número possível de seres. Se vocês realmente se sentem mal com isso, certamente podem fazer algumas preces por todos aqueles animais e por seu renascimento mais elevado. No Oriente as pessoas fazem uma prática chamada "salvar vidas". Não sei como funcionaria nos Estados Unidos, mas, no Oriente, compram peixes ainda vivos que seriam comidos ou pássaros engaiolados e soltam. Mas vocês podem ao menos fazer algumas preces de vez em quando. Ou podem conseguir alguém que faça algumas preces pelos animais que são destruídos. O importante é a motivação. Não estamos fazendo aquilo para ferir os animais. Lamentamos que isso ocorra. Vocês não se regozijam com a morte deles. Não somos indiferentes ao sofrimento deles.

P: É uma boa ideia partir para a ação política para corrigir males sociais?

TP: É óbvio que neste mundo imperfeito existem coisas que precisam ser mudadas e, a fim de mudá-las, deve haver pessoas que se importem o suficiente para querer fazer as mudanças. E isso é ótimo. O problema surge quando nos levamos a sério demais. Aí ficamos totalmente identificados com nosso papel, nossa motivação não é tanto beneficiar os outros, mas a raiva contra os que se opõem a nós. Vê-se isso com muita clareza nos movimentos pacifistas. As pessoas falam de paz com tanta raiva. É "nós" contra "eles", e isso é tremendamente perverso. E qual é o motivo? Não é a paz de jeito nenhum. É apenas uma desculpa para nossa agressão inata. Sempre conseguimos encontrar algo para sermos agressivos. Toda essa indignação virtuosa, na verdade, é apenas raiva. E, se não for por uma coisa, vamos encontrar outra para justificar a raiva que quisermos. Assim, apenas canalizamos e jogamos combustível nas chamas de nossas negatividades – por mais "correta" que a causa possa ser.

Talvez haja uma maneira de lidar com isso, também no feminismo. É óbvio que as mulheres enfrentam tempos difíceis; entretanto, com frequência, os problemas são alimentados mais pelas mulheres do que por quaisquer outros seres. Todavia, sim, existem desigualdades e problemas, e seria bom lidarmos com eles. Mas colocarmos o outro, o homem, como inimigo, é absurdo, não é? Identificar-se com o feminino como se essa identidade fosse o "eu" é igualmente absurdo. Como eu disse, dessa vez mulher, na próxima homem. Quem sabe? Agendas políticas são importantes para mudar as coisas e mudar as atitudes. Mas devemos ser muito cuidadosos ao examinar nossa motivação básica. Do contrário, apenas criamos mais confusão e mais agressão, e não precisamos de mais "nós contra eles".

P: Quais são as diferenças básicas entre a visão de mundo das religiões semíticas e do budismo?

TP: Esse é um tema vasto. Por onde começar?! Eu diria que a principal diferença, ou uma das principais diferenças, é que a visão semítica de Deus é a de um ser onisciente, onipotente, separado da criação, mas muito envolvido com ela, um ser que existe desde tempos imemoriais e decidiu criar e, por isso, criou o universo e os seres. Embora esteja intimamente conectado com eles, é separado. Esse tipo de criador é negado no budismo. No budismo, como no hinduísmo, o universo está em constante estado de evolução e dissolução, com imensos intervalos. Está continuamente se formando ou se desintegrando. Por períodos inconcebivelmente longos, toda matéria é dispersa e, então, pelo carma dos seres, une-se de novo. Quando o universo anterior se deteriorou, todos os seres daquele universo renasceram em um dos reinos celestiais mais elevados, um dos níveis espirituais mais elevados, pois não tinham forma material e não havia um lugar para renascerem no reino material. Durante aquele vasto período, um deles, que havia criado vastas quantidades de mérito, renasceu espontaneamente em um dos céus de Brahma. Viveu lá sozinho por um imenso período, iluminando tudo com a glória de sua refulgência. Então, depois de um tempo, pensou: "Não seria bacana se houvesse outros seres? Por que estou parado aqui sozinho?". Bem, por causa do carma, outros seres lá de fora também renasceram no mesmo céu de Brahma. Então aquele Brahma, chamado de Grande Brahma, olhou para eles e disse: "Oh, criei vocês", porque os havia desejado e eles acabaram aparecendo. E, como ele veio primeiro e como era muito mais glorioso, os outros presumiram que assim fosse. Então o consideraram seu criador. Finalmente, após éons e éons, o universo formou de novo, e houve condições para os seres voltarem à terra de novo. E voltaram como seres de luz. De início, viveram na superfície da terra como seres de luz. Brahma não, mas alguns deles sim. No fim, começaram a comer a terra, que naquele tempo era doce e, gradualmente, de acordo com essa cosmologia, começaram a ter corpos cada vez mais grosseiros, até se tornarem o que conhecemos como seres. Mas muitos desses seres lembravam daquele céu em que haviam estado com Brahma, que disse que era seu criador. Então voltaram e começaram as religiões que têm a ideia de um criador e de seres criados por ele. De acordo com o Buda, é por isso que, quando as pessoas entravam em meditação, experimentavam esse céu com esse deus e outros deuses menores ao redor, pensando que aquele era o criador de tudo. E o Buda disse: "Ele é muito poderoso. Ele sabe muito. Mas não é onipotente e não criou".

Essa é a versão do Buda sobre como surgiu a ideia do criador. Do ponto de vista budista, esse universo é criado pelo carma dos seres dentro dele. Assim, de certo modo, somos todos nós que o mantemos. Por isso projetamos um universo que possui certa uniformidade. Vemos mais ou menos o mesmo universo. Mas outros animais com sentidos diferentes percebem um tipo de universo muito diferente. No entanto, também do ponto de vista da física sabemos que o modo como percebemos o universo não tem nada a ver com a descrição de universo dos cientistas, que nos deu um panorama totalmente diferente. Bem, o Buda era um ser humano como o resto de nós. Era um ser senciente. Havia passado por muitas vidas diferentes, como animais, como humano, e tinha acumulado vasta quantidade de carma positivo. Por fim, foi capaz de atingir a iluminação absoluta, completa e perfeita. Parte da experiência de iluminação dele foi na primeira vigília da noite, quando ele reviu todas as encarnações passadas na evolução e deterioração do universo. Foi cada vez mais para trás, mas jamais viu um fim porque o samsara é cíclico. Toda a nossa ideia de princípio e fim deriva de nossa mente limitada e linear. Na segunda vigília da noite, a mente do Buda expandiu-se ainda mais, e ele viu todos os seres do universo vindo a existir e indo a outros lugares, nascendo e renascendo. Viu que todos estavam interconectados, e que tudo surge como resultado de nossas ações passadas.

Foi assim que ele chegou ao entendimento do carma. Não era, como dizem algumas pessoas, a ideia corrente no tempo dele, que ele apenas pegou e acrescentou à sua doutrina. Foi uma parte da experiência de iluminação. A mente dele expandiu-se infinitamente até o máximo potencial, e ele viu como tudo se encaixava. Por isso, mais tarde, quando Ananda diz: "O carma é meio difícil de entender, mas acho que captei", o Buda replica: "Não diga isso. O carma é domínio apenas da mente de um buda". Pessoas comuns não podem entender como o carma funciona porque sua mente é limitada demais. Você precisa ter uma mente de buda totalmente aberta para entender. Existe uma história de que o Buda certa vez pegou um punhado de folhas na selva e perguntou a seus acompanhantes: "O que é maior: o número das folhas da floresta ou de folhas que tenho na mão?". Claro que responderam: "Isso é óbvio. As folhas da floresta são infinitas. As que você está segurando são umas poucas". O Buda replicou: "Assim é o que eu sei e o que estou falando para vocês. Mas o que estou falando é tudo de que precisam para se iluminar. O resto não é importante que saibam".

Para mim, o Buda é alguém que realizou seu potencial total como ser humano. Tudo que um ser humano pode pensar ou experimentar é o potencial de cada um de nós. Mas nossa mente é fechada demais. A mente do Buda era escancarada. Ainda assim, ele ensinou conforme o ambiente em que vivia, com conceitos que seriam úteis para as pessoas em torno dele. Quando as pessoas faziam perguntas cujas respostas eram avançadas demais para que entendessem, ele explicava que não era importante que soubessem a resposta. "Isso não vai tirar você do samsara. Posso ensinar apenas uma coisa: o sofrimento e o fim do sofrimento."

O Buda não é um deus. Ele é nosso próprio potencial. E a realidade última não é um ser externo, é um estado de iluminação, de quem somos. Somos todos budas potenciais. Temos tudo. O problema é que está encoberto. Temos de descobrir. De acordo com o Buddhadharma, somos responsáveis pelo que acontece conosco e pela forma como reagimos. Nós nos colocamos no centro de nossa vida. Assumimos a responsabilidade. O que acontece conosco é resultado das causas que colocamos em movimento, e a forma como lidamos com tudo isso criará nosso futuro. Temos responsabilidade pela nossa vida. Por isso o caminho do Buda é perfeitamente viável. Podemos percorrê-lo como seres humanos, pois foi ensinado por alguém que o percorreu e conhecia os problemas. Se vocês lerem qualquer um dos textos sobre meditação, eles tratam dos vários problemas que é provável que vocês experimentem e todas as diferentes coisas que podem fazer para resolvê-los. O budismo é não teísta, todavia é um caminho espiritual equilibrado. Não é ateísta.

P: Parece que hoje cada vez mais seres estão tendo renascimento humano, e a população da Terra está crescendo. O que a senhora pensa disso?

TP: Não sei qual é a resposta. Existem muitos outros reinos além do humano. E parece mesmo que agora há uma enorme aceleração de seres buscando vidas humanas. Por outro lado, como a população está saindo de controle, a qualidade da vida humana com frequência é muito baixa. Isso pode ser uma chance para os seres humanos começarem a ascender em vez de decair. É difícil saber. Porque vemos apenas uma parte do padrão completo. Me parece que é como uma tapeçaria gigante que olhamos pelo avesso, de modo que vemos todas as pontas soltas e os nós e parece um caos. Mas, se pudéssemos olhar do lado direito, teríamos a imagem inteira. Neste momento, com a nossa ignorância, tudo parece muito confuso e não vemos como cada fio se conecta ao todo.

P: Todos esses reinos estão de algum modo conectados à Terra?

TP: Sim. Parecem estar. Cada planeta habitado parece ter sua própria estrutura, seu próprio nível. Tradicionalmente este planeta é descrito como Monte Sumeru no meio de quatro continentes, com os infernos abaixo e os céus acima. Do topo do Monte Sumeru, os céus começam a se esparramar para o alto. Assim, obviamente, pelo menos a ideia tradicional é a de que os céus estão muito conectados com este planeta, e parece que mesmo nos reinos espirituais existe uma conexão com esta terra específica e que há muita interpenetração. Quero dizer, os reinos não estão realmente lá em cima, mas, ainda assim, estão conectados conosco em muitos níveis vibracionais diferentes.

P: Ouvi professores falarem de eras de trevas. Ainda estamos na era das trevas? Isso vai mudar um dia?

TP: A cosmologia budista segue infinitamente, mas a ideia básica é a de que fica cada vez pior, não só do ponto de vista espiritual, mas de coisas como bem-estar e catástrofes naturais. E o Buddhadharma também começa a diminuir até desaparecer por completo no fim. Esse período continua até o Buda Maitreya chegar, reviver o Dharma, e as coisas começarem a melhorar de novo. Aí o ciclo se repete outra vez.

No Oriente, algumas pessoas culpam sua preguiça espiritual por essa ser uma "era das trevas". O que é uma era de trevas? É onde estamos. O Dharma ainda está conosco, ainda temos nossa inteligência e nosso ciclo de vida, então vamos adiante. Mesmo no tempo do Buda as pessoas reclamavam de que era uma era de trevas e que não tinham mais qualquer potencial espiritual. Então, desde o princípio dos tempos as pessoas sempre reclamaram.

P: Poderíamos falar sobre o lama como um buda?

TP: Como nos relacionamos com o lama? Como uma figura de autoridade? Você se refere ao lama interno? Sabe, essa é uma pergunta muito complexa e não dá para responder em termos muito simplistas. Mas há duas coisas. Existe a própria palavra "lama". A palavra lama é uma tradução tibetana da palavra sânscrita guru. Em tibetano, existe um guru que é chamado de Tse-rab-kyi lama, que significa "guru para todas as suas vidas". Significa o guru com quem você tem uma conexão de mente para mente. Ele ou ela mostra a você a natureza da mente. Você tem o compromisso interior de agora até a iluminação, não importa quantas vidas possa levar. Agora, se, e é um grande "se", você encontra um lama com quem tem uma conexão e comprometimento pessoal de coração para coração, por meio dessa conexão e da sua abertura ele ou ela é capaz de lhe mostrar a natureza da mente.

A natureza de sua mente é o guru interior. Isso porque a natureza da sua mente, que é o Dharmakaya – a consciência espaçosa, aberta –, é igual à da mente do lama. A mente do lama e a sua mente são iguais. Quando nos relacionamos com o lama em sentido último, não estamos nos relacionando com a personalidade. Estamos nos relacionando com a mente onisciente dele ou dela. A mente onisciente do lama nos mostra nossa mente interior onisciente, ainda que apenas por um segundo. Essa mente é o lama interior. Por outro lado, a maioria dos lamas com que temos contato não está nesse nível. Não são lamas com quem temos uma conexão de muitas vidas. Eles são nossos professores, nos mostram o caminho. Agem como exemplos. São conselheiros. São ajudantes. Mas, nesse nível, é uma coisa muito diferente. De certa forma, portanto, estamos nos relacionando muito mais com um ser humano que realizou mais do que nós no caminho, que tem mais experiência e conhecimento e em quem podemos confiar em certa medida. Todavia, ele ou ela é como nós, também está no caminho. Às vezes o que ele ou ela diz pode não ser necessariamente o que precisamos ouvir e podemos questionar. Só porque alguém está sentado num trono como uma figura de autoridade, por maior que seja sua reputação e por mais vasta que seja sua sabedoria, não temos que tomar tudo o que tal pessoa diz como *vachana* do Buda, ou palavra do Buda. Ainda assim, temos que estar abertos ao que ela diz e decididamente escutar e ser receptivos. Mas isso não significa que tenhamos que abandonar todo o discernimento e discriminação. Devemos manter nossa sagacidade!

10. Tonglen – a prática de dar e absorver

O tonglen é uma prática muito interessante! Nas tradições mais espirituais, incluindo as da Nova Era, existem meditações que envolvem inspirar luz, amor e bem-aventurança. Visualizamos essas qualidades chegando ao coração e transformando o corpo. Aí expiramos todas as nossas negatividades. Parece uma prática muito lógica. Mas a prática de tonglen vira nossa mente e nossas preconcepções do avesso, pois faz o exato oposto. De fato, inspiramos todas as negatividades e escuridão e expiramos todo o amor, pureza e luz. Isso pode ser alarmante para algumas pessoas à primeira vista. As negatividades chegam a nós como uma luz escura e são absorvidas em uma pequena pérola negra no centro do peito. Essa pérola é nosso conceito de autoestima. É o que diz: "Sou muito importante. As outras pessoas também podem ser importantes, mas são bem menos importantes do que eu. Sou basicamente o centro em torno do qual o resto do universo gira".

Quando fazemos essa prática, desgastamos essa pequena pérola escura, que se retrai a cada golpe, pois não quer de jeito nenhum o sofrimento, a desgraça e a doença das outras pessoas. Mas a pequena pérola absorve toda a negatividade e esta desaparece na vacuidade do Dharmadhatu, ou realidade última. Então expiramos toda a alegria, a bondade e a luz que acumulamos ao longo de éons. Oferecemos isso no lugar do sofrimento enfrentado por todos os seres sencientes. Isso reverte nosso conceito habitual de como as coisas devem ser. As pessoas dizem: "Já tenho sofrimento mais do que suficiente. Não quero o sofrimento dos outros".

Em suma, a prática usual de tonglen é visualizar a doença ou sofrimento de outra pessoa na forma de luz escura sendo atraída para nós com a inalação. Essa luz escura colide com a semente escura da autoestima em formato de pérola no centro de nosso coração. A pérola irradia imediatamente, junto com a exalação, a luz brilhante de todas as nossas boas qualidades e méritos. Esse resplendor, então, absorve o sofrimento da pessoa para ajudá-la.

Às vezes, em vez da pérola escura, é ensinado que podemos visualizar um vajra de cristal que representa nossa mente inata do Dharmakaya. A luz escura é absorvida por ele e, instantaneamente, transformada em resplendor, uma vez que não existe escuridão na natureza prístina da mente.

Vou contar uma história verídica. Quando eu tinha uns 9 anos de idade, peguei fogo. Na ocasião estava usando um vestido de nylon e cheguei perto de um aquecedor elétrico que não estava ligado, mas estava na tomada. Meu vestido roçou no aquecedor e pegou fogo porque era de nylon. Por sorte minha, naquele dia minha mãe estava de cama, muito doente dos rins, então não tinha ido trabalhar em nossa loja. Subi as escadas correndo e passei pelo quarto dela. Mais tarde ela contou que me ouviu gritar enquanto estava na cama. No instante seguinte, a porta escancarou-se e me precipitei para dentro do quarto dela envolta em chamas. Ela me enrolou rapidamente num cobertor, apagou as chamas e então me untou com penicilina e me envolveu em um lençol limpo. Ao que parece, minhas costas inteiras eram uma só bolha enorme. Toda a pele das minhas costas estava queimada, bem como parte do meu rosto. Lembro que naquele momento senti uma dor extraordinária. Vocês podem imaginar.

Então tive uma experiência fora do corpo. Estava no alto, olhando para meu corpo ali embaixo, cercada por todos aqueles seres de luz que diziam: "Venha conosco. Venha conosco". Sabem como é, a coisa de sempre. E pensei comigo: "Oh, bem, agora vou morrer. Vai ser interessante". De fato, eu não queria voltar para aquele corpo. Estava olhando para aquele corpo todo queimado e não queria mais saber dele. Era como olhar pelo lado errado do telescópio. As aparências deste mundo começaram a recuar enquanto eu viajava mais e mais para cima, na direção da luz. Sensacional! Mas, de repente, os vizinhos começaram a chegar porque tinham ouvido os meus gritos, e fui trazida de volta para este corpo.

Lembro que me levaram para o hospital e lembro de ficar deitada numa maca. O médico disse: "Você é uma mocinha muito corajosa.

Deve estar sentindo uma dor tremenda". E eu disse: "Não, não tenho dor". E não havia dor. Quando voltei para o meu corpo, não senti dor nenhuma, embora minhas costas estivessem todas queimadas. Sem problema! Fiquei no hospital por uns dois meses. Eu me sentia ótima. Não tive dor em momento algum. Embora tivesse que ficar de cama, não estava doente. Eu era nova demais para entender que poderia ficar com cicatrizes, então não estava preocupada. Acontece que não fiquei com absolutamente nenhuma cicatriz. Alguns anos depois conversei com minha mãe a respeito do incidente. Ela me contou que, enquanto eu estava caída lá, perdi a consciência, e ela pensou que eu fosse morrer. Ela era espiritualista, então rezou para os espíritos guias: "Por favor, não deixem que ela morra. E, por favor, não deixem que sofra. Ela é nova demais para suportar esse tipo de dor. Deem toda a dor para mim. Deixem que eu tenha a dor dela". Ela já estava em agonia com o problema renal, mas, se pudesse, assumiria também a minha dor alegremente. Tenho certeza de que foi por causa da prece dela que, quando voltei para o corpo de novo, não tive dor. Que outra explicação haveria?

Felizmente ela não recebeu minha dor. Mas a questão é que ela não só rezou de coração para tirar a minha dor, como ficaria muitíssimo feliz em ter essa dor transferida para si se isso me poupasse. É desse tipo de amor que estamos falando na prática de tonglen, o amor intenso que, sem consciência de si, coloca mais importância em curar a outra pessoa do que no bem-estar pessoal. Isso foi relativamente fácil para a minha mãe. Não fácil exatamente, só que é da natureza de uma mãe amar o filho dessa maneira. O que o Dharma pede é que tenhamos esse apreço por todos os seres sem exceção. Como o próprio Buda disse, devemos estender o amor para todos os seres do mesmo modo como uma mãe ama seu filho único.

Uma das vantagens de ser mãe é que vocês aprendem na vida real o que isso significa. Podem usar a experiência como base para estender esse tipo de amor a todos os seres. Algumas pessoas dizem: "Oh, o tonglen é muito fácil". Fico sem palavras com o nível de realização bodhisattva delas. Não acho que seja tão fácil assim sentar e absorver a dor e o sofrimento dos outros. É muito interessante observar a mente e os níveis de enganação com que podemos nos revestir. Devido à enorme capacidade de enganar a nós mesmos, devemos tentar ser tão honestos quanto possível conosco. Apenas com honestidade destemida podemos identificar e remover os níveis de resistência para abrir o coração.

Muitas práticas podem ser feitas apenas no piloto automático. Se apenas fazemos a prática de tonglen de forma automática, é muito fácil sentar e pensar em todos os seres sencientes como uma massa indistinta lá fora e mandar luz e amor e absorver toda a escuridão. Podemos até sair nos sentindo muito expansivos, como um bodhisattva. Mas, quando tratamos de indivíduos de verdade, quando somos confrontados por alguém que está genuinamente doente ou deprimido, será que ainda assim estamos preparados para assumir o sofrimento e em troca doar nosso bem-estar? Essa é uma prática que transforma a mente; portanto, o único jeito de saber se estamos fazendo progresso ou não é observando as nossas reações nas situações cotidianas. Quando, no dia a dia, encontramos pessoas que estão sofrendo, como lidamos com elas? Nosso coração está genuinamente aberto para elas? Somos bondosos? Estamos ficando progressivamente mais bondosos?

Vamos pensar sobre como a prática funciona. Toda a negatividade entra em nós e ataca o conceito de autoestima. O que isso significa? Às vezes é fácil ficarmos presos na mecânica da visualização e esquecer do que se trata. Sabe, temos essa coisinha escura no coração, e aí a luz escura começa a atingi-la e tudo se transforma em luz brilhante. É uma visualização muito boa se entramos nela. Mas, enquanto praticamos, devemos realmente lembrar do que se trata. Devemos nos perguntar se está realmente acontecendo, que tipo de resistência o ego coloca. Se alguém chegasse neste momento e dissesse: "Você pode assumir toda a doença e desgraça daquela pessoa ali e prometo que você vai livrá-la disso. Em troca, ela terá toda a sua boa saúde. Que tal?". Vocês realmente diriam: "Certo, vamos fazer"? Talvez se fosse alguém que vocês amassem – o marido, filho, um dos pais ou mesmo um professor amado –, mas e se fosse apenas uma pessoa na rua?

Essas práticas não são fáceis. Não são para os imprudentes nem para os tímidos. São para os bodhisattvas. Não se deve levar essas práticas na brincadeira. Devemos entender o que estamos fazendo e do que se trata esse treinamento. Pelo menos é o que me parece. Sempre que leio sobre as práticas de tonglen, fico assombrada com o que requerem de nós. Outras pessoas não parecem ficar tão impressionadas e não sei por quê. Me parece o ataque mais frontal à nossa fixação no ego. Não parece o mesmo para vocês? E é muito interessante tentar ficar intensamente vivo e trazer situações específicas à nossa mente enquanto estamos praticando. Podem ser casos reais ou hipotéticos. Como a mente reage?

Por fim, é claro, dissolvemos tudo no espaço primordial. Isso é muito importante. Não mantemos as negatividades em nosso coração. Temos que dissolvê-las nessa entidade que todos nós temos, que se agarra ao ego, que aprecia o ego e diz: "Sou muito importante e os outros naturalmente são muito menos importantes do que eu". Dissolvemos isso e tudo o mais no espaço aberto. E, então, realmente sentimos a luz e a alegria indo para todos os seres. Não só em nossas visualizações, mas também em nosso cotidiano, devemos ser capazes de dar algo aos seres que estão sofrendo. Mesmo sendo apenas bondoso e amigável.

Se permanecemos isolados dos outros seres como sempre, ainda preocupados com nosso próprio prazer, felicidade e conforto e ainda vendo as outras pessoas como algo separado, permanecendo indiferentes à alegria ou tristeza delas, então, mesmo que tenhamos feito tonglen por doze anos, não funcionou! Não importa por quanto tempo façamos. O importante é romper a separação entre nós e os outros. Todos nós temos essa separação, é nossa delusão primária. O tonglen é uma prática muito radical e, se fizermos de coração, ela nos transforma. Assim, acho que devemos fazê-la agora. Não creio que haja mais o que dizer.

PERGUNTAS

> **Pergunta: A questão para mim é que esse processo é muito dinâmico; para mim é difícil imaginar absorver toda essa coisa e transformá-la. Tudo bem ter apenas longos períodos só absorvendo, absorvendo?**
>
> *Tenzin Palmo:* Acho que tudo bem. Entendo o que você diz, e é verdade. É muito melhor, especialmente no início, até termos prática, passar um tempo sem se preocupar tanto com a respiração; mas, quando inspiramos, a coisa apenas entra,

entra, e então dissolve aquela noção pesada e tensa de "eu", sentada como uma aranha no meio de uma teia. Quando sentimos esse ego sendo dissolvido e fundido à abertura espaçosa, podemos gerar toda essa luz e espalhá-la para todos os seres. Sim, vocês podem fazer isso.

P: O que acontece quando se tem toda essa acumulação? Ela se dissolve?

TP: Ela atinge o senso de autoestima no centro do coração e então se dissolve no espaço aberto, na vacuidade. A ideia toda desse ego, desse senso de "eu", é que é muito mais importante do que todos os outros, embora "eu" seja apenas um e todos os outros sejam muitos. Quando essa acumulação colide com o ego, ele se dissolve, e entramos nessa mente aberta, espaçosa, sem ego.

P: Como se sabe que o outro recebeu?

TP: Bem, pode-se imaginar que o outro recebe. E, se a concentração e o desejo são fortes o bastante, talvez ele receba. Por que não receberia? É extremamente poderoso.

P: Passei por uma situação semelhante. Minha mãe tinha que fazer uma cirurgia para retirar o que o médico disse ser um cisto do tamanho de uma toranja, e eu desejei que o cisto não existisse. Imaginei ser poderoso o bastante para não deixar que existisse. Quando operaram, não estava mais lá. Na época não me ocorreu que eu tivesse alguma coisa a ver com aquilo.

TP: A mente é extremamente poderosa. É a coisa mais poderosa do mundo. Simplesmente não conhecemos nosso potencial.

P: Se a dor de alguém me aterroriza, faço tonglen, e isso destrói o meu medo. Faço repetidas vezes, até ver que consigo pensar na dor com compaixão em vez de medo. Uso o tonglen como um antídoto.

TP: Uma prática como essa pode ser usada de várias maneiras, em muitos níveis. Como é uma prática muito poderosa, pode romper muitas de nossas barreiras. Por isso é altamente valorizada e, no início, era considerada uma prática bastante secreta. É muito radical. Como eu disse, na maioria das tradições espirituais você inspira a luz, não a escuridão. Alguém disse que é como se tornar um ar-condicionado humano. Você inspira todo o ar ruim e emite ar puro e fresco. É muito bacana!

11. A natureza da mente

Tradicionalmente, o caminho budista pode ser dividido em três estágios: visão, meditação e ação. Primeiro desenvolvemos a visão correta, meditamos sobre ela e então a colocamos em ação em nossa vida. Na tradição budista, o que chamamos de visão é conhecido em sânscrito como *drishti* e em tibetano como *ta wa*. Significa o modo como olhamos para as coisas. Isso é considerado extremamente importante. A Quarta Nobre Verdade ensinada pelo Buda é a verdade do caminho. O caminho a que estou me referindo é o Nobre Caminho Óctuplo, que começa com a visão correta. Poderíamos refletir um pouco sobre por que a visão vem primeiro. É porque nossa perspectiva básica da vida influencia tudo o que fazemos e pensamos. Mesmo aqueles que dizem que não têm uma filosofia de vida, estão afirmando uma filosofia. Esse entendimento vai influenciar o seu pensamento e tudo o que fazem da vida. Está no cerne de tudo. Nossa visão determina como vemos as coisas, o que consideramos importante, o que consideramos sem importância, nossos preconceitos e inclinações. Vai determinar se colocamos valor nas questões espirituais ou não e assentar as bases da nossa jornada espiritual.

Por que estamos aqui hoje? Estamos aqui porque temos certo interesse inerente em encontrar uma dimensão espiritual para nossa vida. O fato de vocês pensarem que é importante ter uma dimensão espiritual é a visão de vocês. Se não pensassem que lidar com a mente fosse algo importante, vocês não estariam aqui. A nossa perspectiva básica é o alicerce. Nas escolas tibetanas de treinamento da mente, tais como Mahamudra e Dzogchen, é feita uma divisão entre nosso ponto de vista subjacente, nosso desenvolvimento mental interno que surge desse ponto de vista, e como incorporamos isso em nossa vida diária. Não basta manter visões vastas. Se não há correspondência entre essas visões e a nossa conduta, estamos em perigo.

Guru Padmasambhava certa vez disse ao rei Trisong Detsen: "Sua visão deve ser tão vasta quanto o céu, mas sua conduta deve ser tão finamente peneirada quanto farinha de cevada". Tem gente que desenvolve vastas visões, enxergando tudo como vacuidade, vastidão do espaço, e tudo que acontece como o jogo interdependente de bem-aventurança e vazio. Soa maravilhoso. Aí, quando são arrogantes, rudes, antiéticas ou desonestas, essas pessoas dizem que não tem importância porque, de qualquer forma, é tudo vacuidade. Acreditam que o tantra os autoriza a fazerem o que bem entenderem. Dizem que não importa, porque é tudo uma expressão de nossa natureza primordial, o que quer que isso signifique. Por isso temos que ser muito cuidadosos. Temos que tomar cuidado para tornar nossa visão clara e vasta, mas, ao mesmo tempo, manter nossa conduta cuidadosa e precisa. Devemos evitar de cair no que os tibetanos chamam de o "caminho do Demônio Negro", pensando que, uma vez que a realidade última é a vacuidade vasta e espaçosa, o que fazemos não faz diferença.

Estamos usando "visão" para nos referirmos a "entendimento da natureza última da mente". Do ponto de vista budista, tudo é uma expressão da nossa mente. Um dos problemas da sociedade ocidental é que estamos centrados em nossa cabeça. Isso afeta muito o modo como praticamos. Quando vocês começam a fazer a meditação do Mahamudra ou do Dzogchen, uma das perguntas que os lamas tibetanos sempre fazem é: "Onde está a mente?". E então perguntam: "Está no coração? Está no estômago? Está no pé? Está no corpo inteiro? Está dentro de você, está fora de você?". Raramente perguntam se está na cabeça. Isso não ocorre a eles. Que ideia estúpida! Todavia, a maior parte dos ocidentais responderia: "Bem, obviamente a mente está na cabeça". Interessante. Antes de descartar a questão de vez e dizer: "Obviamente está no cérebro", considerem que, quando alguém acusa vocês e diz: "Eu sei que você roubou o meu dinheiro", por exemplo, e vocês respondem: "Está dizendo que fui eu?", vocês apontam para o centro do peito, não para a cabeça. A maioria dos órgãos dos sentidos está na cabeça, certo? Nariz, olhos, ouvidos. Mas, quando dizemos que sentimos algo profundamente, apontamos para o coração. Pensem nisso. Perguntem-se o porquê disso.

Do ponto de vista budista, o cérebro é apenas o computador. É a parte que faz a programação. Mas o que é a energia que aciona o computador? Sem energia, o computador está morto. A energia que aciona o computador não reside no computador em si. Recentemente eu estava lendo uma série de artigos escritos por grandes neurocirurgiões. Um deles observou que, embora hoje se saiba muito sobre o cérebro, ainda não encontramos a mente. Os tibetanos conhecem o cérebro. Se alguém é muito tradicional, incapaz de aceitar novas ideias, muito preso a velhas maneiras de pensar, os tibetanos chamam de "cérebro verde". A ideia é que o cérebro ficou mofado. Eles entendem que o cérebro tem muito a ver com o pensamento, mas o pensamento não é a mente.

Quando falamos sobre a mente no budismo, não estamos falando apenas da faculdade intelectual. Estamos nos referindo a algo muito mais profundo. De fato, as palavras para mente e coração são intercambiáveis. Muitas vezes é a mesma palavra. A palavra subjacente, que é *chitta* em sânscrito e *sem* em tibetano, significa tanto coração como mente. É no coração que nos concentramos. Isso proporciona a energia, a corrente elétrica para operar o computador, sem a qual o computador está morto. Assim, quando meditamos, temos que aprender a levar essa energia para o nível do coração.

Vamos voltar ao tópico específico da visão. A afirmação tradicional da visão é a de que nossa mente de sabedoria primordial é a combinação de consciência e vacuidade. Se conseguimos irromper na natureza não condicionada da mente, a condição subjacente fundamental de quem realmente somos, ficamos com uma consciência não dual. Somos consciência; é isso o que somos. Sabemos. Se não sabemos, devemos estar adormecidos, em coma ou mortos. Sabemos. Estamos conscientes. Mas essa consciência não é concreta. Não é algo que possamos ter em mãos e dizer "Isso é a minha consciência" ou "Isso sou eu". É transparente, aberta e espaçosa. Em linguagem tibetana, é vazia. Vazia aqui significa "como o céu".

Dizem que a mente é como o céu. Por que dizem isso? Porque, se vocês pensarem em um céu azul vasto e profundo, ele é todo-abrangente. Está lá em cima mas, ao mesmo tempo, está aqui embaixo. Onde o céu começa? Não é uma afirmação do tipo:: "Esse é o meu céu, aqui está o seu pedaço e aqui está o meu". Ele pertence a todo mundo.

Ele nos sustenta. Não poderíamos existir sem o espaço. Os tibetanos comparam a nossa mente fundamental primordial com o céu ou o espaço porque é infinita e vasta, todavia inapreensível. Ao mesmo tempo, é diferente do espaço no sentido de ser consciente. Quando obtemos acesso a esse nível da nossa mente, é como despertar pela primeira vez.

Essa consciência é não dual, não há sujeito nem objeto. Não existe uma sensação de "eu" fazendo alguma coisa. Existe apenas consciência total, vasta e infinita, além do tempo e do espaço. É o que sustenta todos os nossos pensamentos e emoções. Entender isso, ver mesmo que apenas por um momento, é chamado de visão. É importante compreendermos que já temos essa visão. Não temos que trazer algo de fora. Não temos sequer que desenvolver nada. Já temos tudo. Precisamos apenas revelar. Sempre esteve ali. É absolutamente perfeito do jeito que é. Mas não reconhecemos. É como se estivéssemos no sol, então entrássemos em algum lugar, fechássemos as persianas e disséssemos que está escuro. Mas o sol está brilhando o tempo todo. A mente de sabedoria inata está sempre presente. Nosso problema é que não reconhecemos.

Existe uma história sobre Patrul Rinpoche, um grande lama, mas muito excêntrico, do século XIX. Um de seus discípulos de muitos anos era professor de filosofia. Era muito culto e devotado. Mesmo depois de todos aqueles anos, depois de toda busca e toda prática que havia feito, ele ainda não tinha visto a natureza da mente e ficou muito deprimido por causa disso. Afinal, de que adianta tudo isso se você não realiza a natureza da mente? São só palavras e conceitos. Então, certa noite ele estava em retiro no eremitério de Patrul Rinpoche, e este disse: "Vamos lá para fora, deitar no chão e olhar as estrelas". O professor respondeu: "Certo, está bom". Então saíram. Deitaram e olharam as estrelas. Aí um cachorro latiu ao longe. Patrul Rinpoche perguntou: "Ouviu esse som?". O aluno respondeu: "Sim, é um cachorro latindo". Patrul Rinpoche falou: "É isso". E levantou-se.

Entendem? O fato de estarmos cientes de que um cachorro está latindo é isso. Mas não reconhecemos. Pensamos que deve haver algo mais excitante por isso estamos sempre à procura de algo mais elevado e emocionante. Uma vez pedi a um dos iogues de meu mosteiro para conceder a transmissão oral de um texto de Dzogchen muito famoso de Shabkar Rinpoche. Foi traduzido para o inglês como *The Flight of the Garuda* (O voo do Garuda). Ele estava dando a transmissão oral quando parou de repente e disse: "Sabe, o problema desses textos é que fazem parecer algo muito distante, muito remoto, muito incrivelmente vasto, quando, na verdade, é completamente simples. É tão ordinário que deixamos passar". E por isso temos que passar por todas aquelas centenas de milhares de prostrações e oferecimentos de mandala e todas aquelas visualizações extraordinariamente complexas para simplesmente voltar para onde sempre estivemos e nos reconhecermos em casa pela primeira vez.

Estabelecemos a visão de que a natureza de nossa consciência é claridade e vacuidade. Desde tempos primordiais, é o que temos sido e o que somos. Baseados nessa visão, começamos a praticar. A visão é muito importante porque embasa e sustenta tudo o que vem depois. É muito importante entender que já temos tudo de que precisamos. O exemplo tibetano é uma pessoa que possui um baú infinito cheio de diamantes, ouro e todo tipo de riqueza enterrado em seu terreno. Mas ela esqueceu disso e vive como mendiga, saindo todo dia para coletar umas míseras moedas.

É assim que nós somos. Temos tudo de que poderíamos precisar. Temos a natureza de buda. Mas nos sentimos tão pobres. Tão desprezíveis. Pensamos ser seres humanos fracassados. Nós nos sentimos tão alienados, tão sem valor. Pensamos: "Outras pessoas conseguem fazer todas essas coisas maravilhosas, mas eu não consigo fazer nada. Sou tão estúpido. Estrago tudo. Tive uma infância horrível, agora estou todo deformado e não há nada a fazer. Talvez um psiquiatra, pelo menos, possa me ajudar a encarar cada dia desgraçado que vem pela frente". Todavia, o tempo todo somos um buda! Temos essa quantidade infinita de compaixão e sabedoria dentro de nós o tempo todo. Apenas ficou tudo entupido, por isso não conseguimos achar.

É importante entender que não somos vermes sem valor. Temos o completo potencial de buda. Só está um pouco obscurecido no momento. Se sairmos agora e tentarmos olhar o céu azul, não poderemos ver porque há muitas nuvens. Mas o céu está ali. Por mais densas que sejam as nuvens, o céu está sempre ali. É como quando estamos num avião. As nuvens estão ali, mas por trás delas existe o céu azul, infinito e profundo. Todos nós temos acesso a ele. Não somos pecadores ignorantes. Na base de nosso ser existem sabedoria e compaixão infinitas.

Perdemos de vista, mas podemos estar de volta em um milissegundo, como se estivéssemos em uma sala escura há séculos e, no momento em que acendêssemos a luz, o recinto ficasse iluminado. Só porque ficou no escuro por centenas de anos não significa que levará muito tempo para ter luz. No momento em que se acende a luz, ali está ela. Por mais profunda que seja nossa ignorância, por mais profunda que seja nossa sensação de desvalor, por mais que nos sintamos inundados de emoções negativas, por mais alienados e isolados que nos sintamos, no momento que acessamos a natureza não condicionada da mente tudo isso desaparece. Pode voltar, é claro. A iluminação geralmente não é uma experiência de uma vez só, como muita gente parece pensar. Mas aquele momento de visão transforma tudo. Percebemos que sempre nos identificamos com as coisas erradas. Não é absolutamente o que somos! Por isso esse rompimento inicial é tão enfatizado em todas as escolas do budismo. Meu lama costumava dizer que, uma vez que realizasse a natureza da mente, você poderia começar a meditar. Antes disso, você está em meio a uma brincadeira, tentando acertar. De repente você acerta e tem um flash. Nesse momento você sabe o que está fazendo. A seguir começa a aprender como reproduzir o flash e, depois, como prolongá-lo. E então aprende como integrar esse entendimento com a consciência cotidiana.

Um dos problemas de não ter um professor é que algumas pessoas experimentam um avanço profundo e pensam erroneamente que estão iluminadas. Então se estabelecem como pessoas iluminadas. Isso porque não têm um professor que diga: "Sim, ótimo, muito bem, continue sentando". Existe uma história sobre Gampopa. Ele era o discípulo principal de Milarepa, o grande iogue do século XI. Além de grande meditante, também era professor. Tinha vários discípulos, mas os dois principais eram Dusum Khyenpa, que foi o primeiro Karmapa, e Pagmo Drupa. De Pagmo Drupa vieram todas as outras escolas Kagyupa. Dizem que, em certa época, Pagmo Drupa estava meditando há muito tempo e nada acontecia. Ele estava ficando desiludido. Em dada ocasião ele meditou a noite inteira e teve um avanço. Ficou muito empolgado. Saiu apressado para contar para Gampopa. Era de manhã bem cedo. Gampopa estava comendo *tsampa*, que é farinha de cevada tostada. Ela é misturada com chá de manteiga e moldada em bolinhas chamadas de *pag*.

Gampopa estava sentado, comendo *pag*. Pagmo Dupa chegou correndo e disse: "Oh, tive uma experiência. Finalmente entendi". E descreveu a experiência. Estava muito empolgado. Gampopa ficou lá sentado e só falou: "Acho que prefiro meu *pag* à sua experiência". Então o pupilo foi sentar mais. É para isso que serve o professor!

Claro que o avanço inicial é muito importante. Meu professor explicou assim: "É como se você estivesse andando por um caminho sinuoso na montanha para chegar a uma cidade. Você não tem certeza de que o caminho de fato leve à cidade. Não tem certeza sequer de que a cidade exista. Mas você ouviu dizer que ela está lá. Então confia que o caminho por fim o leve até lá e segue andando. Existem umas poucas placas sinalizadoras. Então um dia você dobra numa curva e lá ao longe está a cidade. É um avanço enorme na jornada. Agora você sabe que a cidade existe. Agora você sabe que o caminho leva até ela. Como o caminho é sinuoso, talvez haja momentos em que você não veja a cidade. Mas, a cada vez que vê, ela está mais próxima. Entretanto, você ainda não está na cidade. Está apenas tendo vislumbres dela. Mas um dia, contanto que siga andando, você vai chegar na cidade e terá condições de morar lá. Você então será um buda".

Outro exemplo foi dado por um mestre Zen que morou em Londres anos atrás. Ele dizia que a mente é como um grande espelho. Ele está coberto de poeira. Você pega um alfinete e faz um furinho na poeira. Através dele, você vê o brilho do espelho. A maior parte do espelho ainda está coberta de poeira, mas aquela pequena cintilação é a verdadeira natureza do espelho. Claro que ele ainda não está todo à mostra, mas foi um grande passo à frente. Você pode ver que por baixo de toda a poeira há uma cintilação. A tarefa agora é deixar aquela cintilação maior ou fazer vários pontos de luz até todos estarem conectados e o espelho inteiro, enfim, ficar completamente límpido. Por isso dizem que a realização inicial da natureza da mente é o primeiro grande avanço. É um ponto muito importante em todas as escolas budistas. Naquele momento, você deixa de ser uma pessoa comum. Na linguagem budista, você se torna um *arya*, um ser nobre. Não significa que você tenha terminado. Não significa que seja um bodhisattva de alto nível. Podemos vir a retroceder. Ainda assim, é um grande avanço. Agora entendemos o que é verdadeiro e o que não é verdadeiro. Não temos mais que aceitar tudo com base na fé. É uma experiência não dual direta. A questão é que isso é muito fácil. Não é difícil, e não é algo que só possa ser alcançado depois de anos e anos de prática.

Nosso principal obstáculo é o fato de que não sabemos como relaxar a mente o bastante para ficarmos abertos a essa experiência. No fundo da mente, continuamos a pensar que isso é muito difícil e muito avançado. Por isso não reconhecemos o que está a nossa frente. Por isso um professor pode ser extraordinariamente útil. Um professor que vive com essa realização é capaz – se a mente do discípulo estiver completamente aberta – de transmitir a sua experiência. O problema aqui é que, se temos esperanças ou medos demais, isso cria uma barreira. É muito difícil estar aberto. Não basta querer.

Conheci uma monja inglesa de uns setenta anos e a filha dela, de uns cinquenta anos, que também era monja. Ela contou que uma vez estivera na comunidade do meu lama no Tashi Jong para as danças dos lamas. Foi no tempo em que o Khamtrul Rinpoche anterior estava vivo. Ela não era discípula dele. Tinha professores Gelugpa. Ela só ficou lá sentada, assistindo às danças. Meu lama estava dançando. Ele era um dançarino muito bom e ela ficou olhando. Durante a dança, ele se virou e olhou diretamente para ela. Naquele momento, a mente da monja desmoronou inteira e ela realizou a natureza da mente. Ela nem era discípula dele, mas estava totalmente aberta naquele momento, e ele sabia. Está próximo de nós dessa maneira, só que não vemos. Por isso um professor qualificado pode ser muito útil. Alguns tibetanos dizem que é quase impossível realizar a natureza da mente sem um professor. Não creio que seja verdade. Algumas pessoas realizam a natureza da mente de forma espontânea sem um professor. Mas um bom professor ajuda.

Acho que agora vamos sentar por quinze minutos. Vou dizer o que quero que vocês façam. Façam na velocidade de vocês. Primeiro, vamos nos trazer para o presente. Trazer a mente para a sala com clareza. Então trazer a mente com calma para o corpo. Em outras palavras, ficar conscientes de como estamos sentados. Conscientes de nossa postura. Conscientes de qualquer pressão no corpo. Apenas tomar conhecimento. Apenas notar e saber que é assim que está. Então, muito calmamente, trazer a atenção para o ir e vir da respiração. Não pensar na respiração. Não olhar para ela a distância, como se vocês estivessem na cabeça, olhando para baixo, para a respiração. Apenas tentar experimentar. Fluir com a inspiração. Fluir com a expiração.

Enquanto fazemos isso, vocês vão ter pensamentos. Todos nós temos pensamentos. Pensamentos são simplesmente o jogo natural da mente. São como ondas na superfície do mar. Não são um problema. É da natureza da mente ter pensamentos, mas não temos de seguir atrás deles. Não temos de dar energia a eles. Assim, soltem todo pensamento sobre o passado, parem de antecipar o futuro e não deem nenhuma energia para o presente. Apenas fiquem com a inspiração e a expiração. Quando ouvirmos ruídos, são apenas ondas que chegam ao órgão da audição. Ruídos são naturais. Ouvi-los é natural. Não é importante. Não deem nenhuma energia para isso também. Se ouvirem um ruído e começarem a pensar: "Oh, que ruído horrível", ou: "Gostaria que esse ruído parasse", apenas fiquem conscientes de que isso é o que estão pensando e continuem. O que quer que aconteça está muito bem. Sem problema. Reconhecemos, aceitamos e então soltamos o que quer que apareça. É muito simples. Fiquem com a respiração. Quando a perdemos, trazemos a mente de volta gentilmente. Reconheçam, aceitem e então soltem o que quer que aconteça.

PERGUNTAS

PERGUNTA: Parece que a mente se parte, e uma parte da mente se torna a testemunha, ou a conhecedora. Esse aspecto então vê o resto da mente como um objeto. Como juntamos e equilibramos essas duas faculdades da mente?

Tenzin Palmo: Essa é uma boa pergunta. Em nosso estado mental normal, estamos completamente submersos em nossos pensamentos e sentimentos. Não há espaço interno disponível. Quando pensamos, nós pensamos que somos os pensamentos. Quando sentimos, nós pensamos que somos os sentimentos. Estamos completamente identificados com nossos pensamentos e sentimentos. Acreditamos neles totalmente. Estamos totalmente engolfados neles. Esse é um dos motivos pelos quais sofremos tanto. Claro que é bom quando os pensamentos e sentimentos são só felicidade, alegria e paz mas, com frequência, são o contrário. São deprimidos, raivosos, frustrados e, por conseguinte, nos sentimos completamente envoltos em pensamentos sombrios. Por isso sofremos. Quando começamos a meditar, a superfície da mente começa a se acalmar. Então é como se uma parte da mente recuasse e fosse criada uma espécie de espaço ou distância dentro da mente. Parte da mente se torna uma observadora calma, impassível que, simplesmente, conhece. E existem os pensamentos e emoções dos quais a observadora está consciente. Esse acontecimento em si é extremamente útil. Não é a realidade última, mas é benéfico por muitos motivos. Um deles é que nosso centro não está mais na turbulência dos nossos pensamentos e emoções, mas recuado no espaço interno. Temos esse espaço interno desvelado para onde podemos nos retirar.

Esse espaço interno vê com muita clareza. Apenas observa, não julga. Agora podemos ver nossos pensamentos e emoções simplesmente como pensamentos e emoções. Não acreditamos neles como antes. Eles não são mais sólidos. Não nos identificamos com eles. Vemos surgirem como bolhas; aparecem, crescem, estouram e então surgem novos. Isso acontece continuamente. Essa é a atividade natural da mente. Está muito bem. Mas não estamos mais imersos nesses pensamentos e emoções. Podemos vê-los como são. Eles começam a ficar cada vez mais friáveis, cada vez mais transparentes. E começamos a entender alguma coisa dessa qualidade espaçosa vazia à medida que ela começa a se abrir. Começamos a entender que tudo é como um arco-íris. Os pensamentos, na verdade, são transparentes. Não são reais. Você não pode pegar um pensamento e segurá-lo.

Desenvolver esse tipo de estado mental é um auxílio enorme em nossa jornada espiritual. Não é difícil. Na verdade, é muito simples. Sempre pensamos que as coisas são muito difíceis, pensamos que as outras pessoas conseguem fazê-las, mas nós não. Na prática, é como um estalar de dedos, e vocês conseguem. Nosso maior problema é seguir em frente. É fácil ir para trás. Mas, uma vez que tenham conseguido, mesmo que por um segundo, vocês entendem que não é nada especial. É apenas estar presente no momento sem ficar submerso nele. Agora temos o sujeito, que é o observador, e temos os pensamentos, que são os objetos observados. A questão é como juntar os dois. A boa notícia é que não precisamos. A certa altura, quando a mente está completamente consciente, completamente presente e, ao mesmo tempo, completamente relaxada, a coisa toda se desmorona, e nos vemos naturalmente em um estado de consciência não dual. Mesmo que apenas por um segundo, pelo menos naquele momento conseguimos. Não podemos fazer nada para que aconteça. Podemos apenas criar as condições para que aconteça espontaneamente.

P: Há cerca de três anos fiz um curso de ioga. As coisas começaram a ficar cada vez mais amplas, e aquilo me assustou. Como lidar com o medo?

TP: O fato é que a mente tem infinitas capacidades, infinito potencial e muitos, muitos estados. Nosso ego quer estar no controle de tudo. Ele vê diferentes estados mentais aparecendo e não entende o que está acontecendo. Por isso surge o medo, e entramos em pânico. Se você percebe isso acontecer, é uma boa ideia apenas relaxar no momento com uma espécie de curiosidade interior para ver o que se desenrola e para onde leva. A mente apresenta todo tipo de estado. Joga todo tipo de jogo e não devemos ficar apegados a nenhum deles. Mas a mente, às vezes, também quer realmente se expandir sob certos aspectos. Quer ir além do pensamento conceitual habitual e nós vamos dar espaço para que ela faça isso. Talvez fazer o relaxamento da ioga tenha, de algum modo, ativado outras camadas da mente que queriam ser trazidas à consciência. Talvez fosse uma boa ideia relaxar e simplesmente deixar que acontecesse.

Se vocês têm um sistema de crença particular, podem tomar refúgio nele. Isso vai protegê-los. Antes de todos os tibetanos começarem a meditar – e provavelmente é assim com todos os budistas –, eles tomam refúgio no Buda, no Dharma e na

Sangha. Os tibetanos também fazem uma coisa que chamam de guru ioga. Nessa prática imaginamos um buda primordial e todos os mestres da linhagem a que pertencemos, organizados em ordem cronológica, terminando com o nosso professor. Então rezamos pelas bênçãos deles. Imaginamos que todos eles descem em nosso professor de raiz, e ele se funde conosco e a nossa mente e a mente dele tornam-se uma. O motivo para fazer isso é primeiramente invocar as bênçãos da linhagem, mas também é uma proteção, de modo que o que quer que aconteça na meditação seja bom. Aí vocês podem simplesmente relaxar e permitir que aconteça o que quer que aconteça, sem medo. Se surge alguma coisa perturbadora, vocês invocam de novo os mestres específicos de seu sistema de crença. Então, se houver alguma coisa desagradável, ela será dissipada.

P: Entendo os benefícios de ter um professor e entendo que o professor vai encontrar você, que não é preciso procurar por ele. O que a senhora acha disso, especialmente para um praticante ou aluno ávido em progredir?

TP: Quando o aluno está pronto, o professor aparece. Mas essa ideia pode ser levada a extremos. Conheço gente que passou a vida toda esperando o professor ideal chegar, dizer a palavra e zás, eles ficarem iluminados. Nesse ínterim não fizeram nada porque estavam esperando. Isso é um extremo. Essas pessoas acreditam que o único jeito de obter conhecimento espiritual é encontrando o professor perfeito, e não fazem nada por si. O professor perfeito vai chegar e encontrá-las. Vocês poderiam perguntar por que ele se daria a esse trabalho! Por outro lado, é verdade que, a menos que tenha a conexão cármica, você pode andar pelo mundo encontrando todos os gurus possíveis e ainda assim acabar sem nada. Acho que depende muito do carma. Se vocês tiverem a conexão cármica para encontrar o professor certo, vão encontrar. Se não tiverem, não vão. Mas, nesse meio-tempo, obtendo acesso a professores e ensinamentos, vocês ainda assim podem aprender e praticar. Pode ser que, até chegarmos a um certo nível, mesmo que encontrássemos o próprio Buda, ele não teria condições de nos ajudar. Talvez seja necessário fazermos toda a preparação, de modo que, se encontrarmos o professor perfeito, ele possa mesmo nos ajudar. Convém todos nós começarmos a nos preparar agora. Podemos aprender a praticar, podemos formar nossa vida ética, podemos purificar nossa motivação. Existem muitas práticas de purificação e para aprender a se concentrar e a domar a mente, tornar a mente mais sutil. Então, se tivermos a sorte de encontrar o professor perfeito, estaremos prontos para que ele dê os ensinamentos que realmente vão nos ajudar em vez de perder tempo nos ensinando o ABC que poderíamos ter aprendido por nossa conta.

P: Como conseguimos um bom renascimento?

TP: Conseguimos um bom renascimento tendo uma boa motivação e mantendo uma conduta virtuosa. Por que estamos aqui? Estamos aqui para cultivar e desenvolver nossa mente em todos os níveis e abrir o coração. Seja como for que façamos isso, trata-se de uma coisa boa e não é um desperdício de nosso nascimento humano. Precisamos nos perguntar o que distingue o nascimento humano do nascimento animal, do nascimento em um reino dos deuses, em um reino infernal ou como um fantasma faminto. Por que um nascimento humano é tão precioso? Um dos motivos é que os humanos têm escolha. Somos responsáveis pelas nossas ações. Podemos optar por reagir às situações em um nível muito instintivo, como os animais, ou podemos pôr em cena algo unicamente humano, que é a nossa inteligência. Tudo o que acontece é uma oportunidade para fazermos uma escolha responsável. Por isso é maravilhoso ser humano. Se alguém nos insulta, temos uma escolha. Podemos revidar o insulto, podemos bater em nosso ofensor, podemos ir embora nos sentindo humilhados e nos culpando por merecer insultos de todo mundo, ou podemos ver a situação com entendimento e paciência e lidar com ela de modo hábil, sem culpar ninguém. Temos essa escolha.

Um dos ganhos da meditação é deixar a nossa mente tão clara que simplesmente não temos reações de bate-pronto nas situações. Se escolhemos com sabedoria, nos damos espaço para ver as situações com clareza e ter reações apropriadas. Se tivermos reações apropriadas e hábeis, teremos um renascimento hábil e apropriado. Devemos viver a vida de maneira ética. A ética budista baseia-se em não causar mal. Claro que estamos sempre causando mal, mas é uma questão de grau. Se começamos a pensar: "Cada vez que como uma cenoura muitos insetos estão sendo mortos, essa cenoura tem vida", e por aí vai, acabamos com uma visão extrema gigante com a qual não podemos nos mexer, simplesmente sentamos e nos deixamos morrer de fome. Não resolve nada. Seguindo a ética budista, não matamos. Não tiramos a vida porque a vida é o bem mais importante que qualquer ser possui, inclusive os insetos. A coisa mais preciosa para um inseto é sua própria vida. É importante respeitar o direito à vida de todos os seres. Causamos tantos desastres nessa terra porque somos muito arbitrários. Decidimos que isso ou aquilo não é bom e o destruímos. Então verificamos que uma outra coisa está saindo de controle porque destruímos aquilo que a controlava. A terra era muito equilibrada, mas, devido à nossa estupidez teimosa, nossas ideias de que "isso é bom, isso é ruim" e nossa presunção de que podemos simplesmente nos livrar de algo que não nos agrada, causamos grande dano. Devemos respeitar o fato de que tudo tem um papel a desempenhar – mesmo as coisas de que não gostamos.

Não devemos roubar. Não gostamos que as pessoas nos roubem. É muito insensato pensar que temos direito à propriedade dos outros. É prejudicial. Temos que aprender a assumir responsabilidade por nossa conduta sexual. Somos muito irresponsáveis nestes tempos modernos. O número de abortos é evidência disso. Não pensamos nas consequências do que estamos fazendo, em como as outras pessoas serão afetadas, como seremos afetados ou como a sociedade será afetada. Não pensamos na criança não nascida, que também é um ser humano. Não nos importamos.

Por que somos tão infelizes? Pensamos que, se tivermos a expressão sexual perfeita, seremos felizes; contudo, todo mundo é tão neurótico, tão infeliz, tão atrapalhado. É porque não assumimos a responsabilidade por nossas ações e suas repercussões. Estamos causando mal aos outros, estamos causando mal a nós mesmos. Estamos mentindo. Não estamos sendo abertos e honestos. Por isso há o abuso de álcool e drogas. Isso causa mal aos outros, nos causa mal, causa mal à sociedade. Nenhuma dessas regras éticas pertence especificamente à vida de Magadha há 2,5 mil anos. São tão relevantes hoje quanto eram naquele tempo, se não mais. Não têm nada a ver com cultura, nada a ver com o fato de o Buda ser indiano. Elas são universalmente aplicáveis. Não se trata do que comemos ou não comemos. Não se trata nem de com quem dormimos ou não dormimos. Tem a ver com o porquê de estarmos dormindo com essas pessoas e qual poderia ser a repercussão. Tem a ver com a possibilidade de isso afetar alguém de maneira adversa. Tem a ver com o fato de causarmos mal ou não causarmos mal.

Tudo tem a ver com nutrir e alimentar. Se levamos a vida com um senso do que o Dalai Lama chama de responsabilidade universal, não há como agirmos errado, pois estamos cumprindo nosso papel como humanos. A meditação nos ajuda a obter clareza para fazer isso. Mas nossa conduta ética também ajuda a sustentar a nossa meditação. O Buda sempre disse que, se você não tem uma conduta ética, não consegue meditar porque a mente fica distraída demais. Uma vez que tenhamos estabelecido uma conduta ética em nossa vida, ficamos mais pacíficos e quietos internamente. Nossa mente pode se acomodar muito mais rapidamente. Isso ajuda a meditação. Quando a mente se acomoda, fica mais clara. Dessa forma, o entendimento e a compaixão surgem naturalmente. Eles estão integrados. Vocês não podem ter um sem o outro. É tudo parte do pacote.

As pessoas ficam muito felizes em ouvir sobre sabedoria. Ficam muito felizes em ouvir sobre meditação. Mas relutam muito em ouvir sobre ética. Todavia, um código de ética é a base sobre a qual tudo é construído. Não se trata de "você não deve fazer isso, você não deve fazer aquilo". Não são mandamentos. Mesmo os cinco preceitos não dizem "não matarás, não roubarás". Eles dizem: "Me comprometo a observar a regra de treinar para não tirar a vida". São regras de treinamento. Nossa motivação deve ser viver neste mundo sem causar dano a outros seres. Se as pessoas conseguissem tratar apenas disso, imaginem em que terra pura estaríamos vivendo!

P: Qual é o processo de reparações se uma pessoa agiu sem ética em algum estágio da vida?

TP: Existem procedimentos muito específicos. Suponha que alguém tenha feito algo realmente horrível e se arrependa. Na tradição budista existe uma coisa chamada os quatro poderes oponentes. O primeiro deles é o remorso. Nada será purificado se não nos arrependermos. Se nossa atitude básica é: "Aquilo foi meio esperto, não é todo mundo que consegue fazer", e por dentro nos sentimos bastante satisfeitos por ter feito o que fizemos, não há como purificar. Temos que ver que é como beber veneno. Esse é o exemplo tradicional, você toma veneno e daí pensa: "Oh meu deus, o que foi que eu fiz?".

Depois temos o que é chamado de poder da confiança. Isso significa que usamos algo em que confiamos para ajudar a purificar essa ação. No sistema tibetano existe uma série de práticas feitas especificamente para purificação. Aqueles de vocês que conhecem o budismo tibetano imediatamente vão lembrar da prática de Vajrasattva. Há também a prática de jejum de Chenrezig de Mil Braços, ou Quan Yin. Também há práticas como as prostrações para os 35 Budas da Confissão e outras. Essas várias práticas de purificação invocam o poder da confiança.

A seguir temos o poder do antídoto. Isso significa fazer algo que seja o oposto do que foi feito, como o antídoto para um veneno. Por exemplo, uma amiga minha estava no Corpo da Paz. O programa específico dela era implantar aviários. Sua motivação era ajudar os aldeões a obter dinheiro e proteína criando galinhas. Mas, quando se tornou budista, ela percebeu que havia torcido o pescoço de centenas de galinhas e causado a morte de milhares de outras. Ela ficou horrorizada com o que havia feito. A motivação não havia sido ruim. Ela não sentira animosidade pessoal em relação às galinhas, mas seu comportamento era deludido porque ela não havia percebido que aquelas galinhas tinham uma vida e que não é certo privar qualquer ser da coisa mais preciosa que ele possui. Ela ficou muito transtornada por causa disso. Desde então, há 35 anos, ela salva vidas sempre que surge a oportunidade. Ela compra peixes e os devolve ao oceano. Compra pássaros e os liberta. Compra ovelhas destinadas ao matadouro e dá para pessoas cuidarem. Usa isso como um antídoto muito deliberado contra todas as vidas que tirou no passado. Também podemos tentar fazer o oposto de qualquer mal que tenhamos cometido no passado.

O quarto poder é o poder de prometer nunca fazer de novo. Se fazemos uma coisa e sabemos que é errado, mas vamos continuar fazendo assim mesmo, não temos remorso. Não é sincero. Se realmente soubéssemos que estamos tomando veneno, não ficaríamos tentados a tomar de novo. Assim, o quarto poder é o poder de prometer nunca mais fazer de novo. Se realmente é de coração, pode purificar.

P: Pensei em soltar pássaros. Não soltei, pois me pergunto se eles não ficariam melhor na gaiola?

TP: Existe muita ambiguidade em soltar seres vivos. É uma prática muito popular na Ásia. Mas, em consequência, tem muita gente que ganha a vida capturando pássaros e os mantendo em condições muito cruéis só para que budistas piedosos apareçam, comprem as aves e as soltem em ambiente silvestre. Entretanto, esses pássaros estão em uma condição horrível e são recapturados imediatamente. Algumas pessoas gostam de pegar tartarugas e colocá-las em tanques nos mosteiros. Mas os tanques estão entupidos de tartarugas, que agora vivem numa espécie de reino infernal. De modo que não é bom ser insensatamente piedoso. Temos que usar a nossa inteligência. Comprar peixes daqueles grandes aquários nos restaurantes chineses a fim de levá-los de volta para o mar dá uma chance de vida para eles. Quando isso é feito, muitas preces e mantras são rezados para eles. Na Ásia pode-se comprar ovelhas e cabras que vão ser abatidas e entregá-las aos cuidados de pessoas. Esses animais têm uma fita especial amarrada ao pelo, de modo que todo mundo pode ver que eles foram salvos e não podem ser mortos.

P: Vivo em uma região da Austrália onde uma espécie de inseto ataca as árvores todos os anos. Se eu não os remover, as árvores vão morrer. O que você aconselharia numa situação dessas?

TP: Certo, vou ser controversa aqui. Antes de mais nada, isso aqui é o samsara. É o reino do nascimento e da morte. Por sua natureza inerente, não é algo satisfatório. E o Buda disse que a vida doméstica é cheia de poeira. Em outras palavras, é muito difícil manter conduta ética imaculada na vida doméstica. Vocês sempre têm que tomar decisões e fazer acordos. Nesse caso, você tem que decidir o que é mais importante, as árvores ou os insetos. Cabe a você. Se decidir que as árvores são mais importantes para você que os insetos, é a sua decisão. Pessoalmente, eu sugeriria que, antes de pulverizar as árvores, você conversasse com os insetos. Isso pode parecer tolo, mas diga aos insetos o que você vai fazer. Diga muito claramente quais são as opções deles. Diga: "Vejam, sinto muito. Entendo que é o meio de vida, a natureza de vocês. Não é culpa de vocês. Mas sou muito apegado a essa árvore e não quero que ela seja destruída. Então, sinto muito, mas terei que matá-los se não saírem. É com vocês. Vocês têm 48 horas para decidir".

Diga muito claramente, em pensamento bem como em palavras. Fale várias vezes. E então dê uma chance a eles. Se você realmente conseguir se comunicar com os insetos, eles provavelmente vão decidir ir embora. Pode ser que você não consiga fazer contato com eles. Mas deve ao menos tentar. Dê uma chance justa a eles. Então, mesmo que eles não saiam e você tenha de matá-los, faça isso com arrependimento e com responsabilidade. Não se regozije. Faça algumas preces por um renascimento melhor para eles. São seres sencientes. Também têm natureza de buda. Todos têm o potencial em vidas futuras, assim como nós. Também têm direito à vida. Portanto, não se deve tirar a vida deles de modo negligente, mas com um senso de responsabilidade e arrependimento.

P: Pode ser que haja alguns sprays de jardim que os desencorajem sem matá-los.

TP: Sim, isso é bem verdade. Eu investigaria essa possibilidade primeiro. Temos de tomar essas decisões. Não é fácil. Mas ao menos devemos tomar decisões responsáveis em vez de fazer as coisas sem pensar.

P: Quais são as diferenças entre o Hinayana e o Vajrayana em relação a comer carne? Parece ser mais comum no Vajrayana comer carne.

TP: Parece bastante claro que o Buda comia carne. De acordo com o Vinaya, não existe regra dizendo que não se possa comer carne. Sou vegetariana, então não estou defendendo os meus interesses aqui. Devadatta, o primo perverso do Buda, tentou provocar uma cisão na sangha. A recomendação dele era tornar as regras da sangha mais estritas do que eram. Ele queria que todos os monges fossem obrigados a usar mantos de trapos, enquanto o Buda disse que podiam se quisessem, mas que não era necessário e, se alguém oferecesse mantos, podiam usar. Devadatta disse que todos os monges deviam viver de esmolas, enquanto o Buda disse que deviam viver de esmolas, mas não haveria problema se alguém os convidasse para uma refeição. Devadatta disse que todos os monges deviam viver debaixo de árvores, enquanto o Buda disse que podiam viver debaixo de árvores, mas, se alguém oferecesse uma cabana, eles podiam aceitar. Devadatta queria que todos os monges fossem vegetarianos estritos. O Buda disse que podiam ser vegetarianos se quisessem, mas, como viviam de esmolas, deveriam aceitar o que quer que fosse dado. Os monges iam de casa em casa de manhã cedo, coletando comida cozida. A ideia é que fossem totalmente não discriminativos, aceitando qualquer alimento que fosse oferecido. Portanto, nos países de tradição Theravada, onde ninguém é vegetariano, os monges não são vegetarianos. É uma situação muito complexa.

No Mahayana há sutras, como o *Lankavatara Sutra*, que contêm capítulos inteiros de diatribes do Buda contra o consumo de carne, principalmente por ser impura. Curiosamente, muito menos do que por compaixão pelos animais. De certo modo, é bastante hindu. Em todo caso, existe uma forte inclinação contra o consumo de carne no Mahayana. Portanto, em países Mahayana, como China e Coreia, os monges e monjas são vegetarianos estritos. Também são veganos porque os chineses normalmente não consomem laticínios. Comem muito tofu como fonte de proteína. Assim, se vocês forem a um mosteiro Mahayana, sempre receberão comida vegetariana.

O Vajrayana desenvolveu-se na Índia em enormes faculdades monásticas e nas imediações dessas instituições. Agora, tenham em mente que muitos dos monges nessas faculdades eram brâmanes e kshatriyas, em outras palavras, pessoas de castas elevadas. Eram Mahayana, o que significa que não comiam carne. Eram puros, celibatários, nunca bebiam e eram vegetarianos. Na cabeça deles o vegetarianismo estava associado ao caminho espiritual. Mas havia umas reuniões, quase uns congressos de bruxas, em que eles se juntavam fora do ambiente monástico, muitas vezes em cemitérios. Por que em cemitérios? Primeiro porque são locais muito assustadores; segundo porque ninguém ia lá à noite. A presença deles era secreta. Nesses locais, eles faziam coisas que rompiam todos os padrões. Bebiam álcool. Havia garotas lá. Comiam carne. Dançavam. Cantavam. Rompiam todas aquelas pesadas inibições que haviam construído a respeito do que a prática espiritual deve ser. Assim, era uma catarse. Tudo isso acontecia na atmosfera já incrível de uma necrópole. As necrópoles daquele tempo não eram como nossos pequenos cemitérios bem arrumados, com flores, luzes e estátuas de anjos. Eram locais onde se atiravam os corpos, e aí vinham os chacais e abutres para comê-los. Eram locais muito assustadores, onde acontecia todo tipo de coisas estranhas. Em locais tão assustadores e desafiadores dava para se transpor todas as inibições. Na tradição tibetana, isso é representado de forma bastante branda nas celebrações bimestrais conhecidas como *tsog*. No tsog, em situações muito higienizadas no mosteiro ou no centro de Dharma, deve-se consumir um pouquinho de álcool e um pedacinho de carne. E aí canta-se uma linda e inspiradora canção vajra. Mas isso é um pálido reflexo de um pálido reflexo de um pálido reflexo do que realmente acontecia e de onde isso provém.

O Vajrayana almeja criar uma revolução física interior em nossas noções de puro e impuro. Os indianos são muito ligados em pureza. O tantra tentou romper isso. Alguns iogues hindus de hoje fazem todas aquelas práticas originais. Os iogues tântricos hindus são pessoas muito interessantes. Eles realmente vivem em cemitérios. Sentam em cima dos corpos. Comem cadáveres. Ainda fazem isso hoje em dia como forma de romper todas as inibições da psique sobre "pode" e "não pode", ir além da esperança e do medo, da repulsa e da atração. Fazem todas essas coisas convencionalmente consideradas totalmente repugnantes. É disso que se trata.

Existe um livro muito interessante chamado *Agora*, sobre um tântrico moderno que passa metade do tempo como empresário em Mumbai e a outra metade tirando toda a roupa e vivendo em cemitérios. É chocante. Mas, a leitura desse livro faz lembrar da vida dos mahasiddhas lá no século VIII. Quando o budismo chegou ao Tibete, foi higienizado e muitas dessas práticas tântricas tornaram-se meramente simbólicas. Originalmente havia cinco néctares que não vou descrever, mas que eram deveras desagradáveis. Hoje em dia usam pílulas de ervas em álcool. Mas, nos velhos tempos, não estavam de brincadeira. Usavam os ingredientes originais porque estavam tentando ir além de todas as concepções mentais sobre o que é aceitável e o que não é. O tantra refere-se a isso. Agora virou moda, de modo que muita coisa se perdeu. Claro que os tibetanos ainda produzem grandes mestres iluminados rotineiramente, então alguma coisa está funcionando! Mas se perdeu um aspecto do tantra.

Bem, de volta à carne. A ideia geral de comer carne nos tantras superiores era chocar. Beber álcool, comer carne. Quando o budismo chegou no Tibete, deparou com um povo selvagem e bárbaro que acabara de conquistar uma grande parte da Ásia central. Eles eram muito guerreiros. Ainda são, por isso são praticantes tão bons. Possuem aquele espírito guerreiro e se tornam bandidos ou grandes praticantes. Têm muita energia bruta. Assim, quando o tantra foi introduzido no Tibete por Padmasambhava no século VIII, eles se apaixonaram. Bem, não de imediato. De início ficaram muito céticos. Haviam experimentado o budismo Mahayana antes. De fato, houve muita controvérsia na época da introdução do budismo tântrico no Tibete. Mas, depois de um tempo, aceitaram que funcionava e que era um caminho espiritual legítimo. Quando relaxaram e perceberam que era bom, que não era demoníaco, aderiram com grande entusiasmo. O tantra ajustou-se incrivelmente bem ao caráter tibetano. Foi feito para os tibetanos.

Toda religião tem sua cota de hipocrisia. De fato, não existe nada no Vajrayana que diga que você tenha que comer carne. Hoje em dia, mais e mais lamas estão se tornando vegetarianos, especialmente os mais jovens, em parte por questões de saúde e em parte porque reconhecem a hipocrisia de falar em compaixão universal e então sentar para comer um bife ou um frango. Mas não acredito que isso tenha qualquer coisa a ver com iluminação. Acho que uma das belezas do budismo tibetano é que eles fazem todas as coisas consideradas inaceitáveis na maioria das tradições espirituais. Eles eram sujos. Limpeza está próximo da piedade? Esqueça. Eles comem todas as coisas erradas. Comem carne, cebola e alho. Bebem, fazem tudo o que se espera que não façam e mesmo assim se iluminam! Para nós, de fato é bom ouvir falar disso, pois é um lembrete para não ficarmos apegados a essas coisas. É bom não comer carne. É bom estar limpo. Mas essas coisas não têm nada a ver com atingir a iluminação.

P: É a primeira vez que ouço falar de cebola e alho. Qual é a objeção a alho e cebola?

TP: No sistema indiano, as castas superiores, como brâmanes, não comem carne ou cebola. De acordo com a antiga ciência Ayurveda, existem três *gunas*, ou qualidades: *sattva, rajas* e *tamas*. Os alimentos também são divididos em *sattvika, rajasika* e *tamasika*. Sattvika significa puro. Purifica o corpo e a mente. Alimentos sattvika incluem leite, grãos puros, vegetais, queijo etc. Depois vêm os rajasika. Rajas significa algo fogoso e excitante, que incita e dá energia. Cebola e alho, peixe e frango, chá e café são rajasika. São considerados estimulantes e, por isso, contraproducentes para qualquer um que deseje levar uma vida pura e celibatária. Por fim existem os alimentos tamasika. Esses alimentos são pesados e deixam a mente embotada. Incluem bife, bacon, álcool e alimentos muito fritos. Na tradição budista, de acordo com o Vinaya, monges e monjas não devem comer cebola e alho. Por isso na tradição chinesa a comida vegetariana também é preparada sem alho ou cebola.

12. O papel do mestre espiritual

Vou discutir o papel do mestre espiritual com especial referência ao Vajrayana. No tempo do Senhor Buda, o professor era o Buda, claro, e ele era a autoridade definitiva. Existem registros de que, quando o Buda estava prestes a falecer, Ananda perguntou quem seria o novo professor, e o Buda respondeu: "Deixem que o próprio Dharma seja o professor". Na tradição Mahayana, o papel do professor é descrito como *kalyanamitra*, que significa "bom amigo" ou "amigo espiritual". Tal pessoa deve ser alguém que viajou mais ao longo do caminho do que o aluno. O guru deve ter desenvolvido sabedoria e compaixão em grau elevado. A resposta apropriada do estudante é de profunda gratidão ao professor, junto com a confiança em sua capacidade como guia.

Na escola Vajrayana, ou tântrica, o guru desempenha um papel extremamente essencial. Penso que existem dois motivos principais para isso. Primeiro, um professor genuíno, ou guru, é o que revela para nós a natureza vazia, consciente e clara da mente primordial, nossa sabedoria e compaixão inerentes. Essa natureza não condicionada da mente está sempre conosco. É o aspecto mais fundamental do nosso ser. Entretanto, é muito difícil obtermos acesso a ela sem ajuda. Precisamos de um professor que possa criar as circunstâncias psicológicas para vislumbrarmos a natureza inerente. Assim, um guru verdadeiro é o que nos mostra a natureza da mente. Portanto, é uma pessoa extremamente importante em nossa vida.

A analogia tradicional para descrever o papel do professor usa o exemplo do sol. O sol é enorme e poderoso, ilumina e aquece a terra inteira. Todavia, se colocarmos um pedaço de papel no chão ao sol, mesmo que no sol do meio-dia, o papel no máximo vai ressecar um pouco e talvez ficar levemente enrugado. Com certeza não vai pegar fogo. Mas, se colocarmos uma lente de aumento entre os raios do sol e o papel, os raios do sol ficarão focados, aumentando sua intensidade. Em pouco tempo o papel vai começar a ficar marrom, depois começar a fumegar e, em seguida, irromper em chamas. De modo semelhante, dizem que, embora as bênçãos dos budas e bodhisattvas sejam infinitas e incrivelmente poderosas, é difícil para eles nos transformarem diretamente, sem a intermediação de um professor espiritual por causa de nossas impurezas e obscurecimentos. Um professor qualificado corporifica as bênçãos, o poder, a compaixão e a sabedoria de todos os budas em uma forma humana. Como uma lente de aumento, ele ou ela pode condensar e transmitir aquelas bênçãos, atiçando as realizações no discípulo. Isso porque o guru tem uma forma humana e a transmissão é de mente para mente. Vejam, o guru não nos dá nada – ele ou ela simplesmente permitem que a abertura interior ocorra. Voltaremos a essa ideia mais adiante.

A segunda coisa que um guru pode nos dar é orientação. Se estamos viajando sozinhos por território desconhecido (e o que é mais desconhecido do que nossa paisagem psicológica interior?), muito provavelmente desviaremos do caminho, mesmo com a ajuda de um mapa. Às vezes podemos estar caminhando e, de repente, a trilha se divide. Vamos para a esquerda ou para a direita? Quando consultamos o mapa, nem sempre está claro o que fazer. O mapa dá as linhas gerais, mas os pequenos desvios não estão incluídos. Poderíamos escolher o caminho certo, mas também poderíamos escolher o errado e acabar numa areia movediça ou pântano!

Lembro que certa vez eu praticava com um velho iogue. Naquele tempo eu ia vê-lo todos os dias, e ele me dava instruções genéricas. Eu contava o que estava fazendo, e ele só dizia: "Oh, hum, sim, certo". Em dada ocasião, havia realmente acontecido uma coisa. Eu estava bem satisfeita porque tivera uma experiência! Então fui lá e contei, ele disse: "Hum", e pareceu totalmente entediado. Então perguntou: "Não aconteceu mais nada?". Quebrei a cabeça tentando lembrar. Lembrei de uma outra coisa menos importante e mencionei só para o caso de ser de alguma utilidade. Ele sentou-se ereto na mesma hora e disse: "Fale disso de novo". Então repeti o que havia falado e expliquei que havia acontecido isso e aquilo, e ele disse: "É isso, era isso que estávamos esperando. De agora em diante, faça isso e mais isso". E ele então me encaminhou para uma direção completamente diferente. Eu nunca saberia por mim. Não sabia o que estivéramos esperando. Não me pareceu absolutamente significativo. Por isso precisamos de um professor. Repetindo, se temos um guia, podemos caminhar confiantes porque sabemos que estamos com alguém que conhece a estrada. Se estamos sozinhos, temos que ir devagar. Hesitamos muito. Com alguém para nos guiar, podemos andar a passos largos pelo caminho.

Todos sonham encontrar o mestre perfeito que vai colocá-los debaixo de sua asa. Dali em diante, nada de problemas! Rá! Existem filmes nos quais as pessoas enfrentam dificuldades tremendas em busca do professor e, quando finalmente encontram a caverna certa, há um velho iogue sentado lá. Ele olha e diz: "Ah, eu estava a sua espera. Por que você demorou tanto?". Tentar encontrar o mestre perfeito que vai arranjar tudo para vocês é uma fantasia comum, onde tudo que se tem a fazer é seguir as instruções e a iluminação está garantida. Conheço inclusive pessoas que se recusam a fazer qualquer tipo de esforço por si mesmas, pois estão esperando o guru perfeito aparecer e dizer a frase perfeita. Elas então vão entender imediatamente e ficar iluminadas de uma vez por todas, sem a necessidade do mínimo esforço. Elas acreditam que vão encontrar o professor e ele vai dizer ou fazer aquilo que resolverá os problemas delas para todo o sempre.

Vocês poderiam perguntar o que há de errado nesse cenário. Parece bom! Bem, antes de mais nada, mesmo que encontrássemos o mestre perfeito, enquanto nossa mente permanecer completamente deludida, ele ou ela teria condições de nos ajudar? Talvez o único conselho do professor fosse: "Vá sentar". Talvez não estivéssemos prontos para receber instrução. Poderíamos precisar praticar muito mais primeiro. Mesmo os maiores mestres só podem ajudar quando os discípulos estão prontos. Nesse ínterim, precisamos nos preparar. Ao fazer isso, talvez venhamos a descobrir que, na verdade, todo mundo que encontramos é nosso mestre. Essa parte do relacionamento guru-discípulo é muito complicada.

Quais são os requisitos de um guru verdadeiramente qualificado? Bem, se vocês vão estudar física, vão querer se assegurar de que a pessoa com quem estão estudando entende mesmo de física. Se vão aprender alguma coisa, vocês vão querer se certificar de que a pessoa com quem estão estudando seja uma verdadeira mestra no assunto. Muito mais ainda quando estamos tentando descobrir algo tão significativo como nossa natureza inerente iluminada! É óbvio que ninguém pode nos revelar isso, ninguém pode nos mostrar o caminho a ser percorrido a menos que já tenham elas mesmas percorrido o caminho.

A próxima pergunta é: "Como sabemos se alguém é genuinamente realizado e qualificado?". A resposta é que não sabemos. É sempre uma aposta. Mas existem indícios. Quando procuro professores, a pergunta que eu pessoalmente faço é: "Tudo isso está vindo da vacuidade inerente ou vindo de um ego?". Realizações não têm nada a ver com carisma. Ficamos muito impressionados com o carisma e a capacidade de alguém de se vender ou ser intelectualmente satisfatório. Mas de onde vem isso? Vem realmente da sabedoria vazia e da compaixão genuína? Ou é só uma viagem de ego inflado? Temos que ser sensíveis o bastante para perceber. Fico extremamente desconfiada de alguém que se declara iluminado. Nunca conheci nenhum lama tibetano que sequer sonhasse em declarar tal coisa. A maioria dos lamas diz: "Oh, sou como você, também estou praticando, também estou treinando. Mas aquele lama lá é realmente fantástico, é incrível, ele consegue fazer isso e aquilo, mas eu, eu sou apenas um sujeito comum". Isso não significa que, quando estão sentados em um trono elevado, eles não consigam manifestar confiança interior. Mas a confiança deve vir do que estão ensinando e não do engrandecimento do ego. A outra coisa que acho que precisamos olhar é como eles são quando descem do trono e se misturam às pessoas comuns. Como eles se conduzem em circunstâncias comuns? Como tratam as pessoas comuns que não lhes trazem benefício?

O Dalai Lama diz que devemos investigar o professor. Sei que é difícil, mas os ocidentais realmente tendem a ser confiantes demais, crédulos demais. Os asiáticos são muito mais exigentes. Possuem padrões para julgar porque estão há muito tempo no ambiente espiritual. Os tibetanos não são ingênuos. Algumas pessoas imaginam que os tibetanos são simplórios e supersticiosos, mas os ocidentais deixam os tibetanos boquiabertos com sua credulidade. Nos textos tântricos é dito que se deve testar o guru por até doze anos antes de decidir aceitá-lo. O Dalai Lama inclusive diz que devemos espionar os gurus! Como eles agem quando não estão sob os holofotes? São bondosos e compassivos, ou basicamente estão rolando por aí, se divertindo e curtindo fascinar as pessoas? Quando questionei meu professor sobre certos lamas que são bastante controversos no Ocidente, ele disse: "Bem, nesse estágio é difícil julgar, mas dê uma olhada nos discípulos deles daqui a vinte anos". Essa é uma indicação muito boa do calibre de um professor. O que está acontecendo com seus discípulos mais antigos? Gostaríamos de ser como eles? Como é o ambiente em torno do guru? É psicologicamente saudável? Os discípulos estão sendo manipulados? São incapazes de tomar decisões por si sem correr para o guru o tempo inteiro? São psicologicamente dependentes do professor?

A palavra tibetana "lama" significa "uma mãe superior" e *ma* é feminino, claro. Assim, *lama* é uma palavra feminina. Os tibetanos geralmente não mencionam isso. Portanto, o guru é como uma mãe. Quando uma mãe tem filhos pequenos, ela cuida, alimenta e está ali para acarinhar, disciplinar e treinar suas crianças. É o papel dela. Mas, se a mãe ainda quer ser a "mamãezinha" à medida que os filhos crescem e quer mantê-los dependentes dela, presos sob sua influência, ela não é mais uma boa mãe. Uma mãe cria os filhos para que fiquem cada vez mais independentes e sejam capazes de deixar sua casa quando chegar a hora. Uma mãe educa os filhos para serem autônomos e agirem como pais no futuro. Do mesmo modo, um verdadeiro guru treina os discípulos para descobrirem sua sabedoria interior e seu guru interior. Treina-os para que tomem decisões por si mesmos. Qualquer "guru" que esteja apenas criando um círculo de acólitos e adoradores à espera de cada palavra que ele profere como se fosse néctar, cada vez mais dependentes dele e focados em atender cada um de seus desejos, apenas está apaixonado pela ideia de ser um guru. Sem discípulos, essa pessoa não seria mais um guru, e essa é a fonte de seu poder. É uma vertigem de poder você poder dizer às pessoas para fazer alguma coisa e elas fazerem sem questionar, mesmo que não queiram! Pode virar uma droga.

Vocês veem esse tipo de coisa acontecendo em torno de alguns professores. Ano após ano, eles criam uma relação simbiótica na qual os discípulos ficam cada vez mais dependentes do guru. Não conseguem tomar nenhuma decisão sem primeiro ir ver o que o guru-ji tem a dizer a respeito. Se isso está acontecendo, há algo gravemente errado. No começo é claro que o guru diz aos discípulos o que fazer porque ele ou ela está ali para orientar. Mas, com o passar do tempo, o professor começará a dizer: "Bem, o que você quer fazer? O que você acha que deve fazer agora?". Cada vez mais o guru passa a bola para o discípulo, de modo que este possa crescer. No momento certo, o professor provavelmente mandará o discípulo embora de vez.

Milarepa, o grande iogue tibetano do século XI, mantinha seus discípulos consigo, na mesma caverna ou em cavernas adjacentes, até eles estarem estáveis na prática. Então mandava-os embora e, de tempos em tempos, ia visitá-los para ver como andavam. Espera-se que o guru nos ajude a descobrir nossa sabedoria inata, de modo que não tenhamos que contar com seu conselho indefinidamente. É por isso que precisamos fazer a nossa parte, purificando e simplificando nossa mente e deixando-a cada vez mais aberta. Aí, quando encontramos o mestre, estamos verdadeiramente presentes, e pode ocorrer a verdadeira transmissão.

Então, o que vamos fazer? Cá estamos no Ocidente. Não há muitos professores por aí. Há duas grandes perguntas que me fazem por toda parte. Uma é como lidar com a raiva, a outra é como encontra um professor. Ambas são muito complexas. Existem professores e professores. Existe o professor de coração, que fez votos e se comprometeu a adotar a disciplina para a iluminação nessa ou em vidas futuras. Existe um compromisso de coração em nome do professor e do discípulo. É um compromisso total, que requer entrega total da parte do discípulo. É por isso que temos de ser extremamente cuidadosos. Caso se encontre um verdadeiro guru, é a maior bênção que se pode ter nessa vida no que diz respeito à jornada pelo caminho. Caso se encontre um falso guru, aí, como dizem os tibetanos, professor e discípulo pulam de mãos dadas no abismo. De acordo com os tibetanos, vai se parar num reino infernal. Entretanto, existem muitos outros professores além do guru. E não significa que tenhamos que nos jogar no chão e dizer: "Muito bem, aceite-me, sou seu de agora até a iluminação", cada vez que encontramos um professor de quem gostamos e com quem sentimos uma conexão.

Estamos aqui agora, mas queremos aprender a ir para casa. Queremos aprender como ir de nossa enorme confusão de volta para a simplicidade última de nossa verdadeira natureza. Existe muita gente que pode nos ajudar no caminho. Existem muitos que podem apontar as placas de sinalização. Nem sempre tem de ser o guru definitivo. Qualquer pessoa que possa dar ajuda e orientação válidas é um professor. Pode vir na forma de um professor dando ensinamentos. Pode vir como um simples encontro rápido. Pode vir até na forma de um parente ou amigo. Como podemos saber? Qualquer ser de quem aprendemos torna-se um professor, um amigo espiritual. Assim, penso que devemos tirar o foco da ideia de encontrar um guru de coração e, em vez disso, começar a procurar amigos espirituais. Se pensamos em professores como amigos espirituais, isso deixa tudo muito mais vasto porque podemos ter muitos amigos espirituais. O Buda uma vez disse que o Dharma deve ser o nosso professor, e os ensinamentos estão aqui. As técnicas estão aqui. Existem aqueles que praticam há muitos anos e devotaram a vida à prática. Existe muita gente por aí que sabe. A ajuda está disponível. Pode não vir na forma de mestres espirituais elevados emanando luzes ou enviando folhetos de antemão para informar que são iluminados. Os professores podem vir em formas muito simples. Mas, se têm prática, se tiveram professores válidos, se pertencem a uma linhagem pura e genuína e receberam os frutos de sua prática, são professores válidos.

Todos nós temos muito trabalho a fazer. Temos que fazer muita purificação, aprender muito sobre como pacificar a mente, como limpá-la, como simplificá-la e começar a entendê-la. Não precisamos do Senhor Buda parado na nossa frente. Podemos tratar disso sozinhos com uma boa orientação. Não adianta muito ficar por aí esperando que o mestre perfeito apareça. Como eu disse, mesmo que o mestre perfeito aparecesse, será que estaríamos prontos? Então, nesse meio-tempo nos preparamos. Existe uma enorme quantidade de coisas que podemos fazer. E então, quem sabe, uma pequena coisa possa deflagrar um enorme avanço.

Existem muitas histórias do Zen em que um monge vagueia até o local onde vive um eremita. O eremita profere alguma frase enigmática, e o monge "saca"! Mas o que essas histórias não contam, porque é algo arraigado na mente asiática, é que o monge passou trinta anos sentado em seu tapete antes de aparecer alguém e falar a frase enigmática para ele. Não é só a frase, porque podemos lê-la e pensar: "E aí?". Ela não ativa um grande insight em nós. Foi a preparação – todas aquelas infindáveis horas e horas, meses e anos sentando, trazendo consciência a cada atividade, realmente aprendendo como preparar e treinar a mente a estar presente. Entendem? Não pode vir tudo do guru. Uma grande parte tem de vir do discípulo.

Contam-se muitas histórias sobre a vida dos mahasiddhas, os grandes iogues dos séculos VIII e IX na Índia. Muitas vezes eram leigos, alfaiates, lojistas, joalheiros, todo tipo de gente, com diferentes carreiras, que se via numa espécie de atoleiro espiritual. Não estavam indo a lugar nenhum. Então aparecia um mestre, dava um pequeno ensinamento, alguma técnica e ia embora para sempre. Mas eles praticavam aquela técnica. Adotavam-na e a transformavam em sua vida cotidiana até atingir grandes realizações. Em outras palavras, eles não viviam com seus gurus. Talvez vissem o guru apenas uma vez. Mas trabalhavam naquilo. Trabalhavam e trabalhavam, dia após dia, com persistência, até ocorrer a realização.

Vejam, às vezes esse ideal de encontrar o guru perfeito é apenas outra forma de preguiça. "Bem, não estou realizado porque ainda não encontrei o meu professor." Mas enquanto isso temos tudo a fazer. Porque, como eu disse no começo, o que realmente estamos tentando fazer é nos reconectar com o que sempre tivemos e encontrar o guru interior. Reconectar-nos com nossa natureza primordial, nossa mente de sabedoria, que está sempre aqui. No fim, a prática é o nosso refúgio. Talvez não fosse isso que eu devesse dizer como budista tibetana, mas, honestamente, ficar preso no círculo em torno de um guru, passar o tempo todo manobrando por posição e se certificando de que o lama repara em nós tem pouco a ver com Dharma. São apenas as mesmas velhas emoções mundanas, ganho e perda, alegria e tristeza, louvor e culpa, fama e descrédito. Vocês veem tudo isso aparecendo nitidamente em torno de alguns gurus. Há inveja e competição desenfreada. Seria melhor ir para casa e apenas sentar na almofada, tentar ser bondoso com a família e aprender a usá-la como prática do Dharma. Seria melhor aprender a ser amoroso, compassivo, bondoso e paciente com todo mundo que encontramos. Muitas vezes, quando as pessoas ficam presas em uma grande "guru-trip", acabam apenas servindo àquela organização e desenvolvem uma visão muito estreita. Só existe o guru e a sangha, a organização e os ensinamentos daquele guru. Nada mais existe. Se vocês estão em dúvida quanto ao envolvimento com um determinado grupo, deem uma boa olhada nas pessoas que o compõem. Elas parecem mais iluminadas que as pessoas que vocês encontram na rua todos os dias?

Acredito que seja melhor encontrar um professor que realmente possua sabedoria, que tenha aquela presença muito especial que alguns lamas e outros professores de todas as tradições têm. Existe uma certa qualidade espaçosa, destituída de ego que faz vocês saberem que estão na presença de um mestre genuíno, não de alguém que só está interessado em autopromoção. Um professor que é totalmente simples, mas em cuja presença se experimenta algo especial. Quando encontram um professor assim, vocês devem obter algum ensinamento dessa pessoa e ir embora trabalhar nele. Enquanto ainda não encontrarem alguém assim, aprendam de quaisquer fontes de entendimento, sabedoria e prática genuína disponíveis. Todos nós temos muito o que fazer. E todos nós podemos começar a fazer neste exato instante. Não ganhamos nada parados por aí à espera!

Essa noção do "guru" pode ser perniciosa. Deixa as pessoas totalmente transtornadas, de ponta cabeça. Tive um guru perfeito, então não falo isso por despeito. Mas, honestamente, não penso que seja disso que vocês realmente precisem. O que todos nós precisamos é de mais prática, não dessa fantasia de encontrar Xangrilá. Existe uma frase ótima no filme *Kundun* em que o Dalai Lama diz: "Você não pode me libertar, general Tan, só eu mesmo posso me libertar". O Buda disse que os budas só apontam o caminho. Cada um de nós deve trilhar o caminho. Isso pode parecer contraditório porque também é verdade que, se encontramos um mestre realmente perfeito, ele ou ela pode acelerar o nosso progresso. Disso não há dúvida. O que estou dizendo é que, caso aconteça de vocês encontrarem um mestre perfeito que faça isso, que bom! Nesse meio-tempo, apenas sigam em frente! Não fiquem por aí esperando. E não baseiem a vida em ficar circulando no entorno de um guru. Pelas minhas observações, esses ambientes trazem à tona partes realmente baixas de nossa natureza sem purificá-las. Alguns gurus tornam-se ultrajantes e, pessoalmente, penso que podem passar da conta. Onde está a compaixão, onde estão os meios hábeis? As pessoas podem ficar muito confusas, dizendo para si mesmas: "Isso só pode ser um ensinamento". Por exemplo: "Bata-me com mais força, ai, dói, deve ser bom para mim". Talvez não seja bom para vocês de forma alguma! Talvez apenas machuque! É claro que nem sempre é assim. Alguns gurus têm ambientes muito saudáveis mas, com frequência, a energia das pessoas se enreda na dinâmica de estar em volta do guru em vez de olhar para dentro e descobrir quem elas são. É melhor focar em manter nossa vida simples e nos tornarmos unos com a nossa prática do que nos enredar em todo esse outro lance.

Um guru hábil é como um bom cirurgião. Ele ou ela sabe onde e como aplicar o bisturi. E, embora possa doer por um momento, o corpo sabe que está sendo curado, e isso cura mesmo. Por outro lado, um cirurgião inábil esfaqueia às cegas e não chega à parte vital. Tal pessoa deixa o paciente cortado, sangrando e com uma cicatriz. Criar dor não é o propósito do exercício. O objetivo é chegar à parte vital do corpo que necessita da atenção do cirurgião para que o paciente seja curado e transformado.

Em última análise, somos todos os nossos próprios gurus. No fim, temos de acessar nossa própria sabedoria inata. Isso pode ser perigoso porque nosso guia interior pode parecer estar dizendo o que queremos ouvir. Mas sabemos que é realmente o guia interior se ele nos diz para fazer exatamente o que não queremos fazer!

Todos nós possuímos sabedoria interior e devemos começar a tomar contato com ela cada vez mais. Então vamos começar a experimentar um equilíbrio interno e um senso de autonomia. Afinal, estamos tentando crescer, não permanecer crianças para sempre. O Buda chamou as pessoas não iluminadas de "crianças". Às vezes isso é traduzido como "tolos" mas, na verdade, não significa "tolos". Refere-se àqueles que ainda são imaturos. Assim, aqueles de nós que estão no caminho espiritual há algum tempo devem olhar para trás e ver o que está acontecendo. Sentimos que realmente existe uma transformação interna, que realmente estamos começando a crescer? Estamos adquirindo maior entendimento? Nossa vida psicológica interior está ficando mais clara e mais simples, mais aberta e espaçosa? Nossas emoções negativas, ganâncias e desejos, raivas e aversões, delusões e confusões estão diminuindo, aumentando ou permanecem iguais?

Palden Atisha, o grande santo bengali que viveu no Tibete no século XI, disse que o teste para o sucesso da prática é ver se nossas emoções negativas diminuíram ou não. Se não diminuíram, então a prática não serve para nada. Se diminuíram, sabemos que estamos no caminho certo. Todos nós podemos testar por nós mesmos. Não precisamos que ninguém nos diga. O caminho está aqui. Muito se escreveu sobre ele. Pessoas trilharam esse caminho. Elas estão bem aqui entre nós. Não temos que largar tudo e ir correndo para a Índia. Nosso lugar de prática é bem aqui e agora. Com a nossa família, nosso trabalho, nossas obrigações sociais. Se não pudermos praticar aqui, onde poderemos praticar? Levamos a nossa mente conosco para toda parte. A mente que temos em Lismore é a mesma que teremos nos Himalaias. O mesmo ego. Os mesmos problemas. Por que ir para os Himalaias? Por que não resolver aqui e agora? Nenhum mestre pode fazer isso por nós. Nenhum mestre pode remover nossa ganância, raiva e ciúme. Nenhum mestre pode remover o nosso ego. Cada um de nós deve fazer isso por si.

PERGUNTAS

PERGUNTA: Em que extensão devemos procurar textos e ensinamentos budistas para nos guiar em vez de confiar em nossa própria experiência e nas instruções de nosso professor?

Tenzin Palmo: Bem, claro que os textos e livros são maravilhosos e podem ser extremamente úteis. Acho que é muito importante, tendo um professor ou não, entender toda a base dos ensinamentos. Por isso, se a pessoa está seguindo um caminho budista, deve ler textos budistas. Vai ajudar a deixar o caminho mais claro. Seja qual for o caminho que estejamos seguindo, devemos ler textos sobre ele e aprender os ensinamentos. Afinal, estamos tentando desvendar e remover a nossa ignorância. Uma forma de adquirir mais entendimento e sabedoria com certeza é estudar e ler. No esquema budista, vocês começam com o que é chamado de "ouvir", mas também significa ler, porque no tempo do Buda não havia Dharma escrito. Na verdade, abrange estudar, ler, ouvir e investigar. E, então, sentamos e pensamos a respeito e, caso tenhamos dúvidas, vamos a alguém que tenha mais conhecimento e fazemos perguntas. Devemos realmente pensar sobre o que lemos, questionar e praticar até que nos tornemos o ensinamento. Vocês não podem se tornar o ensinamento se não souberem do que se trata. Vocês têm que estudar. E aí é muito bom encontrar alguém que saiba mais do que nós e receber orientação.

P: Quando Sua Santidade o Dalai Lama esteve aqui, as pessoas às vezes jogavam-se aos pés dele e tentavam tocar seus dedos e coisa assim, e dava para ver que ele dizia para as pessoas se levantarem. Mais tarde, ele disse para uma enorme plateia: "Não reverenciem o professor, reverenciem as palavras". Isso realmente significou muito para mim. Mas acho muito difícil saber o que fazer quando encontro amigos que decidiram que o budismo tibetano é fabuloso e encontraram um lama que acham maravilhoso, só que eu tenho dúvidas quanto à autenticidade dele.

TP: É difícil. Às vezes, quando as pessoas se envolvem com um lama, é como uma paixão. Não é bom dizer para elas: "O lama por quem você se apaixonou é um completo patife", porque elas não estão interessadas, não vão ouvir. E temos que ter cuidado, porque aquela pessoa talvez, de fato, seja um bodhisattva, e dizem que difamar um bodhisattva é pior do que matar todos os seres do universo. Então podemos entrar numa grande encrenca! Quando sou confrontada por situações em que não respeito o lama, não o desmereço, mas me certifico de também não parecer excessivamente entusiástica. Posso dizer: "Oh, sim, que bom". Se a pessoa mais tarde pergunta se sei alguma coisa sobre o lama, ainda me certifico de não criticar. No máximo digo: "Bem, esse professor é um tanto controverso". Não acho que caiba a nós desmerecer alguém a menos que uma pessoa chegue e diga: "Olhe, conheci essa pessoa. Estou bastante interessado, mas não tenho certeza, o que você acha?". Se as pessoas me perguntam desse jeito, vou dizer o que penso o mais diplomaticamente possível e talvez até sugerir que talvez seja melhor evitar aquela pessoa. Mas, se a pessoa já está apaixonada e totalmente fascinada, tudo que se pode fazer é se abster de entrar no entusiasmo geral e esperar que ela se acalme. Não é hábil ou gentil dizer: "Oh, você deve estar louco, todo mundo sabe que esse é um completo imprestável". Talvez o professor seja útil para aquele indivíduo. Talvez seja o professor de que ele necessita naquele momento. É óbvio que, mesmo os professores mais duvidosos, devem dar alguma coisa para alguém; do contrário, por que as pessoas iriam até eles? Outro guru que possamos considerar bem mais imaculado poderia até ser menos útil para aquelas pessoas, pois pode não ter a conexão cármica necessária com tais alunos naquele momento.

Essas situações são extremamente precárias. Não existe um único sinal positivo para indicar se um guru é genuíno ou não. E é muito difícil, especialmente se ele for carismático, que as pessoas não se apaixonem, por assim dizer. E os discípulos de longa data, que investiram tanto em seu guru, muitas vezes não se permitem começar a ter dúvidas, pois isso faria com que se sentissem tolos. Podem usar de muitos expedientes para evitar ver que fizeram a escolha errada e tentar entusiasticamente atrair novas pessoas para o grupo pois, quanto mais gente entra no grupo, mais parece validar sua escolha de professor.

P: Parece que é preciso haver um pouco mais de confrontações no Dharma.

TP: Sua Santidade, o Dalai Lama é muito firme nisso. Ele diz que, se existe algo absolutamente conhecido e comprovado contra o professor, especialmente certos tipos de conduta antiética, isso deve ser divulgado.

P: Eu li Krishnamurti, e ele diz que não existe guru externo, que cada um de nós deve achar o caminho por si. É isso que você está dizendo?

TP: Krishnamurti disse mais ou menos o seguinte: "Vamos fazer pão. Pão é delicioso, tem uma crosta gostosa por fora, por dentro é gostoso e nutritivo. Leva farinha e água. Também precisa de um forno. Calor. Precisa de fermento. Certo, vai lá. Mas, se eu der instruções detalhadas sobre como fazer pão, você vai assar um pão velho". O meu argumento é que vocês precisam de alguém que dê instruções passo a passo, do tipo: "Você precisa dessa quantidade de farinha, desse tanto de água e de uma pitada de sal. Misture, adicione o fermento, depois amasse desse jeito. Aí deixe crescer. Depois de crescido, tem que amassar de novo. Enquanto isso, acenda o forno, pois tem que estar bem quente. Coloque a massa na forma. Não esqueça de untar a forma antes, pois do contrário a massa vai grudar. Depois leve ao forno".

Ninguém jamais faz pão velho. Não é possível! Foi errado Krishnamurti dizer que, se alguém mostra como fazer a prática, vocês terão uma realização velha. Ninguém tem uma realização velha. Se você obtém um insight espiritual genuíno, ele é tão novo como o primeiro insight espiritual genuíno já ocorrido. Assim, não estou dizendo em absoluto o que Krishnamurti disse. "Escale o monte Everest. Sem guia, sem cordas, sem oxigênio. A trilha é mais ou menos por ali, vá sozinho." O próprio Krishnamurti teve professores, Krishnamurti foi ensinado a meditar. Krishnamurti recebeu muita instrução e, ele mesmo, tornou-se um grande guru. Ele disse: "Não leiam nenhum livro espiritual, não leiam nada", porém abriu uma editora para publicar seus livros. Eu amo Krishnamurti, mas sabem como é, ele é danadinho.

P: Posso perguntar uma coisa sobre as iniciações? Especialmente aqui no Ocidente, temos muitos gurus chegando e oferecendo um bufê de diferentes iniciações. Se não temos um guru ou guia a quem recorrer, como escolhemos, como saber se é caso de receber ou não uma determinada iniciação?

TP: Falando em termos pessoais, acredito que há certos lamas, em especial alguns dos mais idosos, que seriam considerados sublimes por qualquer pessoa do meio budista e com quem seria muito bom fazer uma conexão no Dharma. Mas não existem muitos mestres assim. Primeiro, antes de receber uma iniciação, vocês devem verificar se existe um compromisso envolvido ou não. Se existe um compromisso e vocês não vão usar aquela prática como uma das suas práticas, em outras palavras, se não vão manter o compromisso, isso vai criar um obstáculo para vocês. Eu me perguntaria: "Eu preciso dessa iniciação, ela seria útil na minha prática?". Não faz sentido simplesmente andar por aí fazendo uma iniciação atrás da outra. Entretanto, se chega um grande professor que dá uma iniciação que não envolve um compromisso específico, é ótimo. Não há por que hesitar em fazer. Mas não devemos ceder à pressão de grupo e ir junto só porque parece que todo mundo está indo.

Há alguns anos eu estava em um centro de Dharma, e o lama raiz do local estava lá. Ele ia dar uma importante iniciação do tantra ioga de Heruka. Ele deu um compromisso horrendo de acompanhamento e disse que só aqueles que pudessem mantê-lo deveriam receber a iniciação. Havia uma lista para as pessoas que queriam receber a iniciação. No primeiro dia, umas seis pessoas, monges e monjas, colocaram seus nomes. Provavelmente já tinham essa iniciação e praticavam. No dia seguinte havia uns vinte nomes. No próximo dia, cinquenta nomes. No fim, quando ele deu a iniciação, fui a única pessoa que não recebeu. Havia centenas de leigos lá. Não era porque as pessoas fossem manter os compromissos, mas pela pressão de grupo: "Oh, mas o Rinpoche nunca dá isso, é realmente uma grande oportunidade, você não deve perder essa...". Vocês precisam de discernimento porque, quando assumem um compromisso, não mantê-lo é algo bem sério.

P: Caso se tenha uma conexão pessoal com um lama e algum outro lama esteja vindo dar uma iniciação com compromisso deve-se pedir permissão para o próprio lama antes de receber a iniciação?

TP: Eu diria que sim. Eu costumava perguntar ao meu lama. Normalmente eu dizia: "Fulano vai dar essa iniciação, devo ir?". Às vezes ele dizia: "Ele é um lama excelente e seria uma grande bênção. Por outro lado, essa não é a sua deidade pessoal. Você não vai manter o compromisso e não é a sua tradição, então qual o sentido disso?".

P: O que acontece se você não mantém os compromissos?

TP: O fracasso em manter um compromisso é considerado um obstáculo no caminho. Penso que a melhor forma de remover esse tipo de obstáculo é perceber que todas as deidades na verdade são a essência de uma deidade e, então, praticar aquela deidade para valer, mas sem assumir mais compromissos dali em diante. Ou tentar cumprir o compromisso indo para um retiro e fazendo o número mínimo de mantras necessários para completar o compromisso. Mas não é bom ir empilhando compromisso em cima de compromisso quando não se mantém nenhum deles. Isso não faz sentido.

P: Não, eu estava pensando no caso de se adotar um ensinamento, praticar por doze anos e então decidir não continuar praticando.

TP: Acho que é bom fazer um pouco da prática de purificação de Vajrasattva e então combinar esta com a prática que você mantinha. Às vezes as pessoas acumulam compromissos e acabam com três horas de compromissos por dia. Torna-se um enorme fardo. Aí fazem as práticas tão depressa quanto consigam para tirá-las do caminho. Isso é, de fato, completamente inútil. Seria maravilhosamente heroico tentar manter tantos compromissos, mas não é para o Dharma tornar nossa vida mais difícil e nos impor fardos pesados. É para nos aliviar!

P: Como se cria um equilíbrio entre fazer a prática, os compromissos que se assumiu e a meditação? Deve ser o mesmo volume de meditação e contemplação?

TP: Bem, acho que esse é um dos motivos pelos quais é bom manter nossos compromissos bastante simples, porque isso nos dá espaço para fazer a prática sentada. É bem bom fazer uma prática sentada antes da sadhana para que a mente se acalme e haja algum espaço interno disponível para a prática. Aí podemos fazer a sadhana, a prática formal e, no fim, durante a dissolução, manter a mente naquele estado muito contemplativo pelo maior tempo possível. Dessa maneira juntamos as duas.

P: Antes a senhora falou alguma coisa sobre um "guia interior". Poderia explicar isso?

TP: A natureza da mente é nossa natureza de buda. É nossa sabedoria e compaixão inerentes. Está sempre ali. Está meio congelada, enterrada debaixo de todas as nossas vastas montanhas de confusão, mas está ali. Temos que aprender como descobri-la. Considerem como uma espécie de vasto lençol freático debaixo de uma superfície de aspecto desértico. Estamos muito secos – não há muita sabedoria nem muita compaixão. Mas, se começamos a cavar, depois de um tempo o solo começa a ficar úmido, e podemos sentir a umidade. Percebemos que estamos começando a obter acesso a níveis mais profundos. Vamos cavando cada vez mais fundo até finalmente começar a chegar na fonte de sabedoria inata, compaixão inata e entendimento. Mas, antes de acessarmos completamente, podemos conseguir pistas. Esse guru interior é o verdadeiro guru. Qualquer guru externo genuíno está simplesmente tentando nos dirigir para esse guru interno genuíno.

O guia interior está sempre conosco. É quem realmente somos. É a nossa verdadeira natureza. É vasto e conhecedor. Apenas o cobrimos com nossas nuvens de confusão, mas ele não vem de fora. Podemos pensar que estamos recebendo bênçãos de fora, que vêm para nos abrir mas, na verdade, o que acontece é que as nossas nuvens de desconhecimento se afastam e podemos ver o imenso céu azul que está sempre ali. Não temos que adquirir nada, nem ninguém nos dá qualquer coisa. É uma questão de descobrirmos a nossa riqueza original.

Quando a mente está imóvel e centrada, quando a confusão abrandou um pouco, há espaço e silêncio que permitem à nossa sabedoria interna encontrar sua voz. E naquele instante sabemos. É em um nível muito profundo. Pode nem ser verbal. Há apenas um conhecimento atemporal. Sabemos o que é apropriado e o que tem de ser feito, momento a momento. Não tem nada a ver com intelecto, não tem nada a ver com análise. É apenas um conhecimento naquele instante, proveniente de uma fonte muito profunda dentro de nós, que está sempre ali, mas normalmente obstruída. É quem realmente somos. Assim, o que estamos dizendo é que a prática genuína nos leva de volta à nossa sabedoria primordial.

P: O "guru externo" é uma entidade separada do "guia interior"?

TP: Um guia externo genuíno nos leva de volta à nossa natureza original. Por isso comecei dizendo que um professor genuíno pode atiçar a centelha da realização. Outra forma de dizer é como se ele propiciasse uma abertura interna através da qual, por um instante, podemos vislumbrar essa consciência incrivelmente vasta que é a mente não condicionada. Esse é o verdadeiro guia. Porque essa sabedoria, essa visão, é completamente espontânea, mas completamente apropriada. É a natureza de clareza e visão, de sabedoria, de conhecer o que é. Em nossa vida cotidiana podemos experimentar de súbito essa grande clareza e sabermos, mesmo que não saibamos de onde vem. Chamamos de intuição.

P: Isso é o que é conhecido como "insight momentâneo"?

TP: Exatamente. Um flash.

P: Um flash que vem da grande fonte de luz.

TP: Exatamente.

P: Mas não é estável.

TP: Não, não é.

P: O que buscamos é a estabilidade?

TP: Exatamente. Ser completamente uno com a nossa mente de sabedoria. E isso começa com esses flashes; então os flashes se prolongam e multiplicam gradativamente. É uma forma de olhar para isso.

P: A senhora frisou a importância de nossa prática e da orientação do professor. Em que extensão o ritual do budismo é

importante para o nosso crescimento? Ou, dizendo de outra maneira, até que ponto seria impeditivo para o nosso crescimento se verificássemos que os rituais, na verdade, não estão ajudando?

TP: Penso que as pessoas são diferentes. Algumas são auxiliadas pelos rituais. Para ser útil, o ritual não pode ser vazio. Devemos entender o que estamos fazendo. No ritual tibetano, sempre há uma visualização que engolfa a mente por completo. E tem a recitação verbal e os *mudras* físicos. Dessa maneira, corpo, fala e mente são integrados. E, se feito com entendimento e completa concentração, isso pode ser extremamente útil. Por isso os tibetanos fazem rituais. Mas outras pessoas podem considerar uma distração ou não especialmente útil, e é claro que é perfeitamente válido não fazer o ritual e adotar outras formas de prática em vez disso. Conheço lamas que não fazem nenhum ritual, que fazem apenas meditações do Dzogchen e coisas assim. Também conheço grandes mestres do Dzogchen que fazem muitos rituais.

13. Vajrayana

De acordo com a escola Hinayana de budismo, estamos presos nesse reino de nascimento, morte, renascimento e morte sem fim porque desejamos coisas e nos agarramos firmemente a elas. Embora essa roda da vida nos traga muito sofrimento repetidamente, nos agarramos a ela. A escola Hinayana enfatiza a erradicação até mesmo das mais tênues raízes de nosso desejo. De acordo com o Mahayana, ficamos presos nessa roda por causa de nossa ignorância. Aceitamos como real o que não é real e consideramos irreal aquilo que é a única verdadeira realidade. Tudo o que pensamos reflete uma apreensão equivocada de como as coisas realmente são. Portanto, nossa tarefa é desenvolver o que se chama de "sabedoria transcendental", que vai erradicar as raízes de nossa ignorância.

De acordo com o Vajrayana, ficamos presos nesse reino de nascimentos e mortes sem fim por causa de nossas percepções impuras. Acreditamos que o que vemos é sólido, ordinário e contaminado. Nos vemos como seres impuros. O antídoto é desenvolver a percepção pura, ou visão pura. Se entendemos isso, o caminho Vajrayana inteiro faz sentido. A maneira de ir além do samsara é perceber que ele sempre foi o nirvana. É a nossa ignorância básica que faz as percepções impuras se manifestarem, de modo que tudo parece ordinário, sofrido e contaminado. Temos que "limpar as lentes" a fim de ver que o que parece tão ordinário, na verdade, é um reino puro de total transcendência. Isso é um aspecto básico e fundamental da visão Vajrayana e só pode ser realizado por uma mente desperta. Um dos sutras do Mahayana relata uma ocasião em que Ananda, assistente do Buda, perguntou: "Como pode todos aqueles outros budas, como Amitabha, Akshobhya e Ratnasambhava, terem lindas terras puras cheias de seres realizados, enquanto a sua mandala, a sua terra pura está cheia de seres contaminados e lugares imundos? Como pode você ser um buda e ainda assim sua terra pura ser tão impura?". O Buda respondeu: "Não há nada de errado com minha terra pura. Quando olho em volta, vejo que é tudo imaculado. O problema é a sua percepção impura que a vê como contaminada".

Certa vez Sua Santidade, o 16º Karmapa, líder da tradição Karma Kagyu, estava muito doente em Délhi. Na ocasião, fui ver Sua Santidade Sakya Trizin, que também estava lá. Sua Santidade Sakya Trizin é o líder da ordem Sakya, uma das quatro tradições do budismo tibetano. Eu disse a ele: "É horrível que o Karmapa esteja tão doente!". Ele respondeu: "O Karmapa não está doente. O Karmapa está além do nascimento e da morte. É apenas sua percepção impura que vê o Karmapa doente". E eu disse: "Bem, sim, mas Tai Situ Rinpoche, um bodhisattva de nível muito elevado, que provavelmente tem percepção pura, não obstante está preocupado e aflito porque o Karmapa está doente". Sua Santidade respondeu: "Situ Rinpoche não está preocupado ou aflito. É sua percepção impura que vê Situ Rinpoche preocupado e aflito". Vejam a ideia! Temos que purificar a nossa percepção. Então veremos que isso tem sido o nirvana o tempo todo. É só por causa de nossa visão pervertida que há problemas.

O Vajrayana compartilha da filosofia do Mahayana. O Vajrayana não é uma filosofia. É uma técnica de prática e um jeito de ver, ou visão. O Vajrayana obtém sua postura filosófica do Mahayana. Os tibetanos dizem que o Vajrayana recorre à escola Prasangika-Madhyamaka. Na verdade, parece uma combinação dos pontos de vista Yogachara e Madhyamaka. No Mahayana, o caminho da prática é o seguinte: estamos aqui e temos o potencial inerente para o estado de buda, chamado de natureza de buda, que é como uma semente. O caminho é a maneira de regar e nutrir a semente para que cresça e finalmente amadureça em estado de buda pleno.

Nós, seres sencientes ordinários e contaminados, temos o potencial para a iluminação. Todos nós temos a natureza de buda embrionária e a cultivamos ao longo de éons. Leva um tempo enorme para nos tornarmos um buda na escola Mahayana. Temos que nutrir a semente por eras infindáveis até ela brotar em folhas e galhos e, por fim, se manifestar como a Árvore da Iluminação plenamente crescida. Isso poderia ser considerado uma visão maravilhosa, mas também poderia ser totalmente desanimador. Vocês poderiam pensar: "Bem, se demora éons e éons, de que adianta?". Em reação a tais preocupações, o Vajrayana toma uma atitude muito radical: vira a coisa toda ao contrário. A divisão Sutrayana da escola Mahayana é mencionada como o "caminho da causa". Isso porque começamos com a causa, que é a nossa natureza de buda embrionária, e a nutrimos até que produza frutos. O Vajrayana é chamado de caminho do fruto. Isso porque sustenta que já temos sido budas desde tempos sem princípio. Nosso problema é que não reconhecemos isso. Portanto, por que não usar a nossa natureza de buda inerente como o caminho em si? Assim começamos pelo fruto e o usamos como caminho. Em outras palavras, começamos da direção oposta. O Vajrayana, portanto, coloca grande ênfase em nos visualizarmos como um buda ou uma deidade tântrica específica que simbolize algum aspecto de uma natureza de buda plenamente desabrochada.

A maior parte da meditação budista enfoca a respiração, a mente em si ou, às vezes, desenhos geométricos bem simples. A meditação Vajrayana depende de uma faculdade chamada de "imaginação criativa", ou visualização. É isso que a torna diferente das outras formas de prática budista. Embora ninguém saiba quando o Vajrayana entrou na corrente budista, com certeza existia nos primeiros séculos de nossa era. Pode ter estado ali desde o início. Os tibetanos acreditam que ele sempre esteve presente e foi ensinado pelo próprio Buda. Em todo caso, por volta do século IV ou V foi extremamente prolífico, ainda que fosse uma forma de prática muito secreta.

Naquele tempo havia imensos mosteiros na Índia, que também eram universidades, incluindo Nalanda, Vikramashila e Takshila. Eles abrigavam centenas e centenas de eruditos monásticos que estudavam todas as escolas da filosofia budista. Dentro daquele complexo, havia muitos mestres que também praticavam os ensinamentos do Vajrayana. Mas o faziam muito discretamente. Dizem que, embora esses mestres tivessem a aparência externa de monges, por dentro eram iogues. Eles não falavam sobre isso, e o Vajrayana não se disseminou nem se abriu, com iniciações públicas e coisas do tipo, até virar a religião oficial do Tibete. Não acho que se pretendesse que o Vajrayana um dia fosse uma religião oficial. Era para ser sossegado e secreto, apenas entre o mestre e uns poucos discípulos. Antes que se possa praticar o Vajrayana, é preciso receber uma iniciação. Se olharem os primeiros registros na Índia, vão ver que um discípulo geralmente só era iniciado depois de anos e anos de teste pelo guru, e a transmissão era direta e individual, de uma mente para a outra. Hoje em dia, Sua Santidade, o Dalai Lama concede a iniciação de Kalachakra para cem mil pessoas de uma vez só.

Como mencionei antes, a prática do Vajrayana depende fortemente do uso da imaginação criativa. Darei um exemplo para aqueles que nunca fizeram nada assim antes. Vamos pegar o exemplo de Guru Padmasambhava, que os tibetanos chamam de Guru Rinpoche. Guru Padmasambhava é muito adequado para esse tópico porque foi o mestre que veio da Índia e estabeleceu o budismo tântrico no Tibete no século VIII. Ele se tornou um foco da devoção popular. Suponham que tivéssemos que fazer uma prática centrada em Padmasambhava. Seja o que for que façamos, é extraordinariamente importante proceder com a motivação correta, que é o desejo de irromper na realidade não condicionada e, tendo obtido acesso à nossa sabedoria e compaixão inatas, beneficiar os outros. Nenhuma outra motivação é válida. Primeiro tomamos refúgio no Buda, em sua doutrina e na comunidade de praticantes realizados. A seguir, instigamos a aspiração de atingir a iluminação para o benefício dos outros. Nesse estágio começamos a meditação.

Se estivermos fazendo a meditação de Padmasambhava, nos visualizamos sentados. A seguir nosso corpo se dissolve no espaço. No espaço, no centro do coração, aparece uma sílaba. Nesse caso, a sílaba PAM, de Padma. É chamada de sílaba raiz. PAM emana luz em todas as direções, purificando o universo inteiro. Então, todo o universo e tudo nele tornam-se um reino de pureza absoluta e imaculada, e todos os seres são purificados de suas máculas, tornando-se como que deuses e deusas. Aí as luzes voltam para a sílaba PAM e, naquele momento, aparecemos como Padmasambhava. Temos que nos ver como Padmasambhava, que personifica a sabedoria e a compaixão de todos os budas.

Quando fazemos essas meditações, é muito importante acreditarmos nelas. Nada é inventado – tudo é exato e preciso. Um dos problemas enfrentados por nós, ocidentais, é que simplesmente não estamos acostumados com imagens tão detalhadas. Muitos de nós acham muito difícil, pelo menos no começo, embora as pessoas com mais senso visual possam achar mais fácil. Mas ainda mais importante do que a visualização muito detalhada é a crença de que é real. Se vocês não acreditarem, não funciona. Quando as pessoas começam essas meditações, normalmente pensam: "Aqui estou eu, Pat, fingindo ser Padmasambhava. A realidade é que sou Pat. A fantasia é que agora suponho ser Padmasambhava". Mas a verdade é que somos Padmasambhava, que representa nossa mente sábia e compassiva primordial. Somos Padmasambhava fingindo ser Pat. Vejam, essas formas, que podem ser bastante estranhas para vocês, na verdade, são emanações de nossa mente de sabedoria. São emanações de nossa natureza de buda inerente, conforme têm aparecido para mestres realizados através dos tempos. Elas surgiram nas mentes que tiveram acesso à sua natureza de sabedoria. Portanto, são condutos extremamente hábeis de retorno a reinos muitos profundos de nossa psique que não podemos acessar por meio do pensamento lógico, linear.

São níveis muito sutis de nossa composição psicológica, que só podemos acessar por meio de imagens iluminadas. Essas meditações, se realmente nos tornamos unos com elas, abrem níveis profundos da mente muito rapidamente. Possuem um efeito deveras extraordinário. A quantidade de esforço dispendida é minúscula comparada aos enormes benefícios a serem obtidos. As pessoas, com frequência, ficam assustadas porque uma parte de nós realmente não acredita e pensa que estamos apenas fazendo um jogo. Para obter os benefícios, deve-se ficar absorto na prática e fazer cessar essa dualidade do "eu" fazendo a prática. Apenas tornar-se a prática. Tão logo nos livramos da dicotomia sujeito-objeto e nos tornamos a meditação, os resultados vêm depressa. Por isso o budismo permaneceu tão popular, a despeito de no início parecer tão estranho para os ocidentais.

Agora nos vemos como Padmasambhava e temos certeza de ser Padmasambhava. Nesse ponto, se nossa natureza de sabedoria pudesse assumir uma forma, assumiria a forma de Padmasambhava. Isso é a cintilação de nossa natureza de buda. É como um arco-íris. A visualização não é sólida; Padmasambhava não possui fígado, vísceras, coração. Ele é feito de luz de arco-íris. Cada característica tem um significado. Os dois braços são a sabedoria e a compaixão. Ele é um conglomerado dos elementos do caminho budista destilados em uma forma única. Isso é quem realmente somos. Isso é o que importa saber. Isso é o que eu realmente sou, não a identidade transitória que normalmente penso como sendo "eu". Então sentamos e nos vemos como Guru Rinpoche (Padmasambhava), tentando com afinco visualizar o mais claramente possível todos os detalhes, percorrendo a visualização parte por parte, tendo um flash do conjunto. Padmasambhava está ali sentado, irradiando luz. No centro do coração tem um lótus e, em cima deste, um disco de lua. No disco de lua está a sílaba PAM e, ao redor, as letras do mantra na vertical. A luz irradia-se do mantra de Padmasambhava. As luzes irradiadas saem e purificam o cosmo inteiro. Todos os seres dentro dele naturalmente serão purificados porque agora somos um buda.

Era isso que eu estava descrevendo antes como "tomar o fruto como caminho". Agora somos um buda, e o buda tem a capacidade de purificar seres. Em nossa mente estamos fazendo a atividade que um buda faria, ou seja, irradiar luz em todas as direções, purificando tudo e todos os seres completamente por toda parte. Por "seres" não nos referimos apenas a seres humanos. "Seres" incluem animais, insetos, peixes, espíritos, aqueles nos céus e nos infernos e por toda parte. Todos os seres através do universo incrivelmente vasto são liberados. Ficam conscientes de sua natureza sábia e compassiva e se transformam em Padmasambhava. O mundo inteiro tornou-se uma terra pura imaculada. Então as luzes retornam e fazemos oferendas a todos os budas e bodhisattvas do universo e também a todos os seres senscientes que agora são eles mesmos budas. O universo inteiro agora é uma terra pura imaculada cheia de budas. Enquanto visualizamos isso, recitamos o mantra. Então, no fim, esse vasto universo, agora completamente preenchido por budas e bodhisattvas, dissolve-se em luz. Essa luz dissolve-se em nós. Nós nos dissolvemos no centro. O lótus e a lua dissolvem-se no mantra. O mantra dissolve-se na sílaba semente PAM. A sílaba semente dissolve-se para o alto no círculo minúsculo chamado de *nada*, que também se dissolve. Observamos precisamente essa dissolução, estágio por estágio, até não restar nada. A mente então permanece em seu estado natural, imaculado. Repousa nesse estado que está além do pensamento e além dos conceitos pelo maior tempo possível. Quando começa o pensamento, aparecemos de novo instantaneamente como Padmasambhava e dedicamos o mérito obtido por realizar a prática.

Subsequentemente, enquanto tratamos dos afazeres cotidianos, nos vemos como Padmasambhava. Vemos todos os seres que encontramos como emanações de Padmasambhava. Ao encontrar alguém, imediatamente reconhecemos sua natureza inerente de buda. Todos os sons que ouvimos são os sons do mantra. Sons agradáveis, sons desagradáveis, todos são o mantra. Todos os pensamentos – bons, maus, inteligentes, estúpidos – são apenas a exibição da mente de sabedoria de Padmasambhava. Ao longo do dia tentamos manter a consciência de que todos os seres que encontramos estão apenas fingindo ser comuns mas, na realidade, são Guru Rinpoche disfarçado. Todos os sons que ouvimos são o eco maravilhoso de OM AH HUM VAJRA GURU PADMA SIDDHI HUM (o mantra de Padmasambhava). Todos os pensamentos que temos são apenas a natureza essencial da exibição vazia da sabedoria. Nada com que se preocupar. Se conseguirmos manter isso ao longo do dia, aprenderemos o que é desenvolver percepção pura.

É assim que o Vajrayana funciona. Dei um exemplo simplificado, mas é basicamente assim que funciona. Quando chegam ao Vajrayana, às vezes as pessoas são intimidadas por essa complexidade aparentemente infindável. Existem tantas deidades, tantos níveis, tantas práticas e abordagens diferentes, por onde começar? Pode se tornar algo assustador. Mas o foco essencial da prática, na verdade, é muito simples. O problema é que, assim como com qualquer outra prática, temos que realizá-la. Não basta praticar por dez minutos por dia. Precisamos incorporar a nossa prática na vida cotidiana. Temos que transformar a nossa mente. Não se trata de brincar com ideias. Trata-se de transformar o âmago de nosso ser. Não funciona a menos que realmente peguemos a prática e a comamos, a digiramos e usemos para nos nutrir, não só para mordiscar de vez em quando. Algumas pessoas fazem essas práticas um pouquinho todos os dias e depois esquecem. Aí se perguntam por que não acontece nada. Mas os textos são muito claros: isso não é algo que se faça apenas quando se está sentado no tapete. Vocês têm de levar a visualização junto para a vida cotidiana. Foi isso que os primeiros mestres fizeram. Transformaram sua visão em percepção pura porque usavam-na o tempo todo, em todos os encontros.

Existe outro aspecto do Vajrayana que se baseia neste. Envolve a manipulação das energias internas. Isso é feito depois que nossa visualização se tornou estável e executamos o número requerido de mantras. O mantra é considerado a essência da natureza da deidade. Todo buda e o bodhisattva têm seu mantra especial próprio, que é o meio de se conectar com aquela deidade e vivenciá-la. Quando recitamos o mantra com concentração e visualização perfeitas, efetivamos as qualidades que a deidade representa. Elas estão trancadas dentro do mantra, que é como um código. Nós o decodificamos e acessamos a energia por meio da meditação, da visualização e da recitação do mantra. Se recitamos com concentração perfeita, focados realmente na visualização e unidirecionados na prática, os resultados vêm muito rapidamente. Se acolhemos dúvidas em nossa mente, nada acontecerá mesmo após éons de prática. Os textos apontam isso muito especificamente.

Haveria muito mais a dizer, mas hesito em falar demais, pois muitos de vocês nunca receberam iniciações do Vajrayana. Entretanto, vou abordar um assunto que muitas vezes confunde as pessoas. Quem não é do Vajrayana frequentemente fica intrigado quando entra em um templo Vajrayana e se vê cercado por todas as representações de seres nas paredes. Muitas vezes perguntam: "O que isso tem a ver com budismo?". Muitas das imagens estão nuas. Muitas parecem iradas e têm o aspecto de demônios. Algumas até mesmo são mostradas copulando. Mas essa iconografia não é tão bizarra ou complexa quanto inicialmente parece. As imagens das deidades representam um ou outro dos três níveis básicos de humor. O primeiro é o pacífico, representado por figuras como Avalokiteshvara, o Bodhisattva da Compaixão; Manjushri, o Bodhisattva da Sabedoria; e Tara, a Salvadora. Eles são retratados calmos, pacíficos e sorrindo gentilmente. As pessoas normalmente não têm problemas com eles, embora, às vezes, tenham problema com o fato de Tara ser verde ou algum outro ser azul. Mas, basicamente, não há problemas porque eles parecem fraternos e amistosos, como se estivessem do nosso lado.

Então temos o segundo nível, chamado *shi ma tro* em tibetano, que significa "nem pacífico, nem irado". São as deidades heroicas, conhecidas como as formas de *heruka* e *dakini*. Representam o impulso da energia rumo à iluminação. Sua qualidade específica é a paixão. Nas primeiras formas de budismo, o desejo era visto como o principal obstáculo para a liberação. Mas, no Mahayana, e especialmente no Vajrayana, entendeu-se que emoções como paixão e raiva, quando rastreadas até a sua fonte, consistem em vastas quantidades de energia. Em algum estágio essa energia foi pervertida em uma força negativa. Todavia, a energia em si é muito límpida e sábia. Em outras palavras, o lado reverso do que nos parece energia negativa é uma sabedoria inata. Isso foi uma tremenda reviravolta na atitude em relação às emoções negativas. Em vez de ter que extirpar emoções como raiva, orgulho, ciúme e paixão, podemos pegar a energia e usá-la como combustível para atingir a iluminação. Essas emoções não são mais inimigas a serem derrotadas. Tornam-se nossas principais ajudantes no caminho. Isso é um tema subjacente por todo o Vajrayana. Quando entendemos isso, entendemos a iconografia do Vajrayana.

Os textos tibetanos dizem que, quanto maior a emoção negativa, maior a sabedoria. O corolário disso é que, sem emoções negativas, não existe sabedoria. Isso significa que somos encorajados a ir ao extremo, dando rédea solta à nossa ganância, paixão, ódio e desejo em nome da prática espiritual? Tem gente que pensa que sim, mas é uma concepção errônea. Essas qualidades negativas, se deixadas em estado descontrolado e não mitigado são, de fato, a causa do samsara. Mas, se as controlamos e transformamos, podemos usá-las como combustível para nos impelir além do samsara. O exemplo que sempre me vem à mente é o de um foguete. É preciso uma enorme quantidade de combustível para lançar o foguete além da atração gravitacional da Terra, mas, uma vez no espaço exterior, não é mais necessária tanta força. O foguete torna-se praticamente autopropulsionado. É o mesmo com o caminho espiritual. A atração gravitacional de nossa natureza ordinária, de nossa mente comum, ordinária, baseada no ego, é extremamente forte. É incrivelmente difícil ter o primeiro impulso para o não condicionado porque a nossa mente condicionada é muito poderosa. Mesmo que façamos meditações tranquilizadoras e de insight comuns, é difícil ter aquele primeiro impulso rompedor. Precisamos de tudo o que sejamos capazes de arregimentar para o empurrão inicial.

O Vajrayana pega tudo que temos, inclusive o lixo, e usa o conjunto inteiro como combustível para abastecer o avanço para a natureza não condicionada da mente. Por isso pode parecer tão ameaçador, por isso pode ser tão perigoso e por isso precisamos da orientação de um professor. A necessidade de um professor perfeito é continuamente enfatizada nos textos do Vajrayana. Do contrário, pode ser um caminho muito perigoso. Como dizem, não vamos nos meter em muita encrenca dirigindo um carro de boi pela estrada, mas, quando ficamos atrás do volante de um veículo esportivo, temos que tomar muito cuidado. Realmente precisamos de um bom professor antes de pegar o volante. Isso porque o Vajrayana usa as energias, especialmente a energia sexual que, no budismo inicial, eram sublimadas ou transformadas em formas muito mais gentis. No Vajrayana, essa energia é transformada em meio de abrir todos os centros de sabedoria interior.

É uma concepção equivocada imaginar que o Vajrayana dê ao indivíduo toda a liberdade de ação para a sexualidade desinibida, para sentir toda a raiva do mundo, para se embebedar ou para o abuso dos sentidos de qualquer forma possível. Pelo contrário, é a prática mais disciplinada e mais controlada que existe. Existem muitos, muitos votos Vajrayana que tratam da mente. Não é, de jeito nenhum, um caminho permissivo. Mas é um caminho que pega tudo o que temos. Requer grande dedicação e uma orientação muito clara.

O terceiro nível de deidade, que vem depois do nível heroico, é o *tro wa*, que significa feroz. Dá para saber a diferença entre as representações heroicas e ferozes olhando as chamas em torno delas. As formas pacíficas têm auras ao redor. Nas formas heroicas há uma moldura bem arrumada de chamas. As formas ferozes são cercadas por chamas selvagens. As deidades heroicas baseiam-se na luxúria. As deidades ferozes baseiam-se na raiva. Elas lidam com todas essas emoções que temos dentro de nós, da leve irritação à fúria total. Embora pareçam muito raivosas, seu coração é só amor, sabedoria e compaixão. Elas não estão com raiva de forma alguma. Apenas se manifestam dessa forma. É a raiva transformada que possui uma tremenda energia. Não conheço nenhum lama que seja raivoso, mas muitos deles manifestam deidades muito iradas na meditação. As deidades em união com suas consortes representam uma série de coisas. Estamos dentro desses opostos, mas os opostos estão sempre juntos em uma unidade mais elevada. Essas deidades em união representam a unidade de sabedoria e compaixão, de bem-aventurança e vacuidade etc. A ideia é sempre de que tomamos duas qualidades da mente que ficam unidas em uma. Isso é mostrado de maneira muito vívida na unidade de masculino e feminino. Não significa que ocorram orgias selvagens nos mosteiros tântricos.

O budismo tibetano dá muita ênfase ao guru. O guru é um tema muito difícil de se lidar porque, como eu disse antes, nos primeiros tempos, tanto na Índia como no Tibete, o relacionamento entre guru e discípulo era muito pessoal. O professor tinha apenas um pequeno círculo de discípulos íntimos. Ele os conhecia muito bem, e eles o conheciam. Havia confiança mútua. As práticas eram muito individuais. Quando eu estava com o meu professor na Índia, além do mosteiro e dos tibetanos leigos, ele tinha um número bem pequeno de discípulos ocidentais. Quando os ocidentais o procuravam, ele geralmente os mandava para outros lamas. Mas, ocasionalmente, selecionava uns poucos a quem permitia que ficassem. E, embora todos nós começássemos fazendo as mesmas coisas, em pouquíssimo tempo estávamos fazendo práticas amplamente divergentes. Nunca recebi ensinamentos junto com mais ninguém. Também havia uma monja norte-americana, uma monja holandesa e uma monja suíça que vieram anos depois de eu ter me tornado monja. Éramos irmãs no Dharma. Às vezes uma de nós pedia uma iniciação, e meu lama dizia: "Vamos esperar até três ou quatro de vocês estarem juntas, e darei para todas". Então recebíamos a iniciação e a transmissão oral juntas, mas não recebíamos os ensinamentos juntas.

Por exemplo, Khamtrul Rinpoche me pedia para fazer uma prática específica, e eu pensava: "Fantástico, é exatamente a prática que eu queria fazer". E eu contava para minhas irmãs no Dharma, e elas diziam: "Oh, espero que ele não nos peça para fazer isso". E eu dizia: "Se a reação de vocês é essa, ele não pedirá". E ele não pedia. Eu conhecia o meu lama melhor do que a mim mesma. Ele me dizia para fazer coisas que nunca haviam me ocorrido, mas que eram completamente certas. Esse tipo de confiança é muito importante, e vocês a sentem quando sabem que têm um professor que entende vocês completamente. Como poderiam não ter confiança em alguém assim?

Agora surgiu um problema porque o Vajrayana se tornou muito popular no Ocidente e no Oriente, e muitos lamas estão constantemente viajando pelo mundo. Digamos que venham aqui. Eles ficam por uns dias, talvez deem uma iniciação e alguns ensinamentos, e aí vão embora. Talvez não voltem de novo por cinco anos. Primeiro vocês terão que fazer contato com esses professores e, segundo, se fizerem contato, como irão encontrá-los de novo? E como eles vão lembrar quem são vocês? É um grande problema. Nos textos do Vajrayana é dito que vocês devem examinar o professor, ou melhor, o professor potencial, por até doze anos antes de aceitá-lo.

Um guru genuíno não é só para esta vida. É para todas as nossas vidas. Devemos confiar que ele pode nos levar à iluminação, pois ele tem esse nível de realização e pode concedê-lo a nós. Além disso, o guru genuíno é aquele que mostra a sabedoria, a consciência e a clareza original e inerente da nossa mente. O estado não condicionado, além do pensamento, além dos conceitos. O guru que mostra essa mente para que vocês a vejam por um instante é o verdadeiro guru. É difícil fazer essa conexão, mas não é impossível. Enquanto isso, porém, podemos andar muito bem por um longo tempo sem ter um relacionamento tão intenso. Podemos receber ensinamentos e instruções ocasionais de lamas visitantes que sejam qualificados e inspirem confiança. Não é necessário que sejam nosso lama por toda a vida. Temos devoção por eles, e isso bastará por enquanto. É necessário ter devoção pelo lama porque, quando fazemos a prática Vajrayana, sempre há o lama no centro. Não podemos fingir devoção. Ou temos devoção, ou não temos.

Pessoalmente, não acho que o Vajrayana seja para todo mundo. Também acho que, se vocês vão seguir o caminho Vajrayana, a menos que estejam preparados para abrir mão de tudo e fazer retiros extensos, é importante manter a prática simples. Muitos lamas comentaram comigo o quanto é difícil para eles. Como detentores da linhagem, eles têm de estudar muitas práticas diferentes, mas nunca têm tempo para realmente observar e digerir qualquer prática em sua plenitude. Todos eles concordam que o verdadeiro caminho para o sucesso é se concentrar em – e manter – uma prática simples que seja significativa para vocês.

Uma das vantagens do budismo tibetano é ser como um grande supermercado espiritual. Se vamos para a meditação Zen, dizem: "É assim que meditamos". Se não nos damos bem com aquilo, temos que ir para algum outro lugar. Se vocês forem a um centro de vipashyana, dirão: "É assim que fazemos meditação vipashyana".

Se não gostarem, azar o de vocês. Mas, no Vajrayana, existem muitas práticas. Há vipashyana, meditação semelhante ao Zen, estudo, toda uma coleção de visualizações em technicolor Vajrayana, com budas e bodhisattvas em todas as combinações de cores possíveis. Há sempre alguma coisa para todo mundo – pacífica, irada, meio pacífica, meio irada. Masculino, feminino, verde, vermelho, azul, branco, montes de braços e pernas, dois braços e pernas, uma cabeça, em pé, sentado, deitado; como queiram. Existe variedade aos montes, e todo mundo consegue encontrar alguma coisa para praticar. Quando encontrarem algo de que gostem e com que realmente se identifiquem, podem ficar com isso.

Todo lama que aparecer vai dizer que a prática específica dele é a mais especial, mais secreta, definitiva, superior, um tesouro oculto do qual nunca se ouviu falar. E vocês vão pensar: "Oh, tenho que fazer isso". Porém, na semana seguinte, aparece alguém com outra, e vocês acabam completamente confusos, completamente frustrados e, o pior de tudo, completamente não realizados! O importante é não ser ambicioso demais. Devemos voltar aos fundamentos. Antes de tudo, a motivação. Por que estamos fazendo isso afinal, para que serve tudo isso? Cultivar um coração compassivo, bodhichitta, a aspiração da iluminação para o bem de todos os seres. Manter uma vida ética para valer. Empenhar-se em não causar mal, não mentir, abster-se de má conduta sexual. Devemos ser realistas. Se vamos seguir um caminho espiritual a sério, temos que ajeitar a nossa vida em uma base muito fundamental. Devemos ser responsáveis pelas nossas ações e entender o que é virtuoso e o que é não virtuoso.

Primeiro, temos que ajeitar a nossa vida fundamental no Dharma. A seguir devemos praticar o que seja simples e acessível para nós e que possamos incorporar em nosso cotidiano. Assim podemos trabalhar e pode ser muito satisfatório. Podemos, então, realmente sentir as coisas se transformando. Mas devemos evitar a armadilha de ficarmos ambiciosos demais. Conheço gente que circula pelo mundo, recebendo iniciações muito elevadas e acaba tendo todos aqueles compromissos. Quando vocês recebem iniciações elevadas, com frequência, têm compromissos. Isso significa que têm que fazer a prática todos os dias. Pode levar uma ou duas horas. Se tiverem muitas dessas práticas com compromissos, vocês acabam com um programa de meditação de talvez três ou quatro horas. Além disso vocês têm o trabalho, a família, a vida social e o terror de que irão para o inferno se não honrarem os compromissos da prática. Aquilo que pretende transformar a vida para que tenha verdadeira significância e alegria torna-se apenas um fardo pesado. Conheço um lama que me contou ter um comprometimento diário de três horas. Se ele levanta bem cedo e trata disso na primeira hora da manhã, sente um grande alívio. Se não, pelo resto do dia, ele sente ter aquele fardo pesado pois sabe que, à noite, quando estiver exausto, terá que fazer as três horas de prática. Isso não é muito útil, especialmente para leigos. O meu lama sempre dizia: "Não assuma grandes compromissos. Mantenha sua prática bem pequena e simples, mas faça". É um conselho muito bom. Sempre sou muito clara com os lamas no que se refere a iniciações. Sinto muito, não vou manter esse compromisso. Digo antes de receber a iniciação, dessa forma eles podem decidir se é bom eu recebê-la ou não. Em geral eles dizem que tudo bem.

É fácil ser engolfado e assumir todos esses compromissos. É outro tipo de ganância do Dharma. Não se quer perder nada. A questão é que no Vajrayana é importante conhecer o seu professor e o seu caminho. Devemos manter tudo o mais simples possível, mas fazer. Deve ser o suficiente para nos desafiar, mas não tanto que nos sobrecarregue. Devemos ter condições de continuar a prática e integrá-la mais e mais em nossa vida, em nossos relacionamentos e em nosso trabalho, até não haver separação entre horário de prática e vida cotidiana.

PERGUNTAS

PERGUNTA: Essas práticas e compromissos não colocam a pessoa em outro tipo de gaiola?

Tenzin Palmo: Sim, claro, mas, se a pessoa encarar o caminho espiritual com seriedade, a prática é muito poderosa. Pode ter forte repercussão psíquica e psicológica, e é preciso tomar muito cuidado. Não é errado lembrar as pessoas disso, do contrário podem encarar muito levianamente, sob a falsa impressão de que não importa. Mas, através dos tempos, foi mostrado que importa muito. Não é se colocar em uma gaiola, é simplesmente ser realista. Se você toma a dose errada de remédio, ou descuida de tomar, ou algo assim, isso pode lhe fazer mal. Aqui estamos lidando com a mente, com as energias internas e com os vários centros de energia do corpo. Então é preciso ter cuidado. Temos que saber o que estamos fazendo. Temos que estar comprometidos. Precisamos ter um professor que realmente entenda. Temos que entender a nossa própria capacidade, e não se deve assumir algo que não seja apropriado à situação. São apenas avisos, porque as pessoas às vezes levam essas coisas muito informalmente. Elas podem se atrapalhar e aí culpam a prática, ou o professor, ou a si mesmas.

P: Como se visualiza essas sílabas sementes?

TP: Primeiro vocês têm que ter o espaço onde colocar a sílaba semente. Mas antes disso vocês dissolvem tudo. Vocês e todo o ambiente tornam-se um grande espaço. Dentro desse espaço, vocês começam a criar essa realidade alternativa. Mas primeiro precisam remover tudo. É bastante simples. Vocês apenas pensam que tudo se dissolveu no espaço vazio e então começam a reconstruir tudo.

P: É a mesma coisa que a meditação sobre a vacuidade ou é diferente?

TP: Esse é um tipo diferente de vacuidade. Na meditação sobre a vacuidade, quando dizemos "todos os dharmas são vazios", não significa que eles desaparecem. Significa apenas que carecem de qualquer identidade sólida, inerente. Mas, na meditação Vajrayana, quando dizemos que tudo se torna a natureza da vacuidade, isso é tomado muito literalmente e significa que tudo se dissolve na vacuidade semelhante ao espaço.

Normalmente estamos muito fixados nas coisas como sendo sólidas. É o que falamos sobre percepção impura, sobre ver tudo como sendo real. Mas, mesmo a física, diz que a matéria consiste basicamente de espaço. A verdadeira solidez aqui é diminuta e talvez nem seja realmente sólida. Mas pensamos que a forma como vemos as coisas é a forma como elas realmente são.

Existem muitas camadas de percepção. Cada um de nós acredita que nossa forma de perceber é a única. Mas não. O Vajrayana lida com a transformação, purificação e abertura de nossa percepção. Dilgo Khyentse Rinpoche disse que começou a fazer essa meditação aos oito anos de idade. Ele via as paredes e toda a mobília começarem a estremecer e a ficar transparentes. Ele era um Rinpoche. Mas o fato é que esse tipo de percepção, ver as coisas como se feitas de luz de sabedoria, na verdade é mais semelhante com a realidade do que nosso modo normal de ver as coisas como sólidas. É por isso que, quando vemos que as coisas são transparentes, somos capazes de atravessar paredes. Apenas por termos a percepção impura que diz "As coisas são assim e não poderiam ser de nenhum outro jeito" é que não podemos fazer tais coisas. É nossa mente ignorante. O Vajrayana tenta nos alinhar com a forma como as coisas realmente são. Não inventa nada falso. Tenta nos alinhar com uma realidade muito mais profunda. Entendem? Quando criamos uma mansão celestial e uma terra pura ao nosso redor, ficamos propensos a pensar: "Agora vou fingir que isso é assim e assim, claro que não é, mas vou fingir". Todavia, a visualização está muito mais próxima da natureza inerente das coisas do que nossas percepções habituais, e é por isso que pode nos afetar muito profundamente. Afeta porque, em um nível muito profundo, reconhecemos isso. Sabemos que é verdade.

14. Visualização da deidade

As técnicas de visualização são cruciais no budismo tibetano Vajrayana. Dentro do budismo, a visualização da deidade é exclusiva do caminho Vajrayana, por isso é importante entendermos a lógica por trás dessa forma de prática. A menos que entendamos o que estamos fazendo, até podemos ser capazes de levar nossa mente a todo tipo de convolução, mas podemos perder totalmente o que interessa. Muitos poderiam até associar essas visualizações com devaneios e fantasias e pensar que imaginar que somos budas e bodhisattvas é apenas mais uma forma de entreter a mente. Pode parecer até perda de tempo. Por isso vamos olhar sob a superfície e ver do que realmente se trata!

Antes de tudo, é importante apreciar o poder da imaginação criativa. Ela, em si, é muito poderosa, pois a mente possui vários níveis, e apenas os níveis superficiais podem ser alcançados pela lógica verbal. Os níveis mais profundos e primitivos reagem a imagens em vez de palavras. Não entendem significado no sentido de significado verbal, contudo são muito receptivos a imagens. Essas imagens se infiltram e produzem transformações em um nível mental muito mais profundo do que os meros conceitos superficiais poderiam fazer. Podemos usar como exemplo pensamentos compassivos, como assumir o sofrimento dos outros e desejar que todos os seres possam ser felizes. Isso é uma boa prática, nos motiva em um nível, mas não se infiltra através de todas as camadas da mente. Nossa mente muito primitiva não tem o menor interesse nisso. Tais pensamentos permanecem na cabeça, no nível do intelecto. Para transformar a mente por completo, precisamos de um método que possa atingir camadas muito mais profundas. Podemos fazer isso com o uso de imagens. Por isso usam tantas imagens na psicologia jungiana, por exemplo.

Entretanto, as imagens usadas na tradição tibetana não são arbitrárias. Às vezes as pessoas dizem: "Esses budas e bodhisattvas que temos que visualizar são estranhos para nós, não fazem parte de nossa cultura, não fazem parte de nossa consciência ocidental. Devemos visualizar imagens que tenham significado para nós".

Em determinado nível o argumento delas é válido. Mas as imagens não são arbitrárias. Ninguém sentou e simplesmente as imaginou. Elas surgiram das realizações de uma mente iluminada. Por causa disso, podem nos abrir para níveis extremamente profundos de consciência. Do contrário, todos nós poderíamos sentar e visualizar alguma coisa com a qual nos sentíssemos confortáveis, como o Mickey Mouse. Por que não? Faz parte da nossa cultura. Seria bem mais fácil do que visualizar Chenrezig. Para começar, o Mickey Mouse só tem dois braços. Mas aí teríamos que nos perguntar: "De que estado mental surgiu a imagem do Mickey Mouse? Ela foi concebida por uma mente iluminada? Walt Disney e seus artistas eram iluminados? Que qualidades o Mickey Mouse simboliza?". Se meditarmos sobre uma imagem, receberemos o que ela representa. Portanto, precisamos ter cuidado com a imagem que escolhemos. Se desejamos alcançar qualidades iluminadas, devemos meditar sobre uma imagem concebida por uma mente iluminada. Assim, até termos ocidentais plenamente iluminados que possam apresentar imagens iluminadas adequadas, devemos ser gratos por usar as tibetanas. Isso significa presumir que as mentes ocidentais são de algum modo fundamentalmente diferentes das mentes orientais, o que é discutível. Essas imagens sagradas são reconhecidas como produtos de estados muito profundos. Ao usá-las, também podemos atingir esses estados profundos, não obstante nosso contexto cultural.

Certa vez levei essa questão ao meu lama, Khamtrul Rinpoche. Perguntei: "Agora estou visualizando Tara e tenho grande devoção por ela, mas estou convencida de que ela é loira, por isso sempre a visualizo loira. Se eu tiver uma visão verdadeira de Tara, qual será a cor do cabelo dela?". E ele disse: "Preto". Em outras palavras, ele disse que a aparência dos budas e bodhisattvas não depende de nossas pré-concepções e estados mentais, que existe uma realidade superior que corresponde a nossas realizações internas, mas também independe delas. Existem muitos níveis de budas e bodhisattvas. No Oriente eles têm o problema de verem os budas e bodhisattvas basicamente como externos, como deuses e deusas que vão conceder favores se você tiver fé e rezar para eles. O problema no Ocidente é que vamos para o outro extremo e os vemos puramente como conceitos mentais. Chenrezig representa a compaixão. Manjushri representa a sabedoria. E todos são basicamente fabricações da nossa mente, formas de nos relacionarmos com a ideia de compaixão e sabedoria. Assim, poderíamos vê-los de maneira completamente diferente, e ainda não teriam qualquer realidade fora da nossa mente. Por um lado, é claro que isso é verdade. Mas, por outro, nada tem realidade fora da nossa mente. Pensamos que essa mesa é sólida e real, mas em muitos níveis também é apenas uma fabricação da nossa mente. A verdadeira natureza da mesa não é, de forma alguma, como ela existe para os nossos sentidos e nossa interpretação mental. Mas pensamos que a mesa é real, ao passo que Chenrezig não é verdadeiramente real.

Devemos nos perguntar se a verdade poderia ser o contrário. Talvez Chenrezig seja a realidade e tudo isso seja apenas uma fabricação mental nossa, porque Chenrezig é o Sambhogakaya e a natureza do Dharmakaya. Claro que ele pode aparecer de infinitas formas, assim como a Virgem Maria aparece de várias formas, e todos que têm fé nela tendem a vê-la de forma semelhante. Do mesmo modo, Chenrezig tende a aparecer de certa forma para as pessoas que estão meditando sobre compaixão. Não é um tema fácil, pois Chenrezig não é realmente uma pessoa. Não estou sugerindo que existe alguém em alguma terra pura do Sambhogakaya que se chame Chenrezig. Por outro lado, embora Chenrezig não seja uma pessoa, as pessoas são realmente pessoas? Pensamos em nós mesmos como pessoas interessantes, individuais, autossuficientes, mas devemos saber que isso é apenas uma delusão. E me parece que Chenrezig tem muito mais realidade que isso porque ele é uma expressão genuína do Dharmakaya.

Devemos aprender a manter essas duas verdades em nossa mente ao mesmo tempo. Chenrezig é uma expressão da natureza compassiva da mente e, ao mesmo tempo, existe essa força ou expressão fora de nós porque fora e dentro são não duais. Apenas em nosso estado mental deludido é que vemos um problema aqui. A aparente divisão deve-se inteiramente à nossa ignorância. Assim, como Chenrezig está fora e dentro simultaneamente, ele é muito mais uma expressão da realidade do que nossas ideias normais sobre pessoas, cadeiras, mesas e um ego individual.

Quando nos visualizamos como deidade é muito importante não pensar: "Esse aqui sou eu fingindo ser Chenrezig. Eu sou a realidade, e Chenrezig é apenas faz de conta". A realidade é que somos Chenrezig fingindo ser essa pessoa aqui. Todos nós possuímos a natureza de buda. Todos nós somos inerentemente puros e perfeitos. O problema é que perdemos contato com o que realmente somos. Nossa verdadeira natureza é Chenrezig. Não é o meu Chenrezig, o Chenrezig dela, o Chenrezig dele, montes de Chenrezigs, mas apenas Chenrezig como Dharmakaya. É tanto o que nos separa quanto o que nos une. A natureza da mente, a natureza de buda, não é a minha natureza de buda ou a natureza de buda de outra pessoa. É apenas a natureza de buda. É como o céu. Infinita e todo-abrangente. É o que todos nós somos em nossa verdadeira natureza. Não somos separados.

Portanto, quando fazemos essas meditações, a coisa mais importante é ter a convicção de que "Eu sou Chenrezig". Isso é ainda mais importante do que fazer visualizações claras e precisas. Devemos desenvolver a convicção interna de que "Agora eu sou quem eu verdadeiramente sou", em vez dessa personificação temporária com que andamos por aí. Se fazemos as visualizações com esse entendimento e convicção, nos transformamos rapidamente. Se tratamos como algum tipo de jogo mental, podemos seguir fazendo essas visualizações para sempre e talvez possamos desenvolver nossos poderes de concentração, mas não haverá transformação. De modo semelhante, quando visualizamos Chenrezig fora de nós, uma boa prática mental é tentar ver todos os detalhes que pudermos. Mas, mais importante, é a convicção de que ele realmente está ali, presente naquele momento. Porque, se temos a convicção de que estamos fazendo todas essas coisas na presença de Chenrezig, que nesse estágio não conseguimos enxergar por causa de nossos obscurecimentos, tudo assume significado, e todos os métodos para adquirir qualidades positivas vão funcionar. Mas, se tratamos como algum tipo de jogo mental, não vai funcionar.

Qualquer que seja a prática que façamos, é importante ser totalmente sincero. Não importa se não visualizamos muito bem. Não importa muito nem se nos distraímos e temos que ficar trazendo a mente de volta. O importante é sermos absolutamente sinceros no que estamos fazendo, do contrário a prática não irá funcionar. Devemos ter uma firme crença no método. A fim de acreditar no método, também temos de acreditar em nós. Não importa que não somos tibetanos. Não importa que não falamos tibetano. Não importa que façamos em inglês ou em qualquer outro idioma. O importante é saber que, essencialmente, temos todas as qualidades necessárias para a prática, que é nos trazer de volta à nossa verdadeira natureza. Não temos de fazer práticas complicadas, nem iogas esotéricas, nem nada disso. A prática mais simples feita de coração, com verdadeiro entendimento, vai funcionar.

A visualização é uma ferramenta muito sagaz, mesmo em nível físico. Por exemplo, existe uma prática conhecida como *phowa*. É usada para transferir a consciência na hora da morte para uma terra pura dos budas, de modo que a consciência não vá para reinos inferiores. Mas, para fazer isso, nos vemos como uma certa deidade com um canal subindo através do centro do nosso corpo. No coração repousa uma semente que parece uma pérola. Dizemos uma certa sílaba e visualizamos a semente pulando pelo tubo e para fora pelo topo da cabeça, para o guru que está sentado acima de nossa cabeça na forma de um buda. Então, ali estamos nós, fazendo ruídos esquisitos e visualizando a semente subindo e descendo pelo canal central. Por um lado, é um exercício de futilidade. Estamos ali nos imaginando como uma deidade com um tubo subindo por nossa cabeça e a pequena pérola subindo e descendo, subindo e descendo. Não é uma prática de ioga avançada. Até a minha mãe fazia. Pessoas muito comuns, que nunca meditaram na vida, fazem essa prática. Mas, ao final de um dia de várias sessões de 21 rodadas cada, o topo da cabeça começa a doer ou coçar, fica quente ou frio e, em três dias, se abre e sai sangue e linfa. Abre a ponto de se conseguir colocar uma haste grossa de *kusha* dentro da cabeça. E vocês veem todos aqueles praticantes comuns andando por ali com pequenas hastes de grama espetadas no topo da cabeça! Como eu disse, não são iogues avançados. São pessoas comuns, como eu e vocês. Todavia o topo da cabeça delas se abriu unicamente pelo poder da visualização. O que isso nos diz sobre o poder da visualização? A mente é a mais poderosa força que se pode imaginar. Nem sempre apreciamos o quanto a nossa mente é poderosa. Uma mente habilmente direcionada pode realizar praticamente qualquer coisa. Pode inclusive alcançar o estado de buda. Fiquem atentos, essas práticas são habilmente planejadas para nos levar a níveis de consciência profundos. Não devemos subestimar essas práticas, nem devemos subestimar nossos poderes de realização. Qualquer pessoa que faça essas práticas regularmente e com sinceridade pode obter resultados.

Elas precisam ser feitas regularmente. Precisam ser feitas com toda a nossa atenção. Precisamos ficar completamente absortos no que estamos fazendo. Se praticarmos assim teremos resultados além da quantidade de esforço que investimos. Isso porque essas práticas não só são planejadas habilmente, como vêm com as bênçãos da linhagem. Isso significa que, desde o tempo em que foram criadas por uma mente iluminada, foram transmitidas até nós através de gerações, de uma mente iluminada para outra. A transmissão ainda está aqui. Ainda está quente, como se diz. Não aconteceu de os mestres estarem extintos e termos encontrado o livro e estarmos tentando reviver as práticas que eles faziam. Eles nunca se extinguiram. As práticas foram passadas de mestre para discípulo, mestre para discípulo, sem parar, até chegar em vocês. Sabemos que essas práticas funcionaram no passado porque, se não tivessem funcionado, eles não teriam se dado ao trabalho de transmiti-las. Devemos ter respeito pelo fato de essas práticas terem sido transmitidas em uma linhagem preciosa por todo esse tempo. Elas carregam consigo os pensamentos, as bênçãos e o poder daqueles que praticaram ao longo dos séculos. Não são vazias. São muito preciosas, e, ao praticarmos, devemos estar conscientes do grande privilégio que nos foi dado.

Também precisamos entender o que estamos fazendo. Na tradição tibetana isso é conhecido como "recordar as purezas", o que significa que essas figuras, tais como Chenrezig, não são arbitrárias. Significa que cada uma das partes da visualização está impregnada de significado. Por exemplo, Chenrezig está sentado em um lótus. Isso simboliza que, embora ele esteja no samsara, não é poluído por ele. Ele se senta no samsara da mesma maneira que o lótus na lama. O lótus precisa de lama para criar raízes. Precisa da lama e das folhagens apodrecidas do lago para crescer além delas e se desenvolver em seu eu imaculado. Do mesmo modo um bodhisattva necessita do samsara, da lama da existência cotidiana. Quanto mais lamacento e sujo, mais gloriosa a flor. Se a nossa vida é sempre pacífica, pura e não contaminada, nossa flor será frágil. Precisamos dos problemas, conflitos e dificuldades do samsara para podermos nos purificar e cultivar as virtudes. Precisamos de nossas dificuldades e conflitos. Precisamos de pessoas que nos incomodam e ofendem porque são nossos objetos de prática. É assim que aprendemos, é assim que descobrimos quem realmente somos.

Enquanto estamos em retiro e tudo vai bem e nos sentimos pacíficos, é fácil estarmos cheios de amor, generosidade, bons pensamentos e compaixão. Se a única coisa que nos perturba é o uivo de uns lobos em algum lugar lá fora, não há problema. Mas, quando saímos para o mundo "real" (que na verdade não é mais real, mas apenas um mundo diferente), temos que lidar com oposição, dificuldades e problemas de todo tipo. É quando descobrimos quem realmente somos. A maneira como reagimos a essas pressões e as resolvemos indica se realmente temos o Dharma no coração, ou se o Dharma está apenas em nossa cabeça. É por isso que, quando fazemos a prática de Chenrezig, por exemplo, não adianta muito apenas praticar enquanto estamos sentados em nossas almofadas e depois esquecer Chenrezig pelo resto do dia. Se realmente queremos transformar a nossa vida, é essencial carregarmos a prática no cotidiano.

Existem duas maneiras de fazer isso. Podemos nos ver como Chenrezig, com dois braços ou com mil braços, percebendo que essa é nossa natureza genuína e, ao mesmo tempo, ver todos os outros seres como Chenrezig. Algumas pessoas gostam de ver todos os seres femininos como Tara e todos os masculinos como Chenrezig. Se fizéssemos isso para valer, imaginem como nossas percepções mudariam! Imaginem como a nossa atitude seria transformada! Não significa que vocês tenham de se jogar no chão e colocar a cabeça aos pés de todo mundo que encontram porque, afinal de contas, vocês também são Chenrezig. É Chenrezig encontrando Chenrezig. Ver a nós mesmos e todos os outros como a deidade traz a mente para o presente no mesmo instante e concede um significado profundo para tudo o que fazemos. Tudo o que comemos é uma oferenda para a deidade, tudo o que falamos é o som do mantra, todo pensamento é a exibição da sabedoria do Dharmakaya. Damos início a isso perto do fim da sessão de prática. Depois de termos absorvido tudo de volta na vacuidade primordial, aparecemos de novo como a deidade. Todo som é mantra. Todo pensamento é a exibição da sabedoria primordial. Levamos para a vida cotidiana o entendimento de que nossa percepção "normal" se deve à delusão. Não é a realidade. É percepção impura. A questão central do caminho tântrico é purificar a nossa percepção e ver as coisas como realmente são.

A segunda forma de praticar sugerida nos textos é trazer Chenrezig no coração. Se trazemos Chenrezig ou o lama, ou, melhor ainda, o lama como Chenrezig no coração, temos que deixar o coração pronto para recebê-lo. Afinal, se convidássemos um lama elevado ou um buda à nossa casa, prepararíamos o ambiente, limpando tudo e decorando com belas toalhas e flores. Não iríamos querer nada desagradável ou perturbador intrometendo-se na atmosfera. Do mesmo modo, quando convidamos os budas para residir em nosso coração, temos que tomar cuidado para manter a mente pura e digna de ser uma morada para eles. Portanto, durante o dia devemos ficar conscientes do que pensamos. Devemos ser capazes de identificar pensamentos e emoções inúteis quando surgem e soltar. Não os reprimimos. Vemos, reconhecemos, aceitamos. Mas não nos agarramos a eles. Soltamos. Quando surgem pensamentos hábeis, úteis e positivos, também reconhecemos. Aceitamos e incentivamos.

Esse é outro meio hábil de aprender a viver no presente e purificar a nossa percepção. Não só temos Chenrezig no coração, como todo mundo também tem. Sob nossa forma habitual de ver, a nossa percepção é nublada. Mas, embora não possamos ver o céu hoje por estar escondido pelo nevoeiro, ele está lá. Quer possamos ver ou não, o céu está sempre lá. Por mais negras que sejam as nuvens, o céu é sempre azul. Por mais brancas que sejam as nuvens, o céu é sempre azul. De modo semelhante, por mais sombrios e negativos que possamos estar nos sentindo, a natureza da mente é sempre imaculada e pura. Por mais exaltados que nossos pensamentos possam estar, a natureza da mente é sempre a mesma. Ela não fica melhor quando temos bons pensamentos. Não fica pior quando temos maus pensamentos. Visualizar o lama ou Chenrezig no coração durante o cotidiano é nossa grande proteção.

Quando eu tinha uns 18 anos de idade e vivia na Inglaterra, "descobri" o budismo tibetano. Ouvi falar do mantra OM MA NI PAD ME HUM. Presumi que deveríamos dizer OM MA NI PAD ME

HUM o tempo todo. Eu estava trabalhando na biblioteca e comecei a recitar OM MA NI PAD ME HUM continuamente. Claro que não falava em voz alta porque tinha gente ao redor. Mas comecei a dizer em meu coração. Dentro de pouquíssimo tempo, minha mente se dividiu, e havia uma mente silenciosa, calma e espaçosa com o OM MA NI PAD ME HUM reverberando dentro dela, e a mente periférica com todos os seus pensamentos e emoções. As duas mentes eram separadas uma da outra. Assim, tive condições de tratar da vida cotidiana com mais eficiência que antes porque estava no presente o tempo todo, mas com esse distanciamento, com esse espaço na mente. O que quer que acontecesse na periferia era de fato periférico. Isso proporcionou grande equilíbrio à minha mente e uma capacidade muito maior de fazer escolhas de pensamentos e emoções porque eu não estava mais imersa neles. Foi um grande avanço.

De modo parecido, a prática de ver o Buda no coração cria uma oportunidade para desenvolvermos espaço interno. Ter esse espaço interno permite ver nossos pensamentos e emoções à distância, o que significa que não nos identificamos de imediato com eles quando surgem. Normalmente nos identificamos muito fortemente com nossos pensamentos e emoções. Como nos identificamos com eles, fazemos com que fiquem opacos, sólidos, pesados e reais. O Vajrayana oferece muitos meios hábeis de evitar isso. Um é aprender a nos identificar com a mente de Chenrezig em vez da mente de um ser senciente deludido. E, pela prática e vendo o mantra ou a deidade, ou ambos no coração, criamos espaço e um senso de distanciamento que ajuda a reconhecer quem somos e qual é a nossa verdadeira natureza. Isso torna a vida muito mais agradável, pois temos um centro silencioso e calmo onde tomar refúgio. Embora a prática em si seja muito simples e qualquer um possa fazê-la, pode ter um efeito transformador impressionante sobre nós se a fizermos de modo consciencioso. O método em si não é difícil. O único problema é que somos preguiçosos e simplesmente não fazemos. Eu mesma tive muitas oportunidades, então como é que ainda não sou um buda? É por causa da minha preguiça. Não há outra justificativa.

Uma vez pediram conselhos referentes à prática para um lama muito adorável chamado Jamgon Kongtrul. Ele disse: "Faça". Essas práticas realmente não são complicadas. Todos nós podemos fazer. Cabe a nós. Ninguém pode nos forçar. Ninguém pode nos impedir.

Se fizermos de coração, com a maior frequência possível, teremos benefícios surpreendentes. Se fizermos sem muita vontade, aos trancos e barrancos, sem saber bem o que estamos fazendo, sem acreditar para valer que vai funcionar, é muito improvável que tenham efeito. Dessa forma, vamos culpar o método ou a nós mesmos. Devemos ser gratos pela compaixão do Buda em ter nos proporcionado esses métodos. Há alguns que podemos usar em qualquer lugar e ninguém sequer vai saber que estamos meditando.

Se não usarmos a nossa vida cotidiana como prática, nada jamais vai mudar. Não basta ir a centros de Dharma, nem mesmo fazer uma prática diária. Não é sequer uma questão de quanto conhecimento intelectual absorvemos ou da sagacidade com que entendemos conceitos e ideias. A questão é se alguma coisa dentro de nós está mesmo mudando. Nossa mente está sendo iluminada por essas práticas? Nosso coração está mesmo se abrindo? Somos pessoas mais bondosas? Somos mais atenciosos? Estamos sentindo verdadeira compaixão de coração? Se a resposta para essas perguntas é "não", estamos apenas entregues a um jogo intelectual.

Quando estive no Nepal em 1994, recebi uma carta de um australiano que era monge há cerca de quinze a vinte anos. A carta tinha umas onze páginas. Ele havia lido uma coisa que eu escrevera sobre quantos ocidentais praticavam o Dharma há muitos anos, mas nada havia efetivamente mudado na vida deles. Eu havia mencionado que, ao encontrá-los anos depois, os mesmos velhos problemas ainda estavam ali e perguntava o porquê disso. Ele concordou com minha observação. Contou que estivera em retiro fazendo a prática de Chenrezig quando percebeu que estava fazendo apenas no piloto automático. A prática não estava transformando sua mente nem um pouco. As visualizações continuavam na cabeça dele. Então, quando foi ver Sua Santidade, o Dalai Lama perguntou se teria permissão para trabalhar por um tempo para Madre Teresa. Sua Santidade respondeu: "Sim, muito bem. Você não precisa usar os mantos. Vá trabalhar lá".

A carta era basicamente sobre o período dele em Calcutá trabalhando com a Madre Teresa e lidando com a compaixão. Era uma carta linda, e agora gostaria de tê-la conservado. Como ele disse, compaixão é lavar e cuidar de alguém imundo, coberto de excremento e feridas, que não dá a mínima para ser lavado e cuidado por você.

Alguns pacientes eram muito agressivos. Não queriam ser cuidados. Por certo não eram gratos. Desprezavam a compaixão. Assim, o que é a sua compaixão nessas circunstâncias? Onde está ela? Ele contou que, de acordo com o método de Madre Teresa, quando as freiras cuidam de doentes e moribundos, elas os veem como Jesus. Em outras palavras, não geram só pena: "Oh, pobre criatura. Cá estou eu, a grande bodhisattva, para cuidar de você". Elas agem com profundo respeito e com percepção pura. São gratas pelo privilégio de poder servir a Jesus. Desempenham suas incumbências com grande alegria e uma sensação de privilégio, não de pena condescendente. Essa qualidade mental é o que as sustenta. Além disso, é claro, passam mais da metade do dia em prece e contemplação. Não estão sempre a correr pelas ruas de Calcutá. Creio que esse seja um tópico importante para todos nós budas pensarmos a respeito. É absolutamente essencial executar uma prática formal e ter o entendimento e a experiência adquiridos mediante a prática formal. Mas isso não basta. O entendimento tem de ser traduzido em nossas ações cotidianas e em nossas interações com os outros. Caso contrário, há alguma coisa muito errada. É muito fácil sentar em uma almofada, pensar sobre compaixão e nos convencermos de que somos pessoas legais e interessadas pelos outros.

Vamos agora visualizar Arya Chenrezig no centro de nosso coração, do tamanho de um polegar. Ele tem dois ou quatro braços, está sentado em um lótus sobre um disco de lua. Ele é a essência da sabedoria e da compaixão de todos os budas. Ele é a nossa verdadeira natureza, a essência da nossa mente. No coração dele há um disco de lua e, em volta da circunferência do disco de lua, está o mantra OM MA NI PAD ME HUM. No centro do disco de lua está a sílaba branca HRIH. A luz se irradia da sílaba HRIH, preenchendo nosso corpo e purificando toda a nossa ignorância e as nossas emoções negativas. Ela então flui para fora e permeia o universo inteiro. Vai para toda parte. Não só para os humanos e animais, mas também para os reinos dos espíritos, reinos celestiais, reinos infernais. Espalha-se por todos os reinos através do cosmos inteiro. E, ao tocar todos os seres, eles também são transformados em Chenrezig.

Então trazemos a luz de volta para o Chenrezig no centro de nosso peito. De agora em diante, o que quer que vocês pensem ou sintam é a exibição da sabedoria de Chenrezig.

Glossário de termos técnicos

Sânsc. depois de uma palavra significa que o termo é sânscrito; Tib. significa que é tibetano.

AKSHOBHYA (sânsc.), *mi bskyod pa* (tib.): Buda da direção leste, representa o estado perfeito da faculdade da consciência e a sabedoria de espelho. *Ver também* **Cinco famílias iluminadas**.

AMITABHA (sânsc.), *'od dpag med* (tib.): Buda da direção oeste, representa o estado perfeito da percepção e a sabedoria da discriminação. *Ver também* **Cinco famílias iluminadas**.

ANATMAN (sânsc.): não eu. Uma crença fundamental do budismo é que não existe um cerne permanente de eu ou uma alma eterna imutável.

ARHAT (sânsc.), *dgra bcom pa* (tib.): literalmente "destruidor de inimigos". Aquele que eliminou as tendências cármicas e as emoções aflitivas. O estado de arhat é a meta do veículo Hinayana do budismo.

ARHATI (sânsc.): feminino de arhat. *Ver* **arhat**.

ARYA (sânsc.), *'phags pa* (tib.): aquele que atingiu a realização direta da verdadeira natureza da realidade. Também usado para significar "sublime", "superior" ou "nobre".

ASHRAM (sânsc.): local de retiro religioso ou eremitério indiano.

ASHURAS (sânsc.), *lha ma yin* (tib.): deuses do reino do desejo que são consumidos pelo ciúme, especialmente em relação aos deuses que existem em um reino superior.

ATMAN (sânsc.): um eu permanente que reencarna. Os budistas não aceitam o conceito de um eu permanente, imutável. Em algumas escolas sustenta-se que o fluxo mental é sujeito a renascimento e que esse fluxo mental está sujeito a mudança e desenvolvimento.

AVALOKITESHVARA (sânsc.): *ver* **Chenrezig**.

ÁRVORE BODHI: figueira-de-Bengala, árvore debaixo da qual o Buda Shakyamuni atingiu a iluminação.

BODHICHITTA (sânsc.), *byang chub kyi sems* (tib.): no nível relativo, a aspiração de atingir a iluminação a fim de liberar todos os seres sencientes. No nível absoluto, o insight direto sobre a natureza vazia dos fenômenos.

BODHISATTVA (sânsc.), *byang chub sems dpa'* (tib.): aquele que embarcou no caminho para a iluminação plena, tendo feito o voto de liberar todos os seres sencientes do ciclo infindável de nascimento e morte (samsara).

BRÂMANE (sânsc.), *bram ze* (tib.): membro da casta sacerdotal, uma das quatro castas principais da sociedade hindu.

BUDA (sânsc.), *sangs rgyas* (tib.): aquele que atingiu a iluminação completa. "O Buda" geralmente refere-se ao Buda Shakyamuni, que atingiu a iluminação debaixo da árvore bodhi há cerca de 2,5 mil anos.

BUDDHADHARMA (sânsc.), *sangs rgyas kyi chos* (tib.): os ensinamentos do Buda Shakyamuni.

PERMANÊNCIA SERENA: *ver* **shamatha**.

CANÇÃO VAJRA: tipo de canção especial, cantada às vezes durante oferendas tântricas de *tsog*.

CARMA, *karma* (sânsc.), *las* (tib.): a lei de causa e efeito, que ensina que toda ação intencional de corpo, voz ou mente tem um resultado correspondente.

CHAKRA (sânsc.), *'khor lo* (tib.): literalmente, roda ou círculo. Usado para se referir a centros especiais de energia no corpo que são utilizados durante várias práticas tântricas.

CHAKRASAMVARA (sânsc.), *'kor lo sdom pa* (tib.): deidade popular de meditação no budismo tibetano. Também conhecido como Heruka.

CHANG (tib.): cerveja tibetana.

CHENREZIG (tib.), Avalokiteshavara (sânsc.): deidade de meditação que personifica a compaixão de todos os budas.

CHI (também *ki*, de origem chinesa) *srog 'dzin* (tib.): *ver* **prana**.

CHITTA (sânsc.), *sems* (tib.): mente, processo de pensamento, cognição etc. Usado mais amplamente que o conceito ocidental de mente. No nível mundano, abrange sentimentos e intuição.

CINCO FAMÍLIAS ILUMINADAS: a mandala das Cinco Famílias Iluminadas (ou cinco budas) são os estados perfeitos de nossos cinco elementos, agregados, órgãos dos sentidos e percepções dos sentidos. Cada família é liderada por um buda masculino que representa um dos cinco agregados purificados e uma consorte feminina que representa um dos cinco elementos purificados. Os cinco agregados são: forma, sensação, percepção, formações mentais e consciência. Os cinco budas são: Vairocana (branco, família Buda), Ratnasambhava (amarelo, família Joia), Amitabha (vermelho, família Lótus), Amoghasiddhi (verde, família Ação) e Akshobya (azul, família Vajra).

DAKINI (sânsc.), *mkha' 'gro ma* (tib.): uma iogue que atingiu alto nível de realização. Dakinis podem ser seres humanos com essas qualidades especiais ou podem ser manifestações de uma mente iluminada. São entidades femininas que fizeram votos de ajudar os praticantes removendo obstáculos e criando circunstâncias auspiciosas.

DEVA (sânsc.), *lha* (tib.): deuses, ou seres celestiais, que existem em 26 níveis de sutileza crescente, variando desde os deuses inferiores, que vivem em grande luxo por vastos períodos de tempo, a seres sem forma de consciência infinita. Todos esses níveis estão dentro do samsara e um dia devem chegar ao fim.

DHARMA (sânsc.), *chos* (tib.): usado nesta obra para se referir aos ensinamentos do Senhor Buda, ou Buddhadharma, a verdade universal. Às vezes é usado para significar fenômenos em geral, sendo escrito *dharmas* neste caso.

DHARMADHATU (sânsc.), *chos dbyings* (tib.): a vacuidade dos fenômenos. Todos os fenômenos, embora existam em nível relativo, são destituídos de existência inerente. Existem apenas na dependência de causas e condições.

DHARMAKAYA (sânsc.), *chos ku* (tib.): natureza última da mente plenamente iluminada.

DRUKPA KAGYU, *'Brug pa bKa' brgyud* (tib.): ramo da linhagem Kagyu, que é uma das quatro principais tradições do budismo tibetano. Fundada por Drogon Tsangpa Gyaré no século XII.

DUHKHA (sânsc.), *sdug bsgnal* (tib.): sofrimento. A verdade do sofrimento foi a primeira das Quatro Nobres Verdades ensinadas pelo Senhor Buda. Alguns escritores traduzem *duhkha* como "natureza insatisfatória da existência". Abrange todas as experiências de insatisfação e desconforto. Ver também **Quatro Nobres Verdades.**

DUTSI, *bdud rtsi* (tib.), *amrit* (sânsc.): néctar. Às vezes refere-se a pílulas especiais preparadas por grandes mestres para proporcionar benefícios a quem as consomem.

DZOGCHEN, *rdzogs chen* (tib.): a Grande Perfeição. Estado em que ambos os estágios de geração e completude estão presentes sem esforço. Sistema de meditação específico da escola Nyingmapa. *Ver também* **estágio de geração, estágio de completude.**

ESTÁGIO DE COMPLETUDE, *sampannakrama* (sânsc.), *rdzogs rim* (tib.): nas práticas do Vajrayana, este segue-se ao estágio de geração, no qual a visualização da deidade foi completada. O estágio de completude envolve a manipulação das energias psíquicas (*prana*) e dos fluidos dentro do corpo para atrair as energias para dentro do canal central.

FANTASMAS FAMINTOS, *preta* (sânsc.), *yi dwags* (tib.): espíritos atormentados por fome e sede intensas.

ESTÁGIO DE GERAÇÃO, *utpattikrama* (sânsc.), *bskyed rim* (tib.): na prática Vajrayana, o estágio que envolve meditar sobre formas, sons e aparências como o corpo, a voz e a mente da deidade. Esse estágio é a preparação para o estágio de completude. *Ver também* **estágio de completude.**

GELUK (tib.): uma das quatro principais tradições do budismo tibetano. As outras são Nyingma, Sakya e Kagyu.

GURU (sânsc.): *ver* **lama**.

GURU RINPOCHE: o mestre de Oddiyana que introduziu o budismo no Tibete formalmente, no século VIII. Conhecido também como Padmasambhava.

HERUKA (sânsc.), *khrag 'thung dpa' bo* (tib.): literalmente, "bebedor de sangue". Refere-se a uma deidade irada de meditação.

HINAYANA (sânsc.): o "veículo menor", que enfatiza a liberação individual do samsara. Usado em contraste a Mahayana.

INSTRUÇÕES PARA APONTAR: instruções especiais (não escritas) que o guru transmite ao aluno maduro para apontar a natureza da mente.

INFERNO VAJRA: reino infernal de dor excruciante, que dizem ser reservado a praticantes tântricos que transgrediram seus votos.

KAGYU (tib.): uma das quatro principais escolas do budismo tibetano.

KALACHAKRA (sânsc.), *dus kyi 'khor lo* (tib.): deidade de meditação associada ao reino mítico de Shambhala.

KALYANAMITRA (sânsc.): amigo espiritual. Um professor ou outra pessoa que nos ajuda a progredir no caminho.

KARMAPA: nome dado à sucessão de grandes lamas reencarnados que lideram a subdivisão Karma Kagyupa do budismo tibetano.

KHAMPA (tib.): um nativo do Kham, uma das três províncias do antigo Tibete (antes da ocupação chinesa). Kham situa-se na porção sudeste do Tibete.

KHATA (tib.): lenço oferecido aos lamas e professores elevados. Em geral é branco, mas pode ser creme ou dourado. *Khatas* também são usados como lenços de saudação entre os tibetanos.

LAMA, *bla ma* (tib.), *guru* (sânsc.): professor espiritual. O mestre que mostra ao aluno a natureza da mente deste. Qualquer professor que transmite instrução do Dharma.

LUNG, *rlung* (tib.), *vayu* (sânsc.): a respiração e as energias sutis do corpo. Nesse contexto, problemas de *lung* referem-se a desequilíbrio nos ares sutis dos meditantes, muitas vezes resultantes de esforço excessivo durante retiros de meditação. Na medicina tibetana tradicional, *lung* refere-se a um dos três humores que devem estar em equilíbrio para a boa saúde. No contexto das práticas do Vajrayana, os "ventos" são as energias sutis do carma que carregam a consciência e, quando refinados, podem ser absorvidos pelo canal central do corpo psíquico.

MADHYAMAKA (sânsc.), *dbu ma* (tib.): a filosofia budista do "caminho do meio" entre o niilismo (que propõe a total não existência do eu e dos fenômenos) e o eternalismo (que propõe a existência independente do eu e dos fenômenos). É uma das quatro principais escolas filosóficas do budismo indiano.

MAHAKALA (sânsc.), *nag po chen* (tib.): protetor do Dharma. A forma irada de Avalokiteshvara ou Chenrezig, o Bodhisattva da Compaixão.

MAHAMUDRA (sânsc.), *phyag rgya chen po* (tib.): literalmente, "o grande selo". É o estado de buda onde os três *kayas* são realizados. Um sistema de meditação específico da linhagem Kagyupa. *Ver também* **três kayas**.

MAHAPARINIRVANA (sânsc.): passamento do corpo físico de um buda.

MAHASIDDHAS (sânsc.), *grub thob chen po* (tib.): aqueles que atingiram grandes realizações. O termo com frequência é reservado aos mahasiddhas do século VIII, que foram grandes adeptos budistas tântricos durante o período medieval do budismo na Índia.

MAHAYANA (sânsc.), *theg pa chen po* (tib.): literalmente, "grande veículo". Um dos dois principais veículos do budismo, sendo o outro o Hyanaya, ou "veículo menor". O Mahayana baseia-se na grande motivação de atingir o estado de buda completo a fim de liberar todos os seres sencientes do samsara.

MANDALA (sânsc.), *dkyil 'khor* (tib.): literalmente, "círculo", "roda" ou "circunferência". No budismo tibetano, com frequência refere-se à representação em diagrama da mansão celestial onde a deidade e seu séquito residem. Também usado metaforicamente para transmitir a ideia de um centro com seus arredores. As oferendas de mandala são práticas budistas formais para acumular mérito.

Manjushri (sânsc.), *'jam dpal dbyangs* (tib.): deidade de meditação. O Bodhisattva da Sabedoria.

Mantra (sânsc.), *sngags* (tib.): proteção mental. Um conjunto de sílabas de significado especial, que, quando proferidas em sequência, representam a fala iluminada da deidade.

Mente, *sems* (tib.), *chitta* (sânsc.): definida como a consciência dos objetos ou eventos, em vez dos "fatores mentais" que contêm o teor dos pensamentos etc.

Momos (tib.): bolinhos de carne tibetanos.

Mudra (sânsc.), *phyag rgya* (tib.): nesse contexto refere-se aos gestos de mão rituais que acompanham as recitações.

Nadi (sânsc.), *rtsa* (tib.): os canais do corpo através dos quais fluem as energias sutis de sustentação da vida (*rlung*).

Nirvana (sânsc.), *myang 'das* (tib.): liberação dos sofrimentos da existência cíclica. A extinção total de todo o sofrimento e das emoções aflitivas.

Nyingma (tib.): a primeira das quatro principais tradições do budismo tibetano.

Originação interdependente, *rten 'brel* (tib.): princípio que afirma que tudo o que existe provém da agregação de causas e condições – nada existe de modo independente, por si mesmo. Essa doutrina é um dos dogmas fundamentais do budismo e se relaciona intimamente à lei do carma. Os ensinamentos descrevem doze elos de originação interdependente que mantêm os seres presos dentro da existência cíclica, ou samsara.

Padmasambhava (sânsc.): *ver* **Guru Rinpoche**.

Pandita (sânsc.): pessoa culta. Tradicionalmente, aquele que domina as cinco ciências indianas: arte, medicina, gramática, lógica e epistemologia.

PARAMITA (sânsc.), *phar phyin* (tib.): perfeições. O caminho do sutra é amplamente baseado na prática das seis ou dez paramitas. A realização do estado de buda depende do domínio de todas essas qualidades. As seis paramitas são: generosidade, ética, paciência, esforço, meditação e sabedoria.

PHOWA (tib.): prática tântrica de transferência da consciência na morte a fim de obter um renascimento favorável.

PRAJNAPARAMITA (sânsc.), *shes rab kyi phar phyin* (tib.): a perfeição da sabedoria. Essa é uma das seis perfeições. Existem várias definições filosóficas desse termo. Prajnaparamita também é o título de uma série de sutras do Mahayana. A Prajnaparamita é personificada como uma deidade feminina de meditação.

PRANA (sânsc.), *srog 'dzin* (tib.): energia portadora da vida dentro do corpo, de grande importância em certas práticas tântricas. Essa "energia de força" também é importante em certas práticas iogues indianas e taoístas chinesas.

PRASANGIKA MADHYAMAKA (sânsc.), *thal 'gyur ba* (tib.): uma das duas subescolas do Madhyamaka que surgiram da disputa entre Bhavaviveka e Chandrakirti a respeito de interpretações de aspectos da argumentação filosófica de Nagarjuna. A Prasangika nega qualquer existência inerente dos fenômenos externos e da consciência subjetiva.

PRETA (sânsc.), *yi dwags* (tib.): *ver* **fantasmas famintos**.

PUJA (sânsc.): literalmente, "oferenda". Usada mais amplamente por adeptos do hinduísmo e do budismo tibetano para descrever certos tipos de rituais religiosos.

QUAN YIN: deidade chinesa masculina ou feminina que é o Bodhisattva da Compaixão. Também conhecida como Avalokiteshvara ou Chenrezig.

QUATRO NOBRES VERDADES, *catvari aryasatyani* (sânsc.), *'phags pa'i bden pa bzhi* (tib.): os ensinamentos sobre as Quatro Nobres Verdades pertencem ao Primeiro Giro da Roda do Dharma. São um tema básico do budismo. São elas: a verdade do sofrimento, a verdade da causa do sofrimento, a verdade da cessação do sofrimento e a verdade do caminho para a cessação do sofrimento. Ver também **duhkha**.

RATNASAMBHAVA (sânsc.), *rin chen 'byung gnas* (tib.): Buda da direção sul, representando o estado perfeito de nossa faculdade do sentimento e a sabedoria da igualdade. Ver também **Cinco Famílias Iluminadas**.

REINO DO DESEJO, *kamadhatu* (sânsc.), *'dod khams* (tib.): de acordo com a cosmologia budista, existem três reinos, ou esferas, dentro da existência cíclica: o reino do desejo, o reino da forma e o reino da não forma. Os dois últimos são reinos dos devas de crescente sutileza. O reino do desejo consiste de seis subdivisões: infernos, fantasmas famintos (*preta*), humanos, semideuses (*ashura*) e deuses (*deva*).

RINPOCHE (tib.): literalmente, "precioso" ou "como uma joia". Também usado como título e forma de tratamento de lamas encarnados e alguns outros professores de grande reputação.

RISHI (sânsc.): praticante hindu proficiente que atingiu níveis extremamente elevados de absorção meditativa.

SADHANA (sânsc.), *sgrub thabs* (tib.): literalmente, "meios de execução". No contexto do budismo tibetano, são meditações rituais em geral executadas individualmente em vez de em grupo. O propósito é ajudar o praticante iniciado a acelerar o progresso no caminho para a iluminação.

SADHU (sânsc.): homem sagrado ou renunciado indiano.

SAKYA (tib.): uma das quatro tradições principais do budismo tibetano.

SAKYA TRIZIN: Sua Santidade Sakya Trizin é o líder da tradição Sakya do budismo tibetano.

SAMADHI (sânsc.), *ting nge 'dzin* (tib.): realização da absorção meditativa unidirecionada.

SAMBHOGAKAYA (sânsc.), *longs sku* (tib.): literalmente, "corpo de deleite". É a luz do corpo de um buda que só aparece para seres que atingiram um alto nível de realização. Ver também **três kayas**.

SAMSARA (sânsc.), *'khor ba* (tib.): o estado da existência cíclica onde as circunstâncias dos seres são determinadas por suas ações passadas e padrões mentais habituais.

SANGHA (sânsc.), *dge 'dun* (tib.): tradicionalmente, a comunidade de monges e monjas. Hoje em dia, especialmente nos centros de Dharma ocidentais, é usado liberalmente para abranger seus membros. No contexto dos Três Refúgios, refere-se especificamente à Sangha Arya, aqueles que realizaram a vacuidade diretamente.

SÍLABA SEMENTE, *bija* (sânsc.), *yig 'bru* (tib.): durante as práticas tântricas, cada deidade emerge da vacuidade na forma de sua sílaba semente particular.

SHAMATHA (sânsc.), *zhi gnas* (tib.): técnica de meditação de "permanência serena" na qual o meditante coloca a mente em um único objeto, interno ou externo.

SHARIPUTRA (sânsc.): um dos dez mais destacados discípulos do Buda. Notório pelo brilhantismo intelectual.

SHUNYATA (sânsc.), *stong pa nyid* (tib.): vacuidade, ou seja, a natureza última da realidade. A ausência de existência inerente de um eu subjetivo e dos fenômenos objetivos.

SEIS PERFEIÇÕES: *ver* **paramitas**.

SUTRA (sânsc.), *mdo* (tib.): os discursos originais do Buda Shakyamuni, ensinados publicamente por ele durante 45 anos.

SUTRAYANA (sânsc.): uma das duas divisões da escola Madhyamaka. Sistema baseado no "método causal" decorrente dos sutras, que enfatiza a purificação gradual e a prática. *Ver também* **Vajrayana**.

TANTRA (sânsc.), *rgyud* (tib.): o continuum da ignorância à iluminação. Também usado para descrever certas correntes do hinduísmo e do budismo que se desenvolveram com o objetivo de acelerar o progresso no caminho para a iluminação. O Tantrayana faz parte do Sutrayana, de cuja filosofia compartilha. Varia do Sutrayana (Mahayana não tântrico) no uso de meios hábeis especiais. Também usado para se referir ao corpo de textos conhecidos como tantras. *Ver também* **Vajrayana**.

TANTRIKA (sânsc.): aquele que pratica o tantra. *Ver também* **tantra**.

THANGKA (tib.): pintura religiosa tibetana em tecido.

THERAVADA (páli), *gnas brtan pa sde* (tib.): "tradição dos anciãos", usado em referência às tradições budistas do sul e sudeste da Ásia.

TRÊS KAYAS: a literatura clássica descreve três (e às vezes até cinco) aspectos do corpo do buda. O corpo de manifestação, ou *nirmanakaya*, é visível para os seres. O Buda Shakyamuni é um exemplo de *nirmanakaya*. O corpo de deleite, ou *sambhogakaya*, é a forma de pura luz do corpo do buda. A forma *sambhogakaya* só é visível para seres que possuem um nível extremamente alto de realização. Esses dois são conhecidos como corpos da forma, ou *rupakaya*. O terceiro é conhecido como *dharmakaya*, que é a natureza última da mente plenamente iluminada.

TRINTA E CINCO BUDAS DA CONFISSÃO, *ltung bshags kyi lha so lnga* (tib.): na tradição Mahayana, existe uma prática especial em que o praticante presta homenagem aos 35 budas, um de cada vez, a fim de purificar ações negativas.

TOGDEN, *rtogs ldan* (tib.): praticante iogue avançado da linhagem Kagyu que vivia em cavernas no Tibete antes da ocupação chinesa. A linhagem continua na Índia.

TOGDENMA, *rtogs ldan ma* (tib.): *todgen* feminina. Havia muitas *togdenmas* habitando em cavernas no Tibete antes da invasão chinesa.

TONGLEN, *gtong len* (tib.): dar e absorver. Meditação que envolve dar toda a saúde, riqueza e carma positivo pessoais para todos os seres sencientes e em troca absorver a dor, o sofrimento e os infortúnios de todos os seres sencientes. Essa prática treina a mente no desenvolvimento de bodhichitta.

TSAMPA (tib.): farinha de cevada tostada, alimento básico da dieta tibetana.

TSOG, *tshogs* (tib.): uma oferenda de banquete religioso praticada por budistas tibetanos.

TULKU, *sprul sku* (tib.), *nirmanakaya* (sânsc.): corpo de manifestação de um buda. Também usado para descrever um lama encarnado.

TUMMO, *gtum mo* (tib.), *chandali* (sânsc.): literalmente, "o ardente". Comumente empregado para descrever a prática de gerar calor interno, que queima todos os impedimentos para o conhecimento da bem-aventurança e da vacuidade.

VACUIDADE: *ver* **shunyata**.

VAJRA (sânsc.), *rdo rje* (tib.): diamante. Indestrutível. Frequentemente usado para descrever os atributos de um buda. Também um cetro ritual.

VAJRASATTVA (sânsc.), *rdo rje sems dpa'* (tib.): a meditação sobre Vajrasattva e a recitação do Mantra das Cem Sílabas são usadas como uma prática de purificação, especialmente para purificar carma negativo passado e quebras de compromissos tântricos.

VAJRAYANA (sânsc.), *rdo rje theg pa* (tib.): literalmente, "veículo do diamante". Também conhecido como Tantrayana ou Mantrayana, um ramo do Mahayana que utiliza meios hábeis especiais para acelerar a chegada do praticante à iluminação. O Vajrayana é conhecido como "método resultante", visto que utiliza visualização, mantras e outras técnicas que permitem ao praticante tomar o real estado de buda (o resultado) como o caminho em si. *Ver também* **Sutrayana**.

VAJRAYOGINI (sânsc.), *rdo rje rnal 'byor ma* (tib.): deidade feminina de meditação. Consorte de Chakrasamvara e rainha das dakinis.

VIHARA (sânsc.): literalmente, "lugar isolado". Usado para descrever centros de retiro existentes na Índia nos tempos do Buda Shakyamuni, onde ele realizava retiros durante a estação das chuvas. Também os mosteiros budistas nos países Theravada.

VINAYA (sânsc.), *'dul ba* (tib.): os livros da disciplina, contendo os preceitos éticos estabelecidos pelo Buda para guiar a conduta dos monges e dos leigos.

VIPASHYANA (sânsc.), *vipassana* (páli), *lhag mthong* (itb.): meditação de insight especial. É uma meditação analítica que penetra na natureza do objeto selecionado.

VISÃO, *lta wa* (tib.), *drishti* (sânsc.): cultivar a visão filosófica correta é considerado um primeiro passo necessário para qualquer pessoa que embarque no caminho budista.

YAMA (sânsc.), *gshin rje* (tib.): Senhor da Morte.

YOGACHARA (sânsc.): escola filosófica da "consciência apenas", da Índia antiga, que segue a tradição de Maitreya e Asanga.

YOGI **(em português, iogue)**, *yogin* (sânsc.), *rnal 'byor pa* (tib.): aquele que pratica intensas técnicas de meditação (isto é, ioga) que podem incluir disciplinas físicas ou mentais.

YOGINI (sânsc.): iogue feminina.

O projeto do Convento Dongyu Gatsal Ling

O Mosteiro Dongyu Gatsal Ling foi fundado em 1999 a pedido de Sua Eminência Khamtrul Rinpoche, lama chefe do Mosteiro de Khampagar, a fim de proporcionar um ambiente onde moças do Tibete e das regiões da fronteira himalaia pudessem se reunir para estudar e praticar de acordo com a tradição Drukpa Kagyu do budismo tibetano.

Ali as jovens têm oportunidade de desenvolver seu potencial intelectual e espiritual por meio de uma educação equilibrada, compreendendo estudo, meditação e serviço. No momento, o programa inclui estudo filosófico, rituais, língua e escrita tibetana, língua inglesa e trabalhos manuais. As monjas também se reúnem diariamente para cerimônias e meditação.

O objetivo especial do Mosteiro Dongyu Gatsal Ling é restabelecer a linhagem preciosa da prática iogue especialmente enfatizada na linhagem Drukpa Kagyu. Embora ainda existam uns poucos monges dessa tradição iogue residindo atualmente no Mosteiro de Khampagar, parece que a linha feminina foi aniquilada durante a Revolução Cultural. Como se trata de uma tradição oral, passada de mestre para discípulo, é essencial que essa prática rara e especial seja transmitida enquanto ainda há mestres vivos. Os iogues do Mosteiro de Khampagar concordaram em treinar as monjas que mostrem as qualidades e potencial necessários, uma vez completados seus estudos e práticas preliminares de meditação.

Se você quiser apoiar o Convento Dongyu Gatsal Ling, por favor entre em contato pelo endereço de e-mail fornecido no site www.tenzinpalmo.com, ou escreva para Dongyu Gatsal Ling Nunnery, Tashi Jong, P.O. Taragarh, Distt. Kangra, H.P. 176081 India.

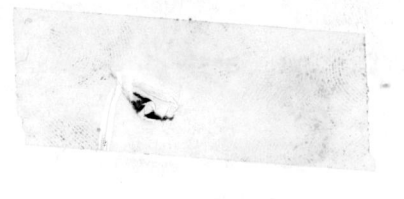

Que muitos seres sejam beneficiados.

Este livro foi impresso em
março de 2018, na gráfica da Editora Vozes,
utilizando as fontes Sabon e Sereno.